学校教育100课

XUEXIAO JIAOYU 100 KE

陈自鹏／著

GUANGXI NORMAL UNIVERSITY PRESS
广西师范大学出版社
·桂林·

图书在版编目（CIP）数据

学校教育 100 课 / 陈自鹏著．—桂林：广西师范大学出版社，2018.5
ISBN 978-7-5598-0802-8

Ⅰ．①学… Ⅱ．①陈… Ⅲ．①学校教育－文集
Ⅳ．①G4-53

中国版本图书馆 CIP 数据核字（2018）第 072529 号

广西师范大学出版社出版发行
（广西桂林市五里店路 9 号　邮政编码：541004
网址：http://www.bbtpress.com）
出版人：张艺兵
全国新华书店经销
广西广大印务有限责任公司印刷
（桂林市临桂区秧塘工业园西城大道北侧广西师范大学出版社集团有限公司创意产业园内　邮政编码：541100）
开本：880 mm × 1 240 mm　1/32
印张：14　　字数：290 千字
2018 年 5 月第 1 版　　2018 年 5 月第 1 次印刷
印数：0 001~4 000 册　　定价：42.00 元

教育研究的魔力

***

记不得是从哪一年哪一月起，开始了自己所谓的教育研究。后来我惊奇地发现，教育研究太有魔力，它让自己的教育生活五彩斑斓，充满活力。多少年过去了，全然不知老之将至，今夕是何年。可谓：偶遇教育研究，实乃一生幸运！

教育研究有魔力，它让你朝思暮想。从事教育教学和管理工作几十年，对某一教育现象和教育问题的思考和探究往往让我身陷其中，欲罢不能。看到一个现象，心中就有一个问题，自此竟然茶不思，饭不想，夜不能寐，辗转反侧，一番思考和研究后，最终茅塞顿开，豁然开朗。那种收获和喜悦是不搞教育研究的人所不能体验到的。

教育研究有魔力，它让你超越鲁莽。几十年的教育实践告诉我，教育发展是有着自身的规律的，鲁莽地实践，盲目地创新，会葬送教育，最终不但不能有所收获，还会将教育引入歧途。几十年里，面对减负，面对素质教育，面对课程改革，我们不是鲁莽行事，盲目跟风，而是认真研究规律，遵循规律，运用规律，使得我们天铁教育改革始终能够走在前沿，教育质量和水平多年能够位于前列。

教育研究有魔力，它让你动力强劲。教育研究给人以不竭的动力，这是无数优秀教师从事教育研究所证明了的。大家知道，教师从事繁重的教学工作、班主任工作或教学管理工作，会有倦怠的时候，但奇怪的是，你在业务工作之外又加了教育研究这道工序，反倒没有了疲劳，没有了倦怠，何故？苏霍姆林斯基早有论述：如果要使教师的工作有些乐趣的话，应该引导他们走到教育研究的道路上来。古人云，好之者不如乐之者。你想，工作要是有了乐趣，我们还愁没动力么？

教育研究有魔力，它让你神采飞扬。我常跟年轻的教师们说，有没有做教育研究是普通教师和优秀教师的分水岭。你可以观察一下，从事教育不做研究的教师会越做越累，越做越没有长进，越做越精神萎靡，而从事研究的教师则会青春永驻，一直精神百倍，气势如虹。无疑，良好的精神面貌来自研究中积极的思考，积极的探索。很多名师如季羡林、霍懋征、魏书生等成功的教育案例都能充分证明这一点。

教育研究有魔力，它让你快速成长。教师专业成长是专业知识增进、专业技能提升、专业思想成熟的过程。教育研究使得教师不仅能够不断改进工作方法，进而提高工作绩效，而且能够不断丰富其专业思想，帮助他逐步向优秀教师靠近。几十年的教育研究，见证了我的专业成长历程：几十年里有400余篇论文发表，成为四家报纸、杂志专栏作家，编著、出版图书20种，成为学士、硕士、博士，成为英语特级教师，成为天津市人民政府兼职督学，成为天津师范大学教师教育兼职教授、专业硕士指导教师，还曾作为唯一的基础教育教师，因研究成果突出，荣获全国钢铁工业劳动模范称号。

本书收录的主要是我近六年在《天津教育》《天津教育报》专栏中公开发表的100篇文章。收录在册的文章题材广泛，涉及教育研究、教改观察、教学探讨、教研思索、学校管理、师道养成、学生成材、学校发展等方面。另外，书中还收录了几篇我在全国高校的讲座稿。今不揣浅陋，结集推出，唯愿能够引起各位读者和同仁更多的思考。倘如此，心愿足矣。也望方家读后批评指正。

书中收录的100篇文章引用的文献大都在文中标明。在此，对书中所引用文献的各位作者同仁表示谢意。

感谢我的同事王志强、王同娟和白玉芬同志在资料收集和文字编辑方面给与的支持，感谢《天津教育》《天津教育报》多年来的厚爱和关怀。也特别感谢广西师范大学出版社赵运仕先生和虞劲松先生等编辑老师为此书编辑、出版付出的极大辛劳。

陈自鹏

二〇一七年九月

目录

·教育·研究篇

·学生·
成材篇

·学校·
发展篇

教育研究篇

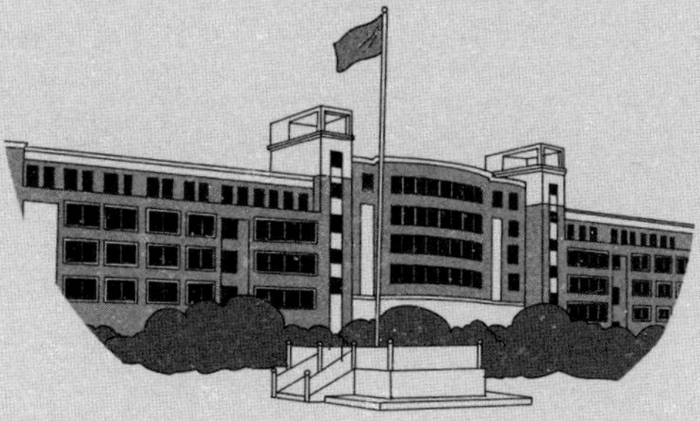

本篇收录了著者对人民满意教育、幸福教育、教育质量、教育公平、教育现代化等问题的研究成果。

100

／课

什么是人民满意的教育

* * *

什么是人民满意的教育？我们认为，人民满意的教育有多个维度的评价标准，最基本的标准应该是：校长专心，教师尽心，学生开心，家长安心，社会放心。

一、校长专心

校长是学校的灵魂。陶行知说：做一个校长谈何容易！说得小些，他关系到千百人的学业前途，说得大些，则关系到国家和学术的兴衰。我们常说，有什么样的校长就有什么样的学校。校长是教师的教师，是师生的榜样。校长能否专心办学，能否专心管理，能否专心为师生服务，是一个学校能否发展，教师能否发展，学生能否发展的关键。

让校长做到专心，政府应帮助学校创造一个适宜发展的经济环境、政治环境和人文环境，这是校长专心的客观要求。然而，校长的自身主观努力却是根本。校长要专心致志地、一心一意地抓好学校的教育、教学、教研、管理工作，抓好队伍、设施、机制建设。队伍建设中一要注重引进，二要注重培养；设施建设中一要注重投入，二要注重管理；机制建设要达到两个目的，一是奖励先进，二是鞭策后进。正如有的校长说的那样：三个建设不放松，教学中心抓手中，素质教育做实功，发展肯定不落空。

二、教师尽心

教师尽心体现在教师认真履行自己的教书育人工作职责上。教师“学为人师，行为世范”。韩愈说：“师者，所以传道、授业、解惑也。”这应是对教师责任和使命的最好概括。

首先，教师要传道。所传之道应是社会发展之道、人的发展之道、自然发展之道。要对学生进行爱国主义、集体主义和社会主义思想和共产主义理想的教育。让学生知是非，懂善恶，辨美丑，学会做人，学会求知，学会健体，学会做事，学会合作。要让学生懂得保护自然、保护环境，为社会可持续发展做出自己的努力。

其次，教师要授业。学校一切工作以教学为中心，教学以课堂教学为中心，课堂教学以教和学为中心，教和学以学为中心，学以学生发展为中心。教师授业也不能游移这一中心。要研究规律，掌握规律，运用规律。坚持教学的主体性、主导性、教育性、间接性、目的性，通过课堂教学和生活实践的结合，促进学生的健康发展。

再有，教师要解惑。教师作为成人，作为教育的引导者，教育的组织者，由于“闻道在先”，一般具有正确的世界观、人生观、价值观，因而能够解学生的人生之惑、学业之惑、发展之惑。要重视学校的物质文化、精神文化、制度文化和行为文化建设，以此引导学生文化建设。学校要旗帜鲜明地在学生中倡导学术文化，引导娱乐文化，在文化建设中，完善学生的个性和人格，使学生真正成为社会发展所需要的人。

三、学生开心

王守仁在其《训蒙大意示教读刘伯颂等》中说："大抵童子之情，乐嬉游而惮拘检，如草木之始萌芽，舒畅之则条达，摧挠之则衰痿。今教童子，必使其趋向鼓舞，中心喜悦，则其进自不能已。"我们的教育要遵循学生心理发展规律，使学生在求学中、进步中、发展中得到成功的愉悦。学生"趋向鼓舞、中心喜悦"，关键是德有所立，智有所启，体有所强，美有所养，心有所向。

教育的首要任务是立德。《大学》中说，"大学之道，在明明德，在亲民，在止于至善"。说的是要让我们的学生彰显德性，弃旧图新，达于至善。善是德的基本要求。

启智是学校教育的基本任务之一。通过教育使学生的观察能力、记忆能力、想象能力、思维能力得到发展，分析问题和解决问题的能力得到提高。启智往往使得学生产生"顿开茅塞""豁然开朗"的愉悦之情，使得他们乐于向学，欲罢不能。

体育要"学习知识，熟习技能，强健体魄，磨砺意志"。身体是学习、工作、事业的物质基础。体育活动不仅使学生学习体育知识和技能，而且能增强体魄，同时让他们在健体的过程中变得坚强、坚韧，从而使他们勇于面对挑战，在挑战中享受成功的快乐。

美育是教育的最终目的。美育使人睿智、灵动，美育使人发现美、鉴赏美、创造美的能力得到增强，美育陶冶学生的情操，愉悦学生的身心。

如果说德为保证、智为基础、体为条件、美为目的的话，心则为关键。一个人幸福、快乐与否完全在于心理的引导，心灵的培养。教育就是要培养能够在社会上安身立命、创造财富、内心幸福、精神快乐的人。

四、家长安心

很多调查表明，家长对学生在校教育的关注点有很多，如安全、交友、听课、作业、考试、纪律等等，但主要还是集中在两个方面：一是孩子在校是否安全，二是孩子在校是否获得了发展。

首先，学校要让家长安心，就要保证学生的人身安全。保障学生的安全，一要建立健全安全组织，学校校长是安全的第一责任人，安全员、班主任、科任老师要负起责任；二要建立教育制度，做到安全八必讲：集会必讲，出门必讲，乘车必讲，施工必讲，运动必讲，实验必讲，餐饮必讲，假前必讲；三要完善安全设施，定期排查和消除安全隐患，不留安全死角。

其次，建立家校联系通道，定期或不定期地主动向家长汇报学生在校的学习、生活、工作情况，经常与家长沟通学生教育的方式方法，使家长做教育的"知情人""助推器"，家校一致，同心协力，做好学生的教育工作，不断提高教育水平，解除家长的后顾之忧，同时使孩子健康成长，让家长安心。

五、社会放心

教育有着社会本位要求。我们的教育肩负着为社会主义现代化培养建设者和接班人的重任。我们应努力抓好以下几方面的工作：

1. 抓方向。学校要坚持社会主义办学方向。要“面向现代化，面向世界，面向未来”。要培养学生的创新精神和实践能力，使其“有理想、有道德、有文化、有纪律”。

2. 抓品德。教育要坚持育人为本、德育为先。品德应是人品和学品的统一，抓好品德不仅要重人品，还要重学品。人品是做人的品格，最为重要。学品则是治学的品格，也很重要。一个人人品好、学品好，他才会遵纪守法，诚实做人，严谨治学。

3. 抓养成。知行统一是教育的基本方法之一。学生的教育不仅要晓之以理、动之以情，还要导之以行。行为养成将道德知识与道德行动统一起来，是根本性要求。

4. 抓学风。“学生以学为主”，学风不仅影响着学生的成长和进步，也影响着国家的学术风气和未来。抓好学风，首先应抓好校风和教风，以良好的校风和教风带动良好学风的形成。

5. 抓学纪。学习纪律是学生学习秩序的保证。在学纪教育方面，学校要做到思想教育和纪律约束的统一，教师引导和学生自觉的统一。没有好的学习纪律，就没有好的教学秩序，也不可能有好的教学质量。

6. 抓学效。教师以教书育人为己任，以促进学生德、智、体、美诸方面发展为宗旨，而学生德、智、体、美诸方面发展便是学习效果的综合性表现，一个学校坚持了全面发展，促进了学生的全面发展，便是成功的有效教育。

综上，真正做到让校长专心、教师尽心、学生开心、家长安心、社会放心，我们的教育才能得到学生、家长、社会的认可，才是人民满意的教育。

学校教育的终极追求

* * *

学校教育的终极目标是什么？仁者见仁，智者见智。有人说教育的终极目标是传授知识，有人说是培养技能，有人说是提升能力，有人说是发展智慧，我们认为教育的最终追求应当是获得幸福。因此，我们在办学过程中明确提出，学校工作千头万绪，一切工作以教学为中心，教学工作以课堂教学为中心，课堂教学以教和学为中心，教和学以师生的发展为中心，师生的发展以快乐幸福为中心。

毋庸讳言，教育是教师实现自身价值的舞台，也是学生获得自身发展的平台。通过教育，教师能够立德、立功、立言，学生能够成长、成材、成功，师生从中能够感受到发展的快乐，体验到发展的幸福。在长期的幸福教育实践中，我们得到四点启示：

第一，树立幸福教育理念。树立幸福教育理念首要的问题是需要明确教育的意义和价值。师生明确了工作和学习的意义和价值，工作和学习起来就会动力十足，幸福满满。树立幸福教育理念还要转变工作和学习态度，工作和学习态度转变了，工作和学习就会真正成为一种幸福的旅程和体验。据报载，北京师范大学有这样一位教授，他十分热爱教育，热爱学生，热爱课堂。每次去上课他都要穿上自己最喜欢的西服，规规整整打好领带，认认真真擦亮皮鞋。他说，天天上课，天天就像过节。可以想见，怀有如此职业幸福感的教师是多么的幸福！魏书生也说，读书是享受，教书是享受，写作是享受，锻炼是享受，一切一切都是享受，一切一切都是幸福。魏书生的教育生涯之所以如此辉煌灿烂，之所以几十年如一日把教师生活过得那样如诗如画，如歌如舞，除了他的智慧、努力和坚守之外，其幸福观也起着不可或缺的作用。他的幸福观影响着中国千千万万个教师。我们说，教育工作是幸福的，因为教育是为学生一生幸福奠基的事业，从事这样光荣和伟大的事业无疑也是教育工作者一生的幸福所在。

第二，构建幸福教育模式。教育模式是指在一定的教育理论指导之下对教育过程的组织方式及其相应策略的模式化概括。构建学校的幸福教育模式一要明确教育目标，即通过我们的教育要使教师和学生达到既定的目标。目标是师生共同努力的方向，是师生共同奋发的目的，是师生共同行进的路线，是师生共同成长的希望，是师生共同成功的憧憬。构建幸福教育模式二要抓好教育过程，即需要把每一个教育目标落到实处，优化组织方式，抓好每个环节，适时适地对教育效果作出评价和反馈。构建幸福教育模式三要不断总结、概括和提炼教育实践经验，使之成为行之有效的幸福教育理论，借此升华自己的幸福教育实践和为他人提供理论借鉴。

第三，选择幸福教育策略。实施幸福教育，策略选择非常关键。首先，如何帮助和引导师生确立工作和学习的幸福感起着先导的作用。我们的同行们提供了无数个可供选择的策略方法，这些策略方法都可以拿来一试。其次，如何构建幸福课堂是个核心问题。教师在课堂上如何找到自己的幸福，进而通过构建一个幸福课堂让学生们也能感受到学习的乐趣和幸福，这些问题值得我们深入研究。再次，如何建设幸福班集体，使得班集体中的每个人都能感受到集体的温暖和幸福，也是幸福教育中的应有之义。还有，如何构筑幸福师生关系，使得师生之间能够彼此尊重、彼此敬重、彼此和谐、彼此热爱是教育获得成效、获得成功的关键。另外，如何促进教师幸福成长，如何促进学生幸福成长，大家各抒己见，一线教师的感受、体会、意见、建议、观点最有说服力。最后也是最为重要的是如何建设幸福校园，创建绿色校园、书香校园、和谐校园、平安校园，校长们提供的策略方法显然最有实践和理论价值。

第四，提升幸福教育境界。冯友兰谈到人生境界时说，人生有四重境界：自然境界、功利境界、道德境界和天地境界。自然境界和功利境界是我们多数人当下的境界。要达到道德境界和天地境界则需要努力，需要修炼。教育是面对生命的事业，当然也脱离不开这四重境界。我们承认自然境界的教育和功利境界的教育也有一定的幸福存在，但是遗憾的是，格局不大，境界不高。幸福教育的境界不能停留在这样的水平和层次上，应力争达到精神上的更高境界即道德境界和天地境界。如何达到这样的境界呢？就是我们的师生要努力从祖国的传统文化和世界优秀文化中不断萃取思想的精华，逐步去除教育的功利性，树立“计利应计天下利，求名应求万世名”的远大理想，“为中华之崛起而读书”，真正做个“富贵不能淫，贫贱不能移，威武不能屈”的大丈夫，能够充分发挥聪明才智，造福人类，服务苍生，能够顶天立地，天下为公。我们说，这样的教育才是伟大的，才是成功的。这样的幸福才是不朽的，才是永恒的。

总之，幸福应是学校教育的终极追求。为了教师的幸福，为了学生的幸福，我们应该有正确的幸福教育理念，有科学的幸福教育模式，有优化的幸福教育策略，有崇高的幸福教育境界。只有这样，学校教育才有成效，师生幸福才能达成。

教师应该幸福地做教育

* * *

著名教育家魏书生说：教师的工作是清苦却幸福的。有时，我们只需改变一下态度。比如读书是享受，教书是享受，写作是享受，跑步是享受，散步是享受，一切一切都是享受。

20 世纪 90 年代，我们大家听了魏书生的这段话，都感到深受教益。我也是受益人之一。当时我的感觉是：原来还可以这样做教育！

我们确实应该幸福地做教育。

一、幸福地学习

教师这个职业是集专业学习、专业服务、专业研究于一身的职业。联合国教科文组织和国际劳工组织在《关于教师地位的建议》中指出：应该把教育工作视为一种专门职业，这种职业是一种教师必须经过严格而持续不断的学习获得并且维持专业知识和专业技能的公共业务。从《建议》中我们可以得知，教师必须学习；教师必须经过严格的学习获得专业知识和专业技能；教师必须经过持续不断的学习维持专业知识和技能；教师不仅职前需要学习，职后更应学习。教师的学习是贯穿一生的。学习获得知识，提升技能，增长智慧，丰富阅历，开阔视野，豁达心胸，因此，学习是世界上最快乐最幸福的事情。幸运的是，我们教师天天、月月、年年与知识为伍、有书香为伴，学习滋养着我们的幸福人生。

二、幸福地工作

教育是为学生未来幸福生活奠基的事业。因此，教师是幸福的使者。我们知道，教师的工作是教书育人。为此，要培养品德，传授知识，传授技能，提高能力。这是一种引领，一种引导，一种教导，一种指导，一种付出，一种奉献。而世界上最让人感到崇高和幸福的事情就是付出和奉献。不仅如此，教育教学过程中教师与学生教学相长也是一件快乐和幸福的事情。看着他们一张张年轻的脸庞，瞧着他们生龙活虎的身影，瞅着他们健康快乐地成长，汲取着他们奋发向上的力量，教师也在成长，也在进步，也在年轻，也在奋发，这时，你没有理由停下脚步，没有理由停止进取。逐渐地，你会发现原来做教师是如此幸福。

三、幸福地思考

教师是脑力劳动者，思考是教师日常的工作。思考能够使得人的思想变得深邃，行动变得理性。思考能够使得教育、教学、管理方法更优化，学校、班级、学科教学工作更高效。那么，我们教师都有哪些问题要考虑呢？其实，很简单。一是道的问题，二是术的问题。教师首先要思考什么是社会发展之道，什么是人的发展之道，什么是自然发展之道。我们自己应该并指导和引导学生顺应社会发展之道、人的发展之道、自然发展之道，逐步达到身心合一、人人合一、天人合一的理想境界。此外，还要研究术的问题，要研究如何使得教和学有效乃至高效，这也是教育教学中很现实也很让人费脑筋的问题。这些问题理清了头绪，我们就会有顿开茅塞、欣喜幸福之感。

四、幸福地研究

苏霍姆林斯基说，如果要让教师对工作有些兴趣的话，应该引导他们走到教科研的路子上来。苏氏的教导是至理名言。确实，要克服职业倦怠，要提高职业兴趣，要增强教育幸福感，应该让教师做好教科研工作。因为，只有教科研才能使得教师的工作更加专业化,更为科学化,更有趣味性。教师的专业成长的路径是学、做、研，遗憾的是，有的教师只是做了前两项工作，后一项忽略了或者根本没有做，因此，不仅与名优教师失之交臂，久而久之，没有了工作兴奋点，工作会变得枯燥无味。一个优秀的教师会认真研究教育教学规律，认识教育教学规律，遵循并运用教育教学规律。他还会认真研究教育教学以及管理工作中出现的新情况新问题并拿出对策。这样他就会很有使命感和幸福感。

五、幸福地传播

教师以传道、授业、解惑为己任。传播也是传道的一种方式，它往往比一般的教学方式更有效，更久远，也更有影响力。传播的方式有多种，比如可以个别传授，也可以集体传授；可以口头传授，也可以书面传授；可以小范围传授，也可以大范围传授。内容也多种多样，比如可以传授自己的道，也可以传授别人的道；可以传授今人的道，也可以传授古人的道；可以传授国人的道，也可以传授外国人的道。具体来讲，就是把一些想法、做法和说法传播出去，给人以启发，给人以借鉴，在业内得到认可，得到肯定，得到共鸣，这是一项非常有意义的工作。传播过程也是同行相互交流、相互学习、相互提高的过程。当年孔圣人周游列国宣传自己的政治主张是如此，今人魏书生们忙忙碌碌做报告、做讲座也是如此。孔圣人的传播虽然没有被当时的统治者所认可，但他不气馁，不灰心，删订《诗》《书》《礼》《易》《乐》《春秋》，保存古籍，创办私学，影响世人几千年。魏书生则幸运得多，借助现代交通和现代媒体，他的足迹遍及大江南北、长城内外，声音传遍高山平原、大漠边关。凡是听过他讲座的都会被感染，大家幸福，他能不幸福么？

六、幸福地成就

教师这个职业是很有成就感的。一个优秀的教师不仅因为教育工作成就着自己，还成就着学校，成就着学生。教师也往往在学校的成就和学生的成就中得到自我认可、自我提升和自我实现。毋庸置疑，当一个学校在老师们的共同努力下由一般校变成重点校，由薄弱校变成优质校，由普通校变成示范校，由同质校变成特色校时，老师们的那份喜悦，那份兴奋，那份激动，那份幸福是用语言不能够充分表达的。而当一个班级在班主任、科任教师和同学们的努力下变得积极向上、团结互助、学习刻苦、成绩优良时，成就感就会油然而生，幸福感就会自然而来。“父母俱存，兄弟无故，一乐也。仰不愧于天，俯不怍于人，二乐也。得天下英才而教育之，三乐也。”孟子的“三乐”很好地表达了教师的幸福观。

综上，教师学习、工作、思考、研究、传播、成就是幸福充盈其中的。而幸福地学习、工作、思考、研究、传播、成就于教师个人是一种精神，于学生、学校、社会却是一种责任。所以，作为教师要打起精神，担起责任，幸福地做教育，做个真正幸福的人。

教育质量，一个永恒的话题

* * *

提高教育质量对学校而言是一个永恒的话题。什么是教育质量？怎么提高教育质量？

顾明远先生编写的《教育大辞典》中提出，“教育质量是对教育水平高低和效果优劣的评价”，“最终体现在培养对象的质量上”，“衡量标准是教育目的和各级各类学校的培养目标。前者规定受培养者的一般质量要求，亦是教育的根本质量要求，后者规定受培养者的具体质量要求，衡量人才是否合格的质量规格”。

可以这样认为，要提高教育质量，一要提高教育水平，二要改进实际效果，关键是要提高培养对象的质量。标准则是看教育目的是否达成，培养目标是否实现。

学校教育水平的提高一般取决于三个方面：一是它的队伍建设得怎么样，二是它的设施建设得怎么样，三是它的文化建设得怎么样。主要是通过文化建设特别是物质文化、精神文化、制度文化和行为文化建设使得队伍和设施都能得到科学配置，都能提高效率，都能发挥效能，都能提高效益，都能实现预期效果。做到这一点，不仅需要教育工作者脚踏实地，聚精会神，还需要我们开阔视野，创新思维。

改进学校教育效果要落实在教育要素的优化上。一般来讲，要看教育思想、教育环境、教育目标、教育内容、教育过程、教育方法、教育手段、教育反馈、教育研究是否得到了科学优化，特别是要素整合优化是否做到了位。

教育目的和培养目标的达成与否则要看教育方针是否得到贯彻，教育改革和发展的具体目标要求是否得到落实。

1. 教育方针的要求。

教育方针体现教育目的和宗旨。按照教育方针的要求，教育“必须为社会主义现代化建设服务，必须与生产劳动相结合，培养德、智、体等方面全面发展的社会主义事业的建设者和接班人”。教育方针有社会本位要求，也有个体本位要求。教育目的是否达成，要看我们培养的人是否达到了这些要求。

2. 教育改革和发展的具体目标要求。

如《国家中长期教育改革和发展规划纲要（2010—2020年）》对各级各类教育的质量都提出了比较具体的要求，不仅有目标、标准，还有实施的途径和评价的方法。除了对学前教育提出要“遵循幼儿身心发展规律，坚持科学保教方法，保障幼儿快乐健康成长”外，对其他类型教育要求我们要努力做到：

首先，要提高义务教育质量。建立国家义务教育质量基本标准和监测制度。严格执行义务教育国家课程标准、教师资格标准。深化课程与教学方法改革，推行小班教学。配齐音乐、体育、美术等学科教师，开足开好规定课程。

其次，要提高普通高中教育质量。一方面全面提高普通高中学生综合素质。深入推进课程改革，全面落实课程方案，保证学生全面完成国家规定的文理等各门课程的学习。创造条件开设丰富多彩的选修课，为学生提供更多选择，促进学生全面而有个性地发展。逐步消除大班额现象。积极开展研究性学习、社区服务和社会实践。另一方面建立科学的教育质量评价体系，全面实施高中学业水平考试和综合素质评价。

再次，要提高职业教育质量。以服务为宗旨，以就业为导向，推进教育教学改革。实行工学结合、校企合作、顶岗实习的人才培养模式。坚持学校教育与职业培训并举，全日制与非全日制并重。制定职业学校基本办学标准。加强“双师型”教师队伍和实训基地建设，提升职业教育基础能力。建立健全技能型人才到职业学校从教的制度。完善符合职业教育特点的教师资格标准和专业技术职务（职称）评聘办法。建立健全职业教育质量保障体系，吸收企业参加教育质量评估。开展职业技能竞赛。

还有，要全面提高高等教育质量。高等教育承担着培养高级专门人才、发展科学技术文化、促进社会主义现代化建设的重大任务。提高质量是高等教育发展的核心任务，是建设高等教育强国的基本要求。一方面，到 2020 年，高等教育结构更加合理，特色更加鲜明，人才培养、科学研究和社会服务整体水平全面提升，建成一批国际知名、有特色、高水平的高等学校，若干所大学达到或接近世界一流大学水平，高等教育国际竞争力显著增强。另一方面，要提高人才培养质量。牢固确立人才培养在高校工作中的中心地位，着力培养信念执着、品德优良、知识丰富、本领过硬的高素质专门人才和拔尖创新人才。加大教学投入。把教学作为教师考核的首要内容，把教授为低年级学生授课作为重要制度。加强实验室、校内外实习基地、课程教材等基本建设。深化教学改革。推进和完善学分制，实行弹性学制，促进文理交融。支持学生参与科学研究，强化实践教学环节。加强就业创业教育和就业指导服务。创立高校与科研院所、行业、企业联合培养人才的新机制。全面实施“高等学校本科教学质量与教学改革工程”。加强教学管理。健全教学质量保障体系，改进高校教学评估。充分调动学生学习积极性和主动性，激励学生刻苦学习，增强诚信意识，养成良好学风。

最后，要改革教育质量评价制度。改进教育教学评价，根据培养目标和人才理念，建立科学、多样的评价标准。开展由政府、学校、家长及社会各方面参与的教育质量评价活动。做好学生成长记录，完善综合素质评价。探索促进学生发展的多种评价方式，激励学生乐观向上、自主自立、努力成才。

总之，只要树立科学的质量观和教育发展观，制定好科学合理的教育质量标准，建立好质量管理制度和工作机制，教育质量就会得到提高，教育水平就会提升上来。

谈谈教育中的学术训练

* * *

从某种意义上说，教育也是一种学术训练。学术训练是一种特殊的训练，是一个从未知到已知再到未知的循环往复的过程。在这个过程中，学生从懵懂无知到知之较多，从知之较多到熟练掌握。教育中的学术训练对于学生的成长促进作用明显。

一、学术训练都训练什么

学术训练对于人的成长具有重要的作用。学术训练是通过不同的内容和途径对学生的智力因素和非智力因素施加影响的。

1. 训练知识获取的方式。

学生知识获取的方式有很多种，学术训练中，学生可以掌握多种知识获取方式。比如按照学习的主体，有主动式知识获取和被动式知识获取；按照社会交往方式，有交互式知识获取和自主式知识获取；按照学习策略，有死记硬背式知识获取，条件反射式知识获取，类比学习式知识获取，传授式知识获取，演绎式知识获取，归纳式知识获取等方式。知识获取方式的训练会让学生终身受益。

2. 训练各种习惯的养成。

叶圣陶先生说，教育就是培养习惯。学术训练对学生各种习惯的养成作用尤其明显。比如学术训练至少可以训练学生提前预习的习惯、认真听课的习惯、独立自学的习惯、自主思考的习惯、独立完成作业的习惯、严谨治学的习惯、课堂守纪的习惯等等。这些习惯的培养实际上也是学生个体社会化的过程。

3. 训练科学的思维方式。

学术训练最重要的作用是训练学生科学的思维方式。要通过学术训练使得学生观察能力、想象能力、记忆能力、分析能力、归纳能力、演绎能力、判断能力、概括能力、综合能力都得到提高，更主要的是要使学生分析问题的能力和解决问题的能力得到提升。

4. 训练克服困难的意志。

学术训练不仅能够增进学生的智慧，还可以培养学生百折不挠、愈挫愈勇的意志。在学生成长的过程中，常常是鲜花伴着荆棘，一帆风顺的学术生涯或者人生是不多见的。学生能够在学术训练中勇于克服困难，勇于争取胜利，是比现实的智慧还要重要的事情。有了这种训练，有了这样的意志，学生将来在任何艰难困苦面前都不会轻易垂头丧气。

二、如何开展学术训练

学术训练是课堂教学的主要任务。要改进学术训练的效果，需要创新学术训练方式。

1. 要开展研究性学习。

研究性学习是国家教育部2000年1月颁布的《全日制普通高级中学课程计划（试验修订稿）》中综合实践活动板块提出的一项内容。它是指学生在教师指导下，从学习生活和社会生活中选择和确定研究专题，主动地获取知识、应用知识、解决问题的活动。研究性学习与社会实践、社区服务、劳动技术教育共同构成“综合实践活动”，作为必修课程列入到《全日制普通高级中学课程计划（试验修订稿）》中。

研究性学习着重强调学习中研究意识、研究习惯、研究方法、研究策略、研究过程、研究能力等研究素养的训练和培养，这些素养对于学生未来的成长和发展有着现实和长远的意义。

2. 倡导课堂教学民主。

教学民主是指在教学中采用民主式教学。有专家指出，民主式教学通过教会学生自己学习或自主学习，通过老师教的逐渐减少以及学生学的逐渐增加，完成从“扶”到“放”的教学全过程，最后达到“教是为了不教”这一目的。

民主式教学要摒弃完全讲授式教学，反对填鸭式、满堂灌、一言堂式教学，提倡采用启发式教学或者发现式教学。课堂教学中要鼓励学生发疑、质疑，教师要注重答疑、解惑，培养学生的自主学习能力和创新能力。

3. 反思学术训练手段。

学术训练手段是指为了达到训练目的而择取的合适的训练内容和训练方法。在教学中究竟选择哪些教学内容训练学生，选用哪些训练方法训练学生更为有效需要认真研究和改进。

反思学术训练手段应该注意训练内容和方法的目的性、教育性和科学性。要明确训练应该达到的目的，关注训练手段的教育作用，并不断改进训练手段的科学性。

4. 提高学术训练效果。

学术训练效果应是效能和结果的有机统一。什么是效能？此处效能是指训练的效率和能力。效能是衡量训练结果的尺度，效率、效果、效益是衡量效能的依据。有人说，效能是效率和目标相乘之积，是说我们不能片面地追求效率，效率高不代表目的就可以实现，有了目标再乘以效率才是达到目的的有效方法。

因此，我们要充分发挥学术训练的效能，以保证训练取得好的结果。

学术训练效果影响学生的一生，不仅影响当下，还会影响未来。提高学术训练效果，一定要目标在胸，注重效率，立足当前，兼顾长远，不断提高训练的长远效果和效益。

总之，学术训练十分重要。只要目标对头，过程抓住，训练有方，学术训练的效果一定会达成，学生的学术素养一定会得到提高。

也说教育的科学发展

* * *

人们对教育有不同的解释和定义。

有人说，教育就是知识传授；有人说，教育就是能力培养；有人说，教育就是习惯养成；有人说，教育就是促进学生人格和个性完善；有人说，教育就是促进学生德智体美劳全面发展；有人说，教育就是个体社会化、社会个性化的过程；有人说，教育就是把人从低处引向高处，从黑暗处引向光明处……

解释和定义还有多种。但仔细考量，每一种解释和定义无非就是放在现实和理想两端，或游离于两端之间。

应该承认，教育是要关注现实的。脱离了现实的教育是没有实际价值的，是不会被社会接纳和认可的。教育脱离了现实，就没有了发展的基础，也就失去了发展的条件。

但是还应看到，只关注现实的教育是短视的，发展是不全面的,是不协调的,是不可持续的。这便要求我们的教育要科学发展。

科学发展的教育一定是全面发展的教育。不仅要求学生“有文化”，还要求学生“有理想，有道德，有纪律”；不仅要求学生智育得到发展，德育、体育、美育等都要得到发展。

科学发展的教育一定是和谐发展的教育。不仅要求学生德、智、体、美、劳全面发展，还要求学生各方面协调和谐发展，成为身心合一的人。

科学发展的教育一定是现实和理想相统一的教育。教育实施过程中既要关注学生的现在，更要关注他们的未来。要按照素质教育要求，使得学生在全面发展的基础上，培养自己的创新精神和实践能力，以满足未来社会对自己的要求。

教育需要全面、协调、可持续发展，需要培养全面发展、协调发展、可持续发展的人。但在现实教育环境中，这种理想的教育诉求与现实是有矛盾和冲突的，有时这种矛盾和冲突还很激烈。要办好理想的教育、要实现教育的科学发展还需我们做艰苦卓绝的工作。

其实，对理想教育的追求古今中外的志士仁人从来也没有停止过。比如两千多年前的《学记》就对当时的教育有所抨击和批判。《学记》指出当时的课堂教学照本宣科，一言堂，满堂灌，不能做到因材施教，教学方法不科学，教学违背教学原则和教学规律等问题。 两千年前我们的先辈注意到了的教学的种种弊端，直至今天有些依然如故。可见，理想的教育还真不是一蹴而就的事情。

再看古希腊的和谐教育学说，蔡元培的五育说，毛泽东的全面发展说，邓小平的三个面向说等等，无不描绘出一幅理想教育的蓝图，但是我们知道真要实施起来，困难不少，距离不小，毫不夸张地说，没有几代人的努力，理想教育的目标是难以达到的。

困难是存在的，但是只要我们从现在做起，从自我做起，毫不动摇地坚持科学发展观，理想教育的蓝图总有一天会变成现实。

也说教育的功利性

* * *

教育有没有功利性？我说有。

不仅我说有，古今中外不少人都说有。有文献为证。

孔子有句名言：“学而优则仕。”他的意思是说书读好了可以去做官。如此说来，孔子可以算作是功利大师了。可细细想来，儒家主张奋斗进取，积极入世，孔子有错么？你说你不让读书好的人去做官，难道让读书不好的人去做官么？

宋真宗《劝学诗》说：富家不用买良田，书中自有千钟粟；安居不用架高堂，书中自有黄金屋；出门莫恨无人随，书中车马多如簇；娶妻莫恨无良媒，书中自有颜如玉；男儿若遂平生志，六经勤向窗前读。好家伙，这更为直白，更有诱惑力。于是，千千万万的人“两耳不闻窗外事，一心只读圣贤书”，于是，有人“十年寒窗无人问，一朝成名天下知”，更为幸运的人则“朝为田舍郎，暮登天子堂”，你说这是多大的诱惑，多大的功利啊！

而西方呢，则把功利描绘得含蓄些、中性些。你看，培根《论读书》中说：读书足以怡情，足以傅彩，足以长才。我们可以这样理解，读书可以使得自己精神愉悦，可以为自己增光加彩，也可以增长自己的才干。尽管含蓄，尽管中性，他也是在说明一个道理：无论如何，读书受教育是对自己有利的事情，也是有功利在里面的。

我还曾经读过北大的一位教授写的一篇文章，大概叫作《北大给了我什么》。故事梗概是这样的：北大一位教授一本书杀青了，高兴！于是骑着自行车到一饭馆自我庆贺。菜吃过了，酒喝过了，酒足饭饱，高兴！嗯？一摸口袋，不禁暗暗叫苦：怎么就忘了一件大事了呢？没办法，赶紧低声下气地跟服务员说：“对不起，我今天没带钱！”服务员满脸的不屑：“你这样的我见得多了。跟我们经理说吧。”经理来了，问明情况，也是满脸的不屑。这时教授想起自己不是有名片么？先抵挡一下再说。于是，递上名片，有些底气地说：我是北大的教授，您看这……经理转怒为笑：“您，哈哈哈哈，下次来时带上钱不就得了么？吃顿饭多大的事啊。”教授很感动，说：“要不这样，我这手表押您这里。”经理有些激动：“您这是怎么说的，不用不用，您可是有身份的人，您请慢走，慢走啊！”

我们知道，北大是一个象征，是一个读书人读书成功的象征。北大的学生让人羡慕，北大的先生更是受到社会尊重，这也可算是一种功利吧。

但是，以上所探讨的所谓这类功利应是小功利，长期以来广受社会诟病和指责。

其实，功利有错么？功利本身并没有错，关键是什么样的功利。我们知道，功利有大功利和小功利之分。我们的教育还是要倡导为国为民的大功利，少些为己为私的小功利。

有人就曾提出：计利应计天下利，求名应求万世名。说得大气磅礴，震撼人心！此乃大功利也。

周总理也说：为中华之崛起而读书。总理的话立意高远，引人奋发！我们说这也是一种大功利，这样的功利无疑是崇高的、伟大的、可歌可泣的、可褒可扬的。一个人如若有了这样的情怀，这样的志向，这样的境界，他的目标定会更加远大，志向定会更加坚定，读书一定会更加成功。

我们认为，教育还是应该摒弃小功利，倡导大功利。这样的教育才会是大气的教育，理想的教育，可持续发展的教育！

国民素质教育要从小事做起

* * *

据新闻报道：2013 年 10 月 1 日，11 万人在天安门广场冒雨看升旗，升旗仪式结束后，天安门广场留下的垃圾，最密集处甚至露不出地面。150 名保洁员人手一把扫帚，2 辆清扫车，2 辆垃圾收集车，以“拉网式”的排兵布阵，用了 30 分钟才全部清除。初步估计,清扫的垃圾多达 5 吨。另据《新京报》报道：10 月 6 日，黄金周第六天，北京八达岭长城景区累计游客人数达 35.66 万人，产生垃圾共计 109 吨。

其实，这是我们在国内日常社会生活中和一些大型户外活动后常见的现象，只不过这次是集中爆发，集中出现，集中引起媒体和国人的关注罢了。应该说，垃圾事小，素质事大。相关管理部门的管理措施、方法、手段和设施无疑需要改进，但我们也需要对我们的教育特别是国民素质教育做些有益的反思。

我们认为，素质教育不仅仅是学校的事情，也不仅仅只是以学生为对象的教育。《中共中央国务院关于深化教育改革全面推进素质教育的决定》中就提出，实施素质教育，就是全面贯彻党的教育方针，以提高国民素质为根本宗旨，以培养学生的创新精神和实践能力为重点，造就“有理想、有道德、有文化、有纪律”，德智体美等全面发展的社会主义事业的建设者和接班人。

素质教育是提高国民素质的教育。国民素质教育应该先从小事抓起。从小事抓起,就要从小处着眼,从小处入手,从小处做好。

国民素质教育要从小处着眼。大道理要谈，小道理也要讲。比如爱国教育，我们不用天天把爱国挂在嘴上，认真审视一下自己的家庭是否经营得很好，自己的本职工作是否做得很好，自己的单位是否管理得很好。如果都做好了，就是爱国的一种表现。前一段央视采访民众如何看待爱国，一位东北果农的回答让人印象深刻。当记者问他自己和其他人平时是否总谈论爱国的事情，果农回答说没有。记者很诧异。果农说我一个卖梨的，只是关注梨子装车时是好好的，卸下来也是好好的就行了。我这辈子不调理人，不祸害人就是爱国了。他说得很对。作为普通百姓，普通国民，我们可能讲不出什么大道理，也不用讲什么大道理，只要我们认真提高自己的素质，提升自己的能力，能够把自己的家经营好，把本职工作干好，把单位管理好，就是对国家建设和发展的贡献，就是对民族存续和振兴的贡献。国民素质教育不需要高谈阔论，不需要扶摇万里，需要立足现在，需要关注现实。

国民素质教育需要从小处入手。比如培养习惯就是从小处入手。你可能说，小小的习惯有什么打紧？其实看一看天安门广场看升旗乱扔垃圾，长城上面游览乱扔垃圾都是习惯使然。一场活动下来，垃圾遍地，颜面扫地，令人唏嘘，令人尴尬。有人说，教育就是培养人的良好的习惯。一个人有了良好的习惯，就奠定了一生成功的基础。良好的习惯包括生活的习惯，工作的习惯，学习的习惯，等等。有的人养成了不好的习惯，久而久之就成了一种恶习，恶习不改，就成了一种顽疾，要是有了顽疾，就会危害社会，危害他人，危害家庭，也会危害自己。“勿以善小而不为，勿以恶小而为之”不仅是一种认识，一种态度，更是一种习惯，一种品行。

国民素质教育要从小处做好。素质教育是以培养创新精神和实践能力为重点的。创新精神和实践能力的培养要从一点一滴做起。我们要提倡哪怕是一个很小很小的创新，鼓励哪怕是一个很小很小的实践。“千里之行，始于足下”的道理人人皆知，“不积跬步，无以至千里”的内涵我们也耳熟能详，但我们在日常工作生活和学习中常常见到的现象是，有人工作规划很宏伟，工作计划很长远，工作安排很超前，但就是不能扎扎实实，步步为营，结果规划、计划、安排始终是纸上谈兵，并不施行，到头来只会束之高阁，一事无成。还有人生活理想很恢宏，生活愿景很远大，生活激情很澎湃，但就是不能为生活吃一点点苦，受一点点累，卖一点点力，结果必然是理想破灭，愿景不再，激情全无，灰头土脸，沮丧无比。也有人学习志向很高远，学习目的很明确，学习愿望很强烈，但真正端起书本，畏首畏尾，一曝十寒，遇挫而退，遇难不前，志向成为门面，目的逐渐动摇，愿望开始模糊。结果是谈学色变，意志衰退，学无一得，身败而退。所以我们说从小处做好，才能成就大事业，成就大理想，成就大学问。

国民素质教育事关民族兴旺、国家富强、中华形象。搞好国民素质教育，小中有大，小中见大，我们应当脚踏实地，从自我做起，从现在做起，从每一件小事做起。

也谈核心素养的培育

* * *

教育部《关于全面深化课程改革落实立德树人根本任务的意见》于 2014 年 3 月 30 日正式印发。这份文件中有个词引人关注：核心素养体系。即研究提出各学段学生发展核心素养体系，明确学生应具备的适应终身发展和社会发展需要的必备品格和关键能力，突出强调个人修养、社会关爱、家国情怀，更加注重自主发展、合作参与、创新实践。

实际上，核心素养的提出并不是我们的独家创造。早在本世纪初，经济合作与发展组织（OECD）就率先提出了“核心素养”结构模型。它要解决的问题是：21 世纪培养的学生应该具备哪些最核心的知识、能力与情感态度，才能成功地融入未来社会，才能在满足个人自我实现需要的同时推动社会发展。

此后尤其是近几年，中国学者开始关注核心素养和核心素养的培育问题，他们也从不同角度提出了自己的观点。

林崇德认为，核心素养是学生接受相应学段的教育过程中，逐步形成的适应个人终身发展和社会发展需要的必备品格和关键能力。

钟启泉指出，核心核心素养不是先天遗传，而是经过后天教育习得的，核心素养也不是各门学科知识的总和，它是支撑“有文化教养的健全公民”形象的心智修炼或精神支柱。决定这种核心素养形成的根本要素，在于教育思想的进步与教育制度的健全发展。

李涛提出，核心素养不指向某一学科知识，而且强调个体能够积极主动并且具备一定的方法获得知识和技能，它的目的不仅限于满足基本生活需要，更有助于个人追求生活目标、促进个人发展和有效参与社会活动。“核心素养”的含义比“能力”的意义更加宽泛，既包括传统的教育领域的知识、能力，还包括学生的情感、态度、价值观。

郑富芝强调，核心素养的构建“使学生发展的素养要求更加系统、更加连贯”，重点要解决两个问题，“一是把对学生德智体美全面发展总体要求和社会主义核心价值观的有关内容具体化、细化，转化为具体的品格和能力要求，进而贯穿到各学段，融合到各学科，最后体现在学生身上，深入回答培养什么人、怎样培养人的问题。二是为衡量学生全面发展状况提供评判依据，引导教育教学评价从单纯考查学生的基本知识和基本技能转向考查学生的综合素质”。

大家对核心素养的内涵和外延还有很多解读，但大家基本一致的意见是，在个体终身发展过程中，每个人都需要许多素养来应对生活的各种情况，所有人都需要的共同素养可以分为核心素养以及由核心素养延伸出来的素养。其中，最关键、最必要、居于核心地位的素养被称为“核心素养”。

专家们的意见很明确：核心素养很重要，未来的社会生活需要核心素养；核心素养是一种品格和能力；核心素养是后天训练而成；核心素养不仅包括知识和能力，还包括情感态度价值观；

核心素养是一种综合素质。

那么，我们如何在教育教学实践中培养这些素养呢？

第一，要认真贯彻教育方针。贯彻方针，不是一句空话，不是应景文章，而应该是教育教学实践中奉行的宗旨。我们认为，贯彻方针，就要坚持教育为现代化建设服务，培养的人的规格要符合或者满足现代社会发展的素养需求。贯彻方针，就要坚持全面育人要求，要使得学生在德智体几个方面的素养都得到发展，这是核心素养最基本的要求之一，也是学校办学、学生培养的首要要求。

第二，要全面推进素质教育。推进素质教育，就要去除或消除应试教育中不合时宜或者阻碍教育发展或人的发展的东西。我们的教育站位要高，立意要远，胸襟要宽，格局要大。教育过程中要切实以提高民族素质为己任，不仅要坚持德智体全面发展，坚持“有理想、有道德、有文化、有纪律”，还要注重培养学生的创新精神和实践能力，以适应未来社会建设和发展的要求。

第三，要树立现代教育理念。我们所办的教育是现代教育，传统教育需要现代化。教育现代化无疑是一个渐进的过程。顾明远先生指出，教育现代化的特征表现在八个方面：教育的广泛性和平等性，终身性和全民性，生产性和社会性，个体性和创造性，多样性和差异性，信息化和创新性，国际性和开放性，科学性和法制性。具备如此特征的现代教育要办出成效、办出特色需要我们具备与之相对应的教育理念。只有这样，我们培养出来的人才真正是具备了核心素养的具有现代化建设能力的人。

第四，要全面提升教师素养水平。教育发展，教师是关键。要培养和提升学生的核心素养，教师的素养是关键。我们应该在培养和提升学生核心素养的同时，努力培养和提升教师的核心素养。有专家认为，新课程背景下，教师应该具备四种素养：一是教育素养；二是学科素养；三是博雅素养；四是公民素养。按照这样的要求，我们的工作任重而道远，需要长期的努力才行。

总之，核心素养的培育是教育教学工作中一项非常重要的工作，只要我们坚持正确的教育教学理念，坚持正确的办学思想，坚持科学的教育教学方法，学生的核心素养一定能够得到提高。

教育现代化我们能做些什么

* * *

国家教育咨询委员会委员谈松华先生说，教育现代化“是农业社会向工业社会转型过程中的教育转型。它的主要内容就是从传统教育向现代教育的转型过程”。

他认为，教育现代化有六个现实任务：教育民主化，教育个性化，教育多样化，教育社会化，教育信息化，教育国际化。应该说，教育民主化、教育个性化、教育多样化、教育社会化、教育信息化、教育国际化不仅是教育现代化的现实任务，也是教育现代化的基本特征和着力方向。作为教育工作者，我们身临其境，责无旁贷，要做的工作有很多。

第一，要促进教育民主化。

教育民主化也是社会民主化的重要组成部分之一，不仅具有重要的现实意义，更具有长远的历史意义。促进教育民主化，首先，我们需要注意教育公平，要办好每一所学校，教好每一个学生。要合理配置教育资源，使得每一所学校都享受教育公平。办学过程中要集思广益，发扬民主，坚持实行民主参与，民主监督；教育教学要面向全体，不歧视、不放弃、不抛弃任何一位学生，使得优秀生快速成长，也促进学困生健康成长。其次，课堂教学要提倡学生主动，学生自觉，采用启发式，废除一言堂，使得课堂永远充满生机和活力。还有，学校、社会、家庭紧密合作，协同一致，形成合力，把每一个孩子引导好、教育好。

第二，要倡导教育个性化。

教育本身就是社会个性化的过程，即通过教育使得我们未来的社会建设者成为一个个具有个性的人。倡导教育个性化就应该承认学生的个性，保护学生的个性，发展学生的个性。首先，要承认我们的教育对象是活生生的人，他们的遗传素质、家庭教育、学校教育、社会环境各异，因而个性也很突出；其次，要保护学生的个性不受到侵害，教育过程中要多加引导、指导和疏导，使得他们能够积极进取，个性得到张扬；最后，要做好因材施教工作，使得学生的兴趣、爱好得到最大限度的培养和激发，使得学生的潜能和潜质得到最大限度的挖掘和唤醒。

第三，要实现教育多样化。

谈先生认为，教育多样化包括这么几个方面：一是办学形式的多样化，比如有公办学校、私立学校以及各种形式的合作办学等等；二是学校特质的多样性，比如高中多样化发展，可以探索创办科技高中、体育高中、艺术高中、外语高中以及普职融合的综合高中等等；三是人才成长途径的多样化，高等教育和职业教育作为专业教育，类型应更加多样化，即使在基础教育阶段也可以和个性化、多样化联系起来。他认为，小班化、走班制、跳级、分层教学、有条件的导师制等也是人才培养多样化的表现。我们认为，在实现办学形式的多样化、学校特质的多样性、人才成长的多样性方面，应该解放思想，积极开拓，相信我们在这几个方面的工作中都能大有作为。

第四，要探索教育社会化。

教育也是个体社会化的过程。谈先生认为个体社会化是终身学习的过程。终身学习、终身受教育是教育现代化的一个特质。我们认为，一个人要实现社会化，需要树立终身学习理念，需要在终身学习中不断地了解这个我们生于斯、长于斯的社会，还要学会不断地适应这个社会，并且还要努力去融入这个社会，最后才有可能有机会去改造这个社会。很遗憾的是，有一些学生由于没有很好地了解社会，因此不能适应社会，不能融入社会，于是，在没有社会化之前，就早早地丧失了继续学习的机会，继续发展的机会，继续为家庭、社会和人类做出贡献的机会。可见，个体社会化和终身学习意识和能力决定着一个人可持续发展的能力。

第五，要利用教育信息化。

我们现在正处于一个信息化技术的时代。应该说，忽视信息技术的教育不是现代化的教育。但是要实现“宽带网络校校通，优质资源班班通,学习空间人人通”这样一个“三通”信息化目标，我们要做的工作还有不少：一是要完善学校和社区互联网络设施，二是要转变传统的教育教学理念，特别是媒体使用理念；三是要提高教师和学生的信息化素养；四是要做好学科教学与信息技术的整合；五是要研究高效教学通过教育信息化技术何以能够达成。不容置疑的是，利用教育信息化可以把我们的教育现代化水平提高一大步。

第六，要瞄向教育国际化。

20 世纪 80 年代，小平同志曾经为景山学校题词：教育要面向世界，面向未来，面向现代化。教育要面向世界，什么是面向世界的教育？其实面向世界的教育就是国际化的教育。谈先生在文章中强调，我们办教育，要有国际视野。我们的理解是，应该认真研究世界各国教育发展的潮流和趋势，应该认真学习国外的现代教育教学理念，应该认真借鉴国外的先进的教育教学模式，应该瞄准世界一流教育，注意取他人之长，补自己之短。要发挥优势，克服劣势，努力把我们的教育办出国际一流水平。

综上，教育民主化、教育个性化、教育多样化、教育社会化、教育信息化、教育国际化若能够做出成效、提高层次、提升水平，教育现代化就能在现有基础上取得更大进步。教育现代化还需要我们狠下苦功，下大力气，我们的教育工作者任重而道远。

教育公平乃人类的理想诉求

* * *

《国家中长期教育改革和发展规划纲要（2010—2020年）》中提出，要形成惠及全民的公平教育。要坚持教育的公益性和普惠性，保障公民依法享有接受良好教育的机会。建成覆盖城乡的基本公共教育服务体系，逐步实现基本公共教育服务均等化，缩小区域差距。努力办好每一所学校，教好每一个学生，不让一个学生因家庭经济困难而失学。切实解决进城务工人员子女平等接受义务教育问题。保障残疾人受教育权利。

教育公平涉及城乡公平，地区公平，校际公平，群体公平，个体公平等多个方面，要真正实现教育公平，需要我们做深入细致乃至艰苦卓绝的工作。

其实，教育公平从古至今一直就是中国人的理想诉求，无数仁人志士做出了努力。比如我国伟大的教育家孔子在春秋时期就做到了有教无类。孔子说："自行束脩以上，吾未尝无诲焉。"意思是说：只要能带十来条肉脯送上薄礼的人，我从来没有不加以教诲的。因此，在孔子的三千弟子中，既有来自鲁国当政的贵族子弟孟懿子，也有被称之为"贱人"的仲弓父和"鄙家"子弟的子张；既有以货殖致富、家有千金的子贡，也有蓬户瓦牖、捉襟见肘的原宪和穷居陋巷、箪食瓢饮的颜渊；既有北方的卫人子夏、陈人子张，也有南国吴人子游等。

教育公平在世界范围内一直处于不断探索的过程中。在2007年经济合作与发展组织（OECD）有关教育公平的报告中，教育公平曾被定义为："教育公平有两个含义。第一个含义是公正，就是要保证性别、社会经济地位和种族等个人和社会因素差异不妨碍人达到其能力所允许的教育高度。第二个含义是覆盖，就是要保证每个人都受到基本的、最低标准的教育，例如，每个人都应该能读、写和做简单的算术。"

我国学者认为，教育公平应该在三个层面上得到实现：（1）确保人人都享有平等的受教育的权利和义务；（2）提供相对平等的受教育的机会和条件；（3）教育成功机会和教育效果的相对均等，即每个学生接受同等水平的教育后能达到一个最基本的标准，包括学生的学业成绩上的实质性公平及教育质量公平、目标层面上的平等。其中，"确保人人都有受教育的权利和义务"是前提和基础，"提供相对平等的受教育机会和条件"是进一步的要求，也是"教育成功机会"和"教育效果相对均等"的前提。而通常，这三个层次被概括为：起点公平、过程公平和结果公平。

综上各家观点，要实现真正的教育公平，就应该做到：教育起点上的有教无类，教育过程中的因材施教，教育预期中的各得其所，教育结果上的平等公正。

第一，教育起点上的有教无类。

有教无类关键在于面向全体，重点是资源配置和机会提供要公平合理。师资队伍和教育设施的配置以及教育机会的供给在城乡之间、地区之间、校际之间、阶层之间、群体之间、个体之间要相对均衡，使得学生在教育起点上不致落后掉队。近些年来，我们虽然做出了不懈的努力，“办好每一所学校，教好每一个学生”已经成为大家的共识，但目前城乡之间、地区之间、校际之间、群体之间、个体之间的公共教育资源和教育机会的分配还不均衡，真正做到有教无类，还需要各级政府、社会各界、各个学校、每位教育工作者持续不断的努力。对于老、少、边、穷地区和弱势群体还需要给予政策上的倾斜和经费支持，使得这些地区和社会群体能够充分享受到经济建设和社会进步带来的成果，使得他们能够跟上社会发展和教育发展的步伐。

第二，教育过程中的因材施教。

因材施教是世界上最有效的教育，也是最公平的教育。教育过程中，要关注学生不同特点和个性差异，发展每一个学生的优势潜能。要推进分层教学、走班制、学分制、导师制等教学管理制度改革。应该建立学习困难学生的帮助机制，改进优异学生培养方式。学生情况是千差万别的，由于先天遗传、家庭教育、自身努力、知识基础、兴趣偏好、毅力意志各不相同，对学生的教育需要做出科学的分析，拿出可行的施教方案。教学中不放弃一位学困生，也不忽视一位优秀生，因材施教，分类指导，鼓励鞭策，促其不断取得进步和成长。

第三，教育预期中的各得其所。

教育公平并非平均，平均的教育一是做不到，二是没有意义。教育公平是要让学生在平等的教育机会面前能够获得最大的发展。因此需要根据不同学生的基础、潜能、爱好、现实学业表现为学生做出教育水平预期甚至未来职业生涯预期，这一点非常重要，也是我们的基础教育和高等教育普遍缺损的一个部分。每一个学生在接受教育的过程中能够实现预期目标，做到各得其所，各展所长，各得其值，就是教育的最大成功和最大公平。

第四，教育结果上的平等公正。

要实现这个目标，关键是国家、社会、学校要协同一致，要改进人才评价及选用制度，树立人人皆可成才的理念，以多样化的标准培养和评价人才，不拘一格地为社会选用贤才。社会要为人才培养创造良好环境。树立科学人才观，建立以岗位职责为基础，以品德、能力和业绩为导向的科学化、社会化人才评价发现机制。客观公正地评价人才、平等公正地选才用人对教育是一种引导，对教育公平也是一种促进。

要重视差异教育

* * *

有人说，世界上最理想的教育是因材施教的教育。做到因材施教需要我们遵循规律，承认差异，把握差异，利用差异，唯有这样，才能促进学生的全面发展。

第一，承认差异。

学生是千差万别的，其遗传因素、成长背景、知识基础、家庭与社会环境、学校教育、自身努力、个性特点等都是不同的。因此形形色色、各不相同的学生也是我们开展教育的根据、基础和逻辑起点。

一般来讲，影响一个人成长的因素无外乎智力因素和非智力因素两大类。我们知道，人与人之间智力商数是有差异的，有的还比较明显。所谓“非智力因素”是指除记忆力、注意力、观察力、想象力、思维力等智力因素之外一切心理因素，主要包括动机、兴趣、情感、意志、性格等，这些非智力因素都是直接影响和制约智力因素发展的意向性因素。我们现在知道，人与人之间的非智力因素差异也非常大。

教育教学工作不承认智力因素和非智力因素差异，教育教学就不可能有效地进行，因此，我们首先应该实事求是地承认学生之间的差异，这样教育教学工作才能有的放矢。

第二，把握差异。

人和人之间智力因素和非智力因素的差异有各种表现形式。在教育教学工作中，教师应该认真分析学生之间的差异，把握学生的个性特点，卓有成效地开展工作。

按照加德纳的观点，人的智力呈现不同的表现形式。比如有逻辑数学智力，这种智力在侦探、律师、工程师、科学家和数学家身上有比较突出的表现。语言智力，这种智力在记者、编辑、作家、演讲家和政治领袖等人身上有比较突出的表现。音乐智力，这种智力在作曲家、指挥家、歌唱家、演奏家、乐器制造者和乐器调音师身上有比较突出的表现。空间智力，这种智力在画家、雕刻家、建筑师、航海家、博物学家和军事战略家的身上有比较突出的表现。身体运动智力，这种智力在运动员、舞蹈家、外科医生、赛车手和发明家身上有比较突出的表现。人际关系智力，这种智力在教师、律师、推销员、公关人员、谈话节目主持人、管理者和政治家等人身上有比较突出的表现。内省智力，这种智力在哲学家、小说家、律师等人身上有比较突出的表现。自然智力，这种智力在猎人、植物学家和解剖学家等人身上有比较突出的表现。智力差异的不同表现形式为学生多元发展提供了可能性。

我们还应该看到，学生的智力有差异，智力以外的差异也是客观存在的，也需要进行分析并加以科学把握。有专家指出，中差生成绩差并不都是智力方面的差距，非智力因素也起着重要作用。为此，专家们对中差生进行了基础型、能力型、学法型、学风型、学纪型、综合型等差异性分类，并提出了具体可行的帮教方案。

第三，利用差异。

我们承认学生之间的差异，把握学生之间的差异，就是为了在实践中更科学地更有效地利用学生之间的差异帮助学生进步。

利用差异开展教育教学工作具有特殊意义。要利用学生的智力因素和非智力因素差异做好优秀生培养、中差生转化和问题生引导教育工作，其中最为关键的是要善于发挥优势，克服劣势。

我们要发挥学生在记忆力、注意力、观察力、想象力、思维力等智力方面的优势以及动机、兴趣、情感、意志、性格等非智力方面的优势。单就智力因素来说，每个学生的智力都是有差异的，并且一个人智力因素的各个方面也不是平均分布的，比如有的学生记忆力强些，有的注意力、观察力强些，还有的想象力和思维力强些，这就为开展差异教育提供了空间。教育就是一种唤醒，要通过教育唤醒学生遗传记忆中沉睡着的诸多优点。差异教育首先应该把学生固有的优点开发出来，使其发扬光大，绽放异彩，形成学生个人的鲜明的个性心理优势。很多哲学家、科学家、作家、画家等优秀的人才无不是通过差异教育进行个性特长培优的结果。

差异教育还要注意克服劣势。每个人都有优点有缺点，有的缺点十分明显，有的缺点还影响人一生，需要十分艰辛的努力才能纠正和克服。这些缺点就是一个人的劣势所在。其实，教育的大部分意义也在于此。按照柏拉图的观点，教育是把人从低处引向高处、从黑暗处引向光明处的事业。克服学生的劣势，需要教师付出爱心、耐心、恒心，需要长期的甚至是艰苦卓绝的努力才能取得应有的效果。差异教育中学生克服劣势的过程也是学生超越自己、完善自己、获得成长、取得成功的过程。

总之，差异教育十分重要。其中承认差异是前提，把握差异是关键，利用差异是目的。差异教育做好了，因材施教就能够真正落实到位。

教改观察篇

本篇收集了著者对培养目标、英才教育、高考改革、课程改革、教育减负、教育创新、教育督导等问题的意见和看法。

100

／课

教育培养目标的历史嬗变及其启示

* * *

教育是培养人的社会实践活动。培养什么样的人一直是国家和政府在考虑的一个重大问题。人的培养首先涉及教育宗旨，其中最重要的是培养目标。

中国的教育有几千年的历史。从西周的“学在官府”，到春秋战国时期的“学在四夷”，后到秦国的“以法为教，以吏为师”，再到汉代的“罢黜百家，独尊儒术”，又到隋、唐、宋、元、明、清的分科取士，一直到民国时期蔡元培的五育并举和新中国德智体全面发展教育方针的确立，几千年里，教育培养目标受社会的经济、政治、科技、文化等影响，变化很大，每一个时期都有很深的历史和时代烙印。

、培养目标的历史嬗变

回顾一下几千年的教育培养目标，我们可以发现一条清晰的历史线索。为叙述上的方便，本文用“一德一艺双基双力一非一素一核”来说明其历史嬗变过程。

1. 崇尚道德

在中国古代社会，特别是在漫长的奴隶社会和封建社会中我们的先人大多是主张“德上艺下”的，教育中把“德”放在主要位置，强调“仁”和“礼”的教育，而“艺”诸如生产劳动、社会实践尤其是科学技术教育是不受重视的。如《小戴礼记》中有“德成而上，艺成而下”的说法，即一个人如果德行高尚，那他所取得的成就就会很高；相反，如果一个人品德低劣而只凭技艺高超，那他取得的成就就会很低下。

儒家办学重“礼”，讲“仁”，劝“孝”，这是“以德取才”的起源。汉察举制中的举孝廉，是民中举孝，吏中举廉，孝与廉在中国传统文化和伦理观念中都属德的范畴。九品中正制按被品第人物的家世即“品”和才德即“状”评定等第，虽有才的考量，但还是以德为主要评价标准的。中正制注重乡里舆论，注重个人私德，“以致只要私德稍有异议，终身不用”。

唐宋以后，有韩愈、朱熹为代表的，强调仁义道德的人才观。韩愈强调先王之教，强调经过这种教育培养出来的人才，往往既能诵习古圣之书，遵守先王之法，又能明乎人伦，本乎人生，有效有序地处理各种事务。朱熹则提出以八条目“格物、致知、诚意、正心、修身、齐家、治国、平天下”作为教育宗旨，要求所培养出来的人才应该具有的道德标准是“父子有亲，君臣有义，夫妇有别，长幼有序，朋友有信”。

2. 重视才艺

如果说儒家强调“德”的话，墨家则更强调“才”，更强调“艺”。这是“以才取人”的肇始。虽墨子主张尚贤、尚同、节用、薄葬、非乐、非命、天志、明鬼、兼爱、非攻，侠义行世，注重说教，但他更多是“摩顶放踵，利天下为之”，“日夜不休，以自苦为极”。他更重视经世致用人才的培养。

曹操则是“唯才是举”的典型代表。魏晋时期的颜之推在揭露士大夫“耻涉农商，羞务工伎，射则不能穿札，笔则才记姓名，饱食醉酒，忽忽无事”等现象的同时，指出教育不能培养清谈家，也不能培养章句博士，而应该培养国之用材。他把国之用材分为政治人才、文化与学术人才、军事人才、内政与外交人才、从事建筑与生产的技术管理人才等类型,并认为教育不要奢望培养“具美于六途”的全才，而应造就精通某一领域的专门人才。宋代王安石认为要对科举制度进行改革，他强调经世应务。明清之际的颜元主张以经世为宗，培养实用人才。他说:“学须一件做成便有用，便是圣贤一流。”

科举制吸取了察举制、九品中正制的教训，为克服举荐不实、偏重门阀的弊端，采取“一考决高低”的人才选拔办法。科举起初十科取人，后来演变成“进士”一科取人。“道德”“文章”只看文章，这是典型的以才或艺为标准的人才选拔路线。

特别是到了1840年到1860年两次鸦片战争，国门被打开，我泱泱中华吃了大亏。其恶果是中国被迫与西方列强签定了丧权辱国的多个条约，割地赔款，开放口岸，脸面尽失。当时清政府内当权的洋务派清醒地认识到我们在诸如外事交涉、订立条约、派遣留学生、购买洋枪洋炮以及有按照“洋法”操练军队、学习外洋科学、使用机器、开矿办厂等对外关系与外洋往来的活动中，只有“德”是不够的,还需要“艺”,于是开始派人留学,开办工厂，建立新式学堂，开始注重现代科学技术的研究和学习，这也是现代教育开始的标志之一。

3. 强调“双基”

新中国成立初，中国开始全面学习苏联，教育受凯洛夫教育思想的影响，课堂上重视基础知识和基本技能的教授和学习，于是强调教师中心，课堂中心，教材中心。这一教育思想和模式影响至今。

但有专家论证，双基论的形成虽受苏联的影响却并非舶来品。我们知道，苏联对我国教学论最有影响的有两部著作，一是凯洛夫任主编的《教育学》(1956年),另一是叶希波夫编著的《教学论》(1957年),两部著作都没有明确提出“双基”这一概念。凯洛夫《教育学》提出了选择教学内容的基本标准是“人类积累起来的、归纳在五花八门的科学里面的、关于宇宙的全部知识，学校是不可能都传授给学生的。学校只能从全部科学知识体系中选择一些基本的东西供儿童学习”。叶希波夫在《教学论》中几乎复述了上面的意思:“普通学校不可能把人类积累起来的、归纳在各门科学里的关于世界的全部知识都传授给学生。普通学校只能从全部科学知识体系中选择一些基本的知识作为教学内容。”浙江教育学院汪潮和浙江教育科学研究院吴奋奋在《“双基论”的回顾和反思》一文中指出，20世纪50年代的“基本的东西”“基本的知识”并非“双基论”中“基础知识”的别名,也不是“基础知识”的雏形。“基本”和“基础”虽一字之差，却反映了不同的思想观点。

他们介绍说，1950年2月10日，教育部中学教育司召开普通中学数理化教材精简座谈会，强调要注意教材中的基础知识，但尚未提出“双基”概念。值得注意的是，1952年3月，教育部颁发的《中学暂行规程（草案）》中提出中学的教育目标之一是使学生获得“现代科学的基础知识和技能”,首次明确提出“双基”概念。同时颁发的《小学暂行规程(草案)》把小学教育概括为“全面基础教育”。可见,20世纪50年代初我国教育界已开始使用“双基"概念。1961 年,人民教育出版社重编的十年制中小学教材(1963 年出版)就把"力求避免片面强调联系实际而削弱基础知识,注意基础知识的充实和基本训练的加强"作为编写的指导思想。《人民教育》杂志 1961 年第 7 期对这套教材专门开辟特辑作了介绍,可以说这一教材是"双基论"的第一次实践。

在经历了 10 年"文化大革命"之后,人们对教材和课程进行了新的思索。1977 年,全国中小学教材编写工作会议提出了编写教材需要正确处理的 4 个关系,其中两个是:"十分重视和精选基础知识";"为了加强基础,必须重视基本技能的训练"。1978 年后,全日制十年制中小学教学计划、各科教学大纲和教科书先后出台,这时,中小学各科教学都突出强调"双基"教学。例如,数学要"加强数学基础知识和基本技能的训练";物理强调"加强现代科学技术所需要的物理学基础知识的教学""加强物理实验技能的训练";体育要"加强体育基本知识的讲授和基本技能的训练"。当时普遍强调,中小学的教学内容都是基础知识,是培养基本技能的过程,也是巩固基础知识的过程。此时,"双基论"已成为具体指导中小学课程编制并被广大教育工作者所接受的主要理论。

"双基论"被作为一种课程理论来阐述,较早的是杭州大学教育系的董远骞教授。他在专著《教学论》一书中辟专节阐述"双基论",认为"双基论"在长期的形成过程中,从我国的教改经验及外国有用经验中吸取营养,不断充实、丰富自己的内容,它是充满活力的理论。"双基论"对于编好教材,加强"双基"教学,提高教育质量起了重大的作用。"双基论"的依据有三,即我国的教育目的和中小学的任务,教育和教学的实践经验,教学的规律。

4. 提倡“双力”

20 世纪 70 年代末，尤其是改革开放以后，中国开始向欧美学习。我们逐步发现,学生的发展只有“双基”是远远不够的,“双基”只是基础，是前提，而“双力”即智力和能力的培养和提高才是目的和根本，于是我们的教育教学目标又瞄准“双力”。

智力 IQ，是 Intelligence Quotient 的缩写，它是测量个体智力发展水平的一种指标。1904 年法国的心理学家比纳和西蒙编制了第一个儿童智力测验量表，接着美国斯坦福大学的心理学家推孟教授，提出了心理商数的概念。计算 IQ 的公式是：IQ=（心理年龄／实际年龄）×100。

智力包括诸多方面，一是观察力，即对事物的观察能力，如通过观察发现新奇的事物等，在观察过程中对声音、气味、温度等有一个新的认识，并通过对现象的观察，提高对事物本质认识的能力。二是注意力，即人的心理活动指向和集中于某种事物的能力。如学生能聚精会神地长时间地做一件事，而对其他无关游戏、活动等的兴趣大大降低,这就是注意力强的体现。三是记忆力,即识记、保持、再认识和重现客观事物所反映的内容和经验的能力。例如我们到老时也还记得小的时候背诵的诗词等，那就是人的记忆在起作用。四是思维力，即人脑对客观事物间接的、概括的反应能力。当人们在学会观察事物之后，会逐渐把各种不同的物品、事件、经验分类归纳，不同的类型他都能通过思维进行概括。思维力是智力的核心。五是想象力,即人在已有形象的基础上,在头脑中创造出新形象的能力。比如当你说起草原，我马上就想象出骏马在草原上奔驰的形象。

能力是顺利完成某种活动所必需的并直接影响活动效率的个性心理特征。一方面指已表现出来的实际能力和已达到的某种熟练程度，可以用成就测验来测量；另一方面指潜在能力，即尚未表现出来的心理能量，通过学习和训练后可能发展起来的能力与可能达到的某种熟练程度，可以用性向测验来测量。

专家们认为，按能力的倾向可分为一般能力和特殊能力。一般能力也称普通能力。指适合于广泛实践活动要求的能力。包括智力及其要素，诸如观察力、记忆力、想象力及抽象思维能力等。从事任何一种实际工作，都需要具备相应的智力水平。特殊能力也称专门能力。指适合于某种专业活动要求的能力，如音乐能力、绘画能力、体育能力、数学能力、机械能力等。各种特殊能力都有自己的结构。人的一般能力和特殊能力是有机地联系的，一般能力是各种特殊能力形成和发展的基础，一般能力发展得越好，特殊能力也发展得越快、水平越高。同时，一般能力也在各种活动中伴随着特殊能力发展而发展。二者是相辅相成，相互促进的。

提倡“双力”，是教育面向现代化、面向世界、面向未来的需要，也是教育改革和发展史上的一大进步。

5. 倡导非智力因素培养

美国心理学家亚历山大(W. P. Alexander)在 1935 年发表的《具体智力和抽象智力》一文中首次提“非智力因素”。1950 年，韦克斯勒(D. Wechsler)又在《美国心理学家》杂志上发表了《认知的、欲求的和非智力的智力》一文，专门就非智力因素问题进行了较深入的探讨，这是非智力因素概念正式诞生和科学研究开始的标志。1983 年 2 月 11 日，上海师范大学燕国材教授在《光明日报》发表了《应重视非智力因素的培养》一文，“非智力因素”及其相关问题引起了我国教育学和心理学界的重视。

毋庸讳言，一个人的成长、成功和成就并非只是依靠智力，即注意力、观察力、想象力、记忆力和思维力等，在智力条件一定的情况下，一个人的成长、成功和成就还要依赖非智力因素。非智力因素的提出是心理学和教育学有机结合的一个良好范例，也是教育改革和发展走向科学化的关键一步。

顾名思义，非智力因素是相对智力因素来说的，一般认为智力因素包括六个方面：注意力、观察力、想象力、记忆力、思维力、创造力。非智力因素，指与认识没有直接关系的情感、意志、兴趣、性格、需要、动机、目标、抱负、信念、世界观等方面。这些非智力因素，在人才的成长过程中，有着不可忽视的作用。一个智力水平较高的人，如果他的非智力因素没有得到很好的发展，往往不会有太多的成就。相反，一个智力水平一般的人，如果他的非智力因素得到很好的发展，就可能取得事业上的成功，做出较大的贡献。从心理学上讲，感情、意志、兴趣、性格、需要、目标、抱负、世界观等，是智力发展的内在因素。外因通过内因起作用。一个人的非智力因素得到良好的发展不但有助于智力因素的充分发展，还可弥补其他方面的不足。反之，如果人缺乏意志，贪图安逸，势必影响其智力的发展。

从整体看，需要培养非智力因素的五大品质：自觉性、主动性、积极性、独立性与创造性。自觉性是意识的基本品质之一；主动性是以动机为心理机制的；积极性以兴趣、情感和意志为心理机制；独立性是性格的一项基本品质；创造性既是智力因素的品质，也是非智力因素的品质，只有当两者综合在一起，才会有真正的创造性。有专家强调，培养非智力因素的五种方法是：练习、锻炼、要求、榜样和强化。

6. 提出并全力推进素质教育

据考证，“素质教育”一词最早出现在《教育研究》1982 年第 10 期中的《德育过程的阶段说》一文，作者是冷冉。冷冉先生是我国“情知学派”的代表人物，对教育科学研究的重要贡献是在我国第一次提出将情感纳入学校尤其是基础教育的目标体系，率先提出学校德育的阶段连续理论，最早地使用了素质教育的概念。在《德育过程的阶段说》一文中，素质教育是指对学生的道德素质教育。虽然与现在的素质教育的含义有一定的出入，但毕竟提出了素质教育这一重要名词。

根据有关研究和史料，素质教育目标形成的过程梳理如下：

1985 年，国家教委副主任柳斌在讨论《中共中央关于教育体制改革的决定》时，曾用过素质教育这个名词。1987 年，《贵州学院学报》第 2 期发表了题为《人才素质与素质教育》的文章，这是报刊杂志的标题中最早正式出现“素质教育”一词。此后，素质教育逐渐成为专门研究问题，引起人们的极大关注。尽管当时关于素质教育的概念还不完善，但在素质教育问题的探讨上无疑迈出了可喜的一步。

1985 年 5 月 27 日发布的《中共中央关于教育体制改革的决定》明确提出：“教育体制改革的根本目的是提高民族素质，多出人才，出好人才。”1986 年 4 月 12 日颁布的《中华人民共和国义务教育法》第三条规定：义务教育必须贯彻国家的教育方针，努力提高教育质量，使儿童少年在品德、智力、体质等方面全面发展，为提高民族素质，培养有理想、有道德、有文化、有纪律的社会主义建设人才奠定基础。这就从方针、政策和法规的角度，确认了素质教育的必要性和迫切性，为构建素质教育理论奠定了基础，也为实施素质教育指明了方向。进入 20 世纪 90 年代后，中小学素质教育研究广泛而深入地展开。

在政策上，最早涉及“素质教育”的文件有 1993 年《中国教育改革和发展纲要》。第一次使用素质教育概念的文件是 1994 年颁布的《中共中央关于进一步加强和改进学校德育工作的若干意见》。1996 年，第八届全国人大四次会议通过的《中华人民共和国国民经济和社会发展“九五”计划和 2010 年远景目标纲要》指出，要“改革人才培养模式，由‘应试教育’向全面素质教育转变”。 1999 年 1 月，中共中央、国务院批准了教育部拟定的《面向 21 世纪教育振兴行动计划》，明确提出了“跨世纪素质教育工程”；6 月，印发了《中共中央国务院关于深化教育改革全面推进素质教育的决定》，并召开第三次全国教育工作会议，发出了“深化教育改革、全面推进素质教育”的动员令。2001 年 5 月，国务院印发了《关于基础教育改革与发展的决定》，对全面推进中小学素质教育进行了部署。2002 年 11 月，党的“十六大”报告中提出：“坚持教育创新，深化教育改革，优化教育结构，合理配置教育资源，提高教育质量和管理水平，全面推进素质教育，造就数以亿计的高素质劳动者、数以千万计的专门人才和一大批拔尖创新人才。”2006 年 3 月，第十届全国人大四次会议政府工作报告要求各级各类学校都要全面推进素质教育。

2006 年新修订的《中华人民共和国义务教育法》明确规定了义务教育必须贯彻国家的教育方针，实施素质教育，为培养有理想、有道德、有文化、有纪律的社会主义建设者和接班人奠定基础。新修订的《中华人民共和国义务教育法》颁布以后，素质教育作为一种政策理念，已经以法律的形式规定下来，增强了“素质教育”的合法性地位，强化了我国政府、学校与社会实施素质教育的意志与信念，扩大了人们对于素质教育的关注与讨论范围，促进了素质教育的全面实施与发展。

实施素质教育，就是要全面贯彻党的教育方针，以提高国民素质为根本宗旨，以培养学生的创新精神和实践能力为重点，造就“有理想、有道德、有文化、有纪律”的德智体美等全面发展的社会主义事业建设者和接班人。素质教育的提出经历了从概念提出到理论总结，又到探索实践，再到政府做出教育政策规定这样一个历程。可以这样认为，素质教育目标的提出集中反映了社会和个人发展对教育的诉求，符合社会和个人发展的规律，是现代教育发展到一定阶段的产物，是中国教育改革和发展的结晶，也是教育发展、民族振兴的必由之路。

7. 强调核心素养的培育

综上所述，新中国成立以来，我国基础教育的发展，大体经历了四个阶段：第一阶段为偏重“双基”（基础知识和基本技能训练）阶段，这个阶段从 1949 年至 1979 年，为期约 30 年。第二阶段为强调智力阶段，即强调发展智力与培养能力阶段。这个阶段从 1979 年至 1982 年，为期仅 4 年。第三阶段为重视非智力因素阶段，并把非智力因素与发展智力、培养能力结合起来。这个阶段从 1983 年至 1989 年，为期约 7 年。第四阶段为加强素质教育阶段，即从根本上克服传统教育的弊端，逐步实现由“应试教育”向素质教育的转轨。这个阶段大约从 80 年代末 90 年代初开始。2014 年开始提出核心素养问题。

有专家指出，曾几何时，知识本位、应试教育填满了学校生活的缝隙，师生争分夺秒，为的是获取更多的知识。然而当知识以几何级态势增长，这种方式还能奏效吗？人们意识到，知识教学要“够用”，但不能“过度”，因为知识教学过度会导致学生想象力和创造力发展受阻。国际上长达 20 多年的研究表明，只有找到人发展的“核心素养体系”，才能解决好有限与无限的矛盾；只有找到对学生终身发展有益的 DNA，才能在给学生打下坚实知识技能基础的同时，又为未来发展预留足够的空间。

2016 年 9 月 13 日，北京师范大学召开中国学生发展核心素养研究成果发布会宣布，受教育部基础二司委托，北京师范大学课题组会同国内多所高校近百名专家，历时 3 年集中攻关的“中国学生发展核心素养”课题已基本完成。

课题负责人、北京师范大学教授林崇德介绍说，近年来，素质教育取得显著成效，但也存在课程教材的系统性、适宜性不强，高校、中小学课程目标有机衔接不够、部分学科内容交叉重复，学生的社会责任感、创新精神和实践能力较为薄弱等具体问题。同时，党的教育方针从宏观层面规定了教育的培养目标，世界各国都在思考 21 世纪的学生应具备哪些核心素养才能成功适应未来社会这一前瞻性战略问题。在此背景下，北京师范大学会同国内多所高校近百名专家，在总体设计、统筹谋划的基础上，综合开展基础理论研究、国际比较研究、教育政策研究、传统文化分析、现行课标分析、实证调查研究，经教育部基础教育课程教材专家工作委员会审议后，最终形成研究成果。

核心素养不同于一般意义的“素养”概念，“核心素养”指学生应具备的适应终身发展和社会发展需要的必备品格和关键能力，突出强调个人修养、社会关爱、家国情怀，更加注重自主发展、合作参与、创新实践。从价值取向上看，它“反映了学生终身学习所必需的素养与国家、社会公认的价值观”。从指标选取上看，它既注重学科基础，也关注个体适应未来社会生活和个人终身发展所必备的素养；不仅反映社会发展的最新动态，同时注重本国历史文化特点和教育现状。在我国，社会主义核心价值观包含了国家、社会、公民三个层面的价值准则。因此从结构上看，基于中国国情的“核心素养”模型，应该以社会主义核心价值观为中心来构建。

核心素养是可培养、可塑造、可维持的，可以通过学校教育而获得。因此核心素养培养目标的提出对于学校多出人才、快出人才、出好人才具有现实意义。

二、培养目标变化给我们的启示

“一德一艺双基双力一非一素一核”大致描绘出了中国教育改革和发展的路径。我们分析和解决教育改革和发展中的问题，不应割裂历史，而应联系实际，全面客观，这样才能看清方向，看到希望，才能积极地去参与改革，主动地去推进事业发展。梳理培养目标的发展变化，给我们如下启示：

1. 坚持立德树人，做到德才兼备。

教育将立德树人作为首要目标，教育过程中要培养学生践行社会主义核心价值观，使得他们真正做到爱国、敬业、诚信、友善，有正确的世界观、价值观、人生观，能够树立远大理想，为中华崛起而刻苦读书，真正掌握为国家建设和发展、为民众服务和造福的真实本领。

2. 既要重视“双基”，又要培养能力。

“双基”很重要，能力很关键。教育过程中，要重视基础知识和基本技能教学，夯实“双基”，筑牢基础，做到描述性知识要清，程序性知识要精。同时，要帮助指导学生制订好能力培养目标。要在学好基础知识和基本技能的同时提高思维能力、创新能力、信息处理能力和现代化技术手段使用的能力，核心是培养思维能力即分析问题和解决问题的能力，使得学生能够很好地适应社会未来发展的需求。

3. 关注智力因素，也关注非智力因素。

学生的发展是以智力为基础的。智力是认识、理解客观事物并运用知识经验等解决问题的能力，是在遗传基础上经过后天培养形成的主要心理特征。教育过程中要关注智力差异，做好因材施教。同时，要注意非智力因素的培养，使得学生能够在未来的工作、生活和学习中始终激情满怀，干劲十足，不怕困难，百折不挠，勇于挑战，敢于胜利。

4. 全面提升素质，培育核心素养。

素质教育是教育发展到一定阶段，社会发展到一定阶段的产物，是符合社会发展需求和学生发展需求的历史性选择。学生创新精神和实践能力的培养是个永恒的主题。核心素养是教育培养目标的精准化、简约化和现代化。在全面推进素质教育基础上重视学生核心素养的培育，使得学生具有个人修养、社会关怀、家国情怀，也是教育现代化的必然选择和必然要求。

也应该重视英才教育

* * *

《教育研究》杂志 2012 年发表了北京师范大学教育学部褚宏启教授一篇名为《追求卓越：英才教育与国家发展——突破我国英才教育的认识误区与政策障碍》的文章，读过之后，引起我的心理共鸣。

褚宏启教授在文章中介绍说，二战以后，由于冷战和其他因素所导致的国家间竞争加剧，一些国家开始关注英才教育。进入 21 世纪，很多国家对于英才教育的重视进入到一个前所未有的新阶段，英才教育与国家发展之间的联系被空前强化，诸国希图通过英才教育追求教育的卓越，进而实现国家的卓越，提升国家在全球化时代的国际竞争力。

褚教授分析后不无忧虑地指出，我国英才教育相对滞后。要改变这种局面，必须突破我国英才教育的认识误区与政策障碍，充分认识到英才教育的意义和价值，清醒把握我国英才教育的现状和问题，并在此基础上寻求我国英才教育发展的可行之策，为国家发展培育各类英才。

褚教授进一步论证分析指出，英才是国家战略性资源，是人力资源中最稀缺的资源，英才教育的使命是培育国家发展所需的各类英才；英才教育具有一般教育所不具备的优越性，发展英才教育是提高国家核心竞争力的战略选择；英才教育是实现人的充分发展、促进教育公平的重要手段。

褚教授最后提出五点建议：要走出观念和认识误区，为英才教育正名；加强顶层设计，完善英才教育政策和立法；采用多样化的方法甄选和识别英才儿童，为因材施教奠定基础；完善英才教育体系与模式，运用多种组织形式和方式方法培育英才；健全英才教育的支持系统，为英才教育提供坚实的人力支持和智力支持。

褚宏启教授的介绍、分析和建议对于我们重视开展英才教育、如何开展英才教育、进一步开展英才教育都有理论和实践指导意义。我们认为，在开展英才教育方面，除了做到如上几点以外，我们还要努力做到：不拘于一格，不因噎废食，不左右摇摆，不因循守旧，不急功近利。

第一，英才教育不拘于一格。

龚自珍说：“我劝天公重抖擞，不拘一格降人材！”时代不一样了，但是现在和未来，国家建设和发展需要各个方面的人才。我们要在重视学生基础、提高学生智力的基础上，通过学业观察和智能测验确定学生的兴趣、优长和潜能，确立学生未来成长的目标和方向。对于英才人选的确定不能限于一格，应多才并举。未来，不仅社会科学和自然科学的发展需要大量的研究型人才，社会政治、经济、文化、科技、教育、法律、管理也需要大量的应用型人才。英才教育不拘一格才会使得人才济济、英才辈出。

第二，英才教育不因噎废食。

目前，我们有些大学、科研院所和中学也在小范围、小规模、小数量地实验如何培养英才，这种实验和探索是可贵的。但是我们在英才教育方面没有经验，有些实验和探索是摸索前进、偶遇挫折的。但对于实践过程中出现的问题切不可大惊小怪，更不能百般指责。前一段时期，有学者就中科大少年班问题曾发表过一些意见，笔者看了看一位有心人做过的少年班大学毕业生目前的情况统计，个别毕业生是出现了一些问题，但从总体上看，少年大学毕业生职业发展、职业贡献都是优于一般大学毕业生的。所以，英才教育要看主流，要看发展，要看前景。

第三，英才教育不左右摇摆。

英才教育需要信念坚定，需要理念支撑，需要方法支持，需要路径选择。要坚定英才教育信念，相信英才教育与国家发展、国家命运、人民福祉息息相关；要有因材施教的理念，明确因材施教是世界上最有效的教育，英才接受英才教育是最好的因材施教；英才教育需要科学的方法，要不断优化育人方法，提高英才培养的质量；英才教育有不同的路径，要选择适合的培养路径以提高英才培养的效能。

第四，英才教育不因循守旧。

英才教育是最具挑战性最具创新性的工作，因此，培育过程中墨守成规、因循守旧是不行的。要研究育人规律，遵循育人规律，运用育人规律。要不断研究人才培养的新方法，不断摸索人才培养的新路径，不断开拓人才培养的新渠道。工作中，不人云亦云，不随波逐流，根据世情、国情、校情、教情、学情，与时俱进，创新培养目标，创新培养内容，创新培养环节，创新培养手段，创新培养方法，创新培养评价，形成中国特色的英才培养模式。

第五，英才教育不急功近利。

英才教育是国家发展战略，是长远发展战略，是人才成长战略，因此不能急于求成，不能单纯考量功利，至少不能考量短时的功利。人才培养是一个长期的过程，英才培养更是一个持续不断的过程。教育具有滞后性和系统性，英才培养需要十几年、几十年的时间才能见到效果。在英才培养方面，国家要有一定量的经费投入，学校要有一定量的人力投入，教师要有一定量的精力投入，学生要有一定量的时间投入，只有多方面协调一致，长期投入，才能有英才的最后产出。

综上，英才教育十分重要。做到不拘于一格，不因噎废食，不左右摇摆，不因循守旧，不急功近利，需要我们这一代人付出辛苦和努力。

高考承载有几何

* * *

高考，牵动中国。

高考这几天，中国绝大部分有考场的地方施工暂停，街道戒严，考生焦虑，家长焦急，平民期盼，官员期待，这大概是一年中最牵动人心的日子。

高考，也让世界瞩目。

大洋彼岸的美国人就很纳闷，中国竟然有近千万人几乎在同一天同一时间走进考场。这些黑眼睛黄皮肤的人无论家里发生了什么样的大事，都义无反顾，按时赴考。这到底是为了什么？

原因很复杂，但高考所承载的意义无疑是重要的原因之一。

高考首先体现着国家的意志。这里归根到底还是人才选拔方式和人才选拔标准的确定。国家要生存，要建设，要发展，要振兴，要强大，不得不通过一定方式选拔足够数量的达到一定规格要求的人才。从春秋战国的养士制到西汉的察举制，又到曹魏时期的九品中正制，再到隋唐及之后的科举制，最后到民国时期及新中国的高考，种种选人方式无不体现着强大的国家意志。怎么选人和选什么样的人，历朝历代，每个政府都有自己的想法，自己的理念，自己的方式，自己的标准。如果说，察举制、九品中正制是以德为标准选人的话，那么科举制和高考制度无疑主要是以才为标准选人的。不管你赞成也好，反对也罢，只要符合我的用人标准，那么你就是人才。尽管每种选人方式特别是高考屡遭世人诟病和指责，比如德才不够兼备，标准不够完善，评价不够多元等等。但选人在继续，选人的方式和标准变革也在继续，这便是国家意志的充分体现。

中国的高考折射着中华的文化传统。孔子“学而优则仕”的一句名言使得读书应考有了明显的功利意义。但高考总是以知识为基础、以能力为归宿选拔人才的。知识与能力离开读书是不可能获得的。社会需要知识、技能，然而“两耳不闻窗外事，一心只读圣贤书”显然是不对的。“万般皆下品，唯有读书高”显然更不对。但是一位著名学者曾调侃说：“两耳不闻窗外事不对，一心只读圣贤书是对的。因为读书需要全神贯注，不能三心二意。万般皆下品不但不对而且反动，但唯有读书高对于倡导国人读书却是有益的。”不读书，就没有知识、没有感悟、没有理性、没有提升、没有进步，因而，我们尊重知识，尊重人才，应从崇尚读书、崇尚修身开始，这是中华几千年的文化传统。

中国的高考寄托着家庭的希望。父母含辛茹苦、节衣缩食、望子成龙、盼女成凤。十年寒窗，为的是一朝成名天下知。接到大学录取通知书的那一刻，老师、家长、孩子、亲友无不欣喜若狂，举杯相贺。最高兴的当属父母，因为他们的付出得到了回报。知识改变命运，从此书香溢屋，门风大变。在我们公司我就见到过这么一个女孩子，当接到大学录取通知书时，母亲泪流满面，女儿放声大哭。我不解地问妈妈：“人家接到通知书都高兴地笑，您却悲从中来玩命地哭，这是为什么？”妈妈说：“您有所不知，孩子一岁时，她的父亲离开了家，我也没有工作，每天靠捡垃圾养家度日，我是咬着牙，没有让任何人帮忙把孩子养大成人，送她进入大学校门的。”我动容地说：“伟大的妈妈！她就是您家未来的希望！”可以想见的是，她的女儿再也不会靠捡垃圾养家度日了！

中国的高考捍卫着公平的理想。公平在社会学词典里是一种理想。真正意义上的公平或者绝对的公平实际上是不存在的，但却是千百代人追求的一种价值。高考看似是一种教育考试制度和招生选拔制度，但实际上它在社会流动、社会稳定中起着巨大的作用。高考是一杆公平秤、明白秤，孰轻孰重，一称即明。高考为平民百姓出人头地提供了一个阶梯，一座桥梁。我曾看过一个地方文体教育局制作的反映一位老教师事迹的片子。一位老农民回忆起这位老教师对他的孩子关爱的往事时，感激万分，激动不已。主持人问他孩子大学毕业后到什么地方工作了，老农民自豪地说：国家劳动部！我又想起我的一位博士师妹的故事。她的父亲是石家庄市一位普通的厨师，她聪明过人，勤奋好学，高考后，一路考到了博士。博士毕业后参加最高人民检察院政治部公务员招录考试，在各地报考的600名博士、硕士中考试成绩第一名，成功进入最高检。我在想，如果没有科举制度，“朝为田舍郎，暮登天子堂”是绝无可能的，如果没有高考，农民的儿子、厨师的女儿能够进入国家行政机关任职也是不可想象的事情。因此，百姓拥护高考、捍卫高考，其实也是在拥护、捍卫着一个公平的理想。

中国的高考最重要的是注入了奋发的精神。高考是一场激烈的拼搏竞争，需要奋发的精神，高考是一次惨烈的人生磨砺，需要奋发的精神。拼搏竞争，有成有败，人生磨砺，苦乐参半，个中滋味只有参加过高考的人才有体会。高考过后，常常是几家欢乐几家愁，有人金榜题名，有人名落孙山。很多家长、很多孩子都把高考当作一次不可或缺的经历。我学了，我考了，结果如何，有人在意，有人并不十分在意。如今的社会，条条大路通罗马，成功、成就、立身、立业的道路万千条。但是孩子在高考中培养的优秀品德、规范意识、认真态度、毅力意志、应变能力、奋发精神却是使孩子受益终身的。写到这里，我想起我的同学和她的儿子。她的儿子小时候，因触电大脑受了重伤。她教儿子爬，教儿子走，教儿子说话，陪儿子学弹钢琴，陪儿子学写汉字，儿子钢琴过了八级，儿子学会了读书，上了小学，上了初中，上了高中，今年又走上了高考的考场。今年报考艺术类，有一门课还取得了相当好的成绩。参加文化课考试时，我的这位同学告诉她的儿子："考场上，会答的答，不会答的空着。遵守考场纪律，千万不能乱动啊！"她说："孩子走到今天已经是个奇迹了，他考成啥样，我都高兴，因为他懂规矩了，知道努力了，学会奋发了。"两天过去了，最后一场考试结束，她自豪地走向自己的儿子，儿子憨憨地说："妈，我没动！"我的同学哭了，我相信任何人看到这儿都会掉下眼泪的。孩子也可能考不出什么结果，但在孩子的身上，我们看到了一种成长，一种成就，一种成功，这便是奋发。高考带给我们最珍贵的东西就是这种精神。理解了这种精神，我们才会理解为什么那么多人在高考中胜不骄、败不馁。这种奋发的精神将会使更多的人在生活、工作、学习中从失败走向成功，走向胜利。

高考制度还在不断地变动、改革和完善之中。尽管它有着这样或那样的不足和弊端，但其承载的国家意志、文化传统、家庭希望、公平理想和奋发精神将会使其在中外教育发展史上大放异彩！

要重视高考改革中两个本位的结合

＊＊＊

高考改革实际上是评价制度的改革，是人才选拔制度的改革。历史上看，教育领域中的改革，特别是考试改革一直在进行，只是有时步子大些，有时步子小些，但曲折反复，摇来摆去，困难重重。

据史料记载，早在“五四”时期，人们对各类考试就给予过各种各样的批评，但当局并没有改变教育考试日渐加强的趋势。“五四”以后，加强考试，提升学生水平的呼声日益高涨，最终导致了 1927 年以后教育部对高等和中等学校毕业考试权的收回。高校招生考试权也逐步回收。

我们知道，1927 年高等学校招生考试仍是各高校自主招生，这一招生方式延续到 1932 年。次年至 1937 年则实行计划招生。1937 年教育部令中央大学、武汉大学、浙江大学、北京大学、清华大学等试办联合招生考试。这次联合招生为以后全国统一招生考试创造了条件。于是 1938 到 1940 年进入统一招生阶段。分为两个步骤进行。第一步，1938 年实行国立高等学校统一招生，1940 年实行公立高等学校统一招生。1938 年，教育部颁布《二十七年度国立各院校统一招生命题及评分标准的规定》，对试题和评分标准做了详细的规定。1938、1939 年新生入学考试分笔试和口试。1941 年到 1949 年开始实行联合招生、委托招生等方式。

新中国成立以后，高等学校经过 1950 年和 1951 年两年大区联考，自 1952 年又开始实行全国统一考试。而在 1966 年春，在团中央、教育部召开的一些座谈会上，有些人把社会主义社会存在的三大差别，特别是脑力劳动和体力劳动的差别，作为产生修正主义、复辟资本主义的根源。1966 年 6 月 12 日中共中央、国务院通知高等学校招生工作推迟半年。由此，考试被废止了 11 年。直至 1977 年邓小平复出，同年 8 月 8 日他在北京科教工作座谈会上提出：今年就要下决心恢复从高中毕业生直接招考学生，不要再搞群众推荐。自此，全国高考统一招生制度又得以恢复。此后几十年来，各省市高考考试形式、内容和录取方式也发生着这样和那样的变化。

考试制度改革有着深层的社会原因。毋庸置疑的是，高考制度改革的目的在于考试内容和方式更有利于促进中学提高教育教学质量和为高校选拔新生。对此，长期以来，仁者见仁，智者见智，众说纷纭，讨论热烈。我们认为，要把高考这一人才选拔和评价制度改革好，关键是要重视抓好两个本位的落实和结合。

第一，社会本位的落实。

教育无疑是为社会的政治、经济、文化、科技发展服务的，任何时期的教育也不能例外。中国的教育自古至今重视其社会本位要求。比如古代的教育要求培养“格物、致知、诚意、正心、修身、齐家、治国、平天下”的经世致用的君子和人才，“治国、平天下”在当时是教育的根本目的，其社会本位要求非常明确。现在，国家教育方针明确规定，教育必须为社会主义现代化建设服务，必须同生产劳动相结合，培养德智体等方面全面发展的社会主义建设者和接班人。“培养社会主义建设者和接班人”是现行教育的社会本位要求。为此，我们应该在教育目标、教育内容、教育方法、教育评价的制定和选择方面努力满足学生教育中的社会本位要求。

第二，个体本位的落实。

教育要培养人，要培养有个性的人，要根据学生身心发展的需要培养学生成为有理想、有道德、有文化、有纪律的人，成为德、智、体全面发展的人，成为具有创新精神和实践能力的高素质的人。这一要求体现着现代教育的特点，体现着教育个体本位的要求。目前落实教育的个体本位要求，还有许多工作要做。比如个体本位的落实需要我们克服应试教育影响，需要扎扎实实推进素质教育，需要全社会为培养具有个性的人才创造有利的环境和条件。此外，个体本位的落实还需要改进课堂教学方式方法，运用好因材施教原则，做好分类指导，分类提高，使得特殊人才能够脱颖而出，健康成长。

第三，两个本位的结合。

完整的教育是社会本位和个体本位的有机结合和统一。教育既要满足社会发展需求，又要满足个体发展需求。目前我们的教育社会本位要求做得不错，个体本位要求做得有些欠缺。因此，考试评价改革既要关注“一刀切”,满足一般性要求,又要注意“一招鲜”，满足特殊性要求。未来的高考应使得我们这个社会人才培养和选拔真正做到“朝无悻进，野无遗贤”，“百花齐放，百鸟争鸣”。倘若如此，我们的教育考试评价才是成功的评价，我们的教育才能称之为成功的教育。

总之，只要我们贯彻好教育方针，积极推进素质教育，关注并抓好学生核心素养养成，两个本位的有机结合就有希望。为此，我们的教育要努力做到从大处着眼，从小处入手，以满足社会发展需要为目的，以培养“全面发展的现代人”为核心，要在人文底蕴、科学精神、学会学习、健康生活、责任担当、实践创新六大素养上重点用力，真正促进学生全面、和谐、有个性地发展。

课程改革中要处理好三种关系

* * *

2011 年 12 月 28 日，教育部印发义务教育 19 个学科课程标准（2011 年版）。

据专家介绍，此次课程标准修订后在课程难度控制上，有些学科直接删去了过难的内容；有些学科降低了一些知识点的学习要求；有的学科对难度较大又不宜删除的内容，以“选学”方式处理；还有些学科按照学生的认知特点，适当调整了不同学段的课程难度；修订后的义务教育课程标准结合学科特点和学生的年龄特征，进一步加强了德育；修订后的义务教育课程标准特别强调了能力培养。

新课标颁布后，课程改革又有了新的目标，新的要求，当然新的问题也会随之出现。

课程改革已历时十多年。在以往几轮的课程改革中，人们对一些问题争论不少，争议不断，这应该属于正常现象。比如有人说知识传授重要，有人说能力提高重要，还有人说实践行动重要，更有人说情感培养重要。

到底哪个重要？众说纷纭，莫衷一是。

其实，翻开教育史，我们发现，早已经有人探讨过这几个问题。他们的论述和观点对于今天我们积极贯彻新课标、积极推进课程改革和积极进行教学改革有着现实意义和长远意义。

德国著名教育家赫尔巴特指出，凡在指导行为方面最有价值的各种知识的获得必包含有一种心理训练的作用，最足以促进各种能力的提高。在赫尔巴特看来，学习知识的过程便是心理训练的过程，也是能力提高的过程。这是实质主义的教育主张。英国教育家洛克说，学习的目的是要增进心的活动能力而不是扩大心的所有物，成为一个单纯博学的人。瑞士的教育家裴斯泰洛齐也说，儿童天生就有某种官能和能力，初等教育的目的就在于依照自然的法则去和谐地发展儿童在道德、智慧和身体各方面的官能和能力。这是典型的形式主义的教育主张。

苏联教育家凯洛夫主张教师中心、教材中心、课堂中心，他强调知识的重要性，是主知主义的代表。而美国哲学家、教育家杜威则主张学生中心、活动中心、社会中心，尤其提出“做中学”，显然他是行动主义的代表。

美国教育家布鲁纳创立发现法，他曾经领导过美国的科学教育改革运动，他强调教育过程中的发现、建构、迁移和个体的智慧发展，他的主张是属于科学主义的。而美国的心理学家马斯洛则强调说，人本主义的目的在根本上就是人的自我实现，是丰满人性的形成。众所周知，他的主张是属于人本主义的。

我们分析，实质主义强调知识传授和学习，形式主义强调能力训练和提高，涉及知能关系；主知主义强调知识为主，行动主义强调行动至上，涉及知行关系；科学主义强调科学认知，人本主义则强调情感培养，涉及知情关系。

继续深入分析下去，我们发现实质主义和形式主义、主知主义和行动主义、科学主义和人本主义各有道理、各有侧重，但却不够全面，不够辩证。实际上，知识和能力、知识和行动、知识和情感互为因果，相辅相成，你中有我，我中有你。教育既应传授知识，又应培养能力，还应重视实践，更应培养情感。

课程改革中，我们强调三维目标：知识、技能；过程、方法；情感、态度、价值观。实际上还是要求我们在教育教学实践中处理好知能关系、知行关系、知情关系。这几个关系处理好了，我们教育教学中的短板难题诸如能力不高、实践不足、情感缺失等问题就迎刃而解了，应试教育的弊端就能够克服，素质教育就能够落到实处，全面发展的教育目标也才有希望达成。

大家能为减负做什么

* * *

目前，教育业内外对学生过重的课业负担特别是低年级学生的课业负担非常关注，议论颇多。大家仁者见仁，智者见智，提出很多很有见地的意见和建议。那么，我们大家能为减负做些什么呢？

首先，政府要有正确的发展观。要办好每一所学校，要教育好每一个学生，政府责无旁贷。然而，如何看待这份教育责任，教育如何发展才能体现政府的作为？对此，我们需要有正确的认识。一方面，政府要对教育负起责任，要千方百计保证教育全面、协调、可持续发展。教育事业任何片面的不协调的和不可持续的发展，政府都要予以调整、干预甚至纠正，这是政府应尽的职责。另一方面，政府还要正确评价本地区教育的实际发展状况。评价一要注意基础性，即要考虑地区的实际状况；二要注意发展性，即在原来基础上的教育增值；三要注意全体性，即看所有学生是否都获得了发展；四要注意全面性，即所有学生是否在德、智、体等方面都得到了发展。如上几个方面做到了，这个地区的教育才是真的科学发展，片面追求升学率的现状才能得到改变。

其次，校长要有正确的政绩观。如何衡量一个学校的政绩？有的说是平均分，有的说是及格率，有的说是优秀率，有的说是提高率，还有的说是升学率。这几个指标当然也是学校的成绩，但绝对不是全部。依笔者愚见，一个学校的政绩一方面要看教育方针贯彻得是否彻底。要看你的教育是否真正为社会主义现代化建设服务，为人民服务，是否真的与生产劳动相结合，与社会实践相结合，是否真的把培养目标放在学生全面发展、和谐发展、长远发展上，而不是单纯地、片面地、卖力地追求那几个“分”和“率”。另一方面，学校的政绩还表现在队伍建设、设施建设、机制建设上。评价一个学校的政绩如何要看这个学校队伍建设方面人才引进得如何，人才培养得怎样。还要看这个学校教育教学设施设备投入如何，使用管理怎样。另外，还要看机制建设中优者是否得到了激励，劣者是否得到了鞭策。三个建设是教育现实发展的需要，也是长远发展的需要。我们倡导在学校管理中减少一些急功近利，多些发展长策。

再次，教师要有正确的育人观。教师教书育人，义不容辞。怎么育人？这要从教育本义上来理解。教育的定义有多种，比如有人说，教育就是培养品德；有人说，教育就是传授知识；有人说，教育就是传授技能；有人说，教育就是培养能力；还有人说，教育就是习惯培养；也有人说，教育就是唤醒；更有人说，教育就是个体社会化、社会个性化的过程。分析来看，没有一个教育的定义是放在提高平均分、提高升学率的。所以，一位优秀的老师，不会窄化育人功能，不会把育人工作狭隘化。他会瞄准育人大方向，实现育人大目标，完成育人大任务。真正做个调查就会发现，有正确的育人观的优秀教师，他们心理鼓动做得好，理想教育做得好，情绪梳理做得好，让学生能够做到轻松学习，自主学习，快乐学习，健康发展，绝不会有过重的课业负担，而成绩却提高很快。很多人感到奇怪，有的老师悠闲自在，他教的学生不见困累烦苦，课业成绩却名列前茅，这种低负担高质量现象值得我们深入研究。

复次，家长要有正确的质量观。学生课业负担重，家长也是推手之一。家长害怕孩子输在起跑线上，这是可以理解的。但是如果家长把大部分精力都投入到为孩子不断择校、不断补课、不断延长课外学习时间上，效果却也未必好。一个孩子的成长需要时间，说实在话，一个孩子的发展是现实发展和长远发展的统一，靠择校、补课、延长学习时间而得到的质量提升有时是靠不住的。我们曾经对外地的一个全国知名学校做过调查。这个学校初中升学成绩在当地很有名气，但是与家长座谈得知，孩子们进了高中以后，似乎有江郎才尽的感觉，大部分学生学业成绩表现平平。其实，出现这个现象并不奇怪，初中阶段学校把学生的体力、精力都榨尽了，学生学习的主动性、自觉性受到一定影响，学生的可持续发展大打折扣。所以家长在评价一所学校的教育教学质量时，也要看这所学校学生学习时间投入多少、学习效率高低、学习是否主动等等。

最后，学生要有正确的成败观。过去高考是独木桥，一张考卷定终身。听说有一年有个老师独出心裁，让高一的学生每人写一句箴言。有个学生就写下这么一句话：吃它三年苦，享一辈子福。可见当时一次考试的成败对于一个人有多么重要！现在这种状况有一些改变，但学生依然压力很大。我们在学校教育中是鼓励学生通过努力得到进步，取得成功的。但是我们教师也应该教育我们的孩子正确对待成败，特别是考试中的成败。我们要告诉孩子们，一次考试失利，并不意味着所有的考试都会失利。中考没有考好，并不意味着高考就一定考不好。笔者了解到有一位女生，在三年前的天津市中考中只是考出了 6000 名的成绩，理论上，这个孩子与一流重点大学是无缘的。但是，这个学生不心浮气躁，三年中，在老师们的指导下，踏踏实实地学习，认认真真地思考，扎扎实实地练习，终于在 2013 年的高考中考出了非常优异的成绩，被北京大学录取。我们认为，正确对待成败，不仅对于学生心理减负有现实意义，对孩子未来的健康成长也有非常重要的意义。

综上，树立正确的发展观、政绩观、育人观、质量观、成败观是减轻学生过重的课业负担所必需的，教育部门和社会各界应该为此做出努力。

教育创新还需要营造文化氛围

* * *

党中央反复强调，创新是一个民族的灵魂，是一个国家兴旺发达的不竭动力。创新的关键在人才，人才的成长靠教育。教育水平提高了，科技进步和经济发展才有后劲。

要提升科学技术实力和国民教育水平，必须搞好教育创新。如何搞好教育创新呢？有的学者从基础置换、理念更新和体制契合几个方面给予论述。他们的基本观点是，要把教育放在现代教育的基础之上实施创新；要运用好改革开放以来形成的一系列中国特色的社会主义教育理念，如教育与现代生产相结合、教育个性化、终身学习、教育国际化、教育的三个面向等；体制方面要给予教育创新足够的条件，以鼓励先进，多出快出教育创新成果等等。确实让人深受启发。

那么，在学校内部要搞好教育创新还需要做好哪些工作呢？近读中科院院士、复旦大学原校长杨福家教授《年轻人怎样成长》一文介绍世界一流大学的一些情况，觉得他山之石，可以洋为中用，我们又有了一点新的感悟：教育创新还需要营造文化氛围。

杨教授介绍说，普林斯顿大学有一位获得菲尔兹特别奖的教授叫安德鲁·怀尔斯（Andrew Wiles），他从剑桥研究生毕业以后到普林斯顿大学做教授，之后大约有 8 年时间他几乎没有发表一篇文章。更奇怪的是，这 8 年里，没有人知道他在做什么，但是学校、院系领导也都不过问，他们充分信任他。令人感到惊奇和欣喜的是，怀尔斯最后竟解决了数学史上困扰了 350 年的难题——费马大定理！

你看，一个宽松的研究环境是多么重要啊！充分地信任教师，相信每一个教师都是积极向上的，都是想做出一番成绩的，都是想成就一番事业的。给他时间，给他空间，这样，教师或研究工作者便有自由，有淡泊，有悠闲，也便有自主，有思考，有创见。俗语说，板凳要坐十年冷。对于一个教师或研究工作者来说，不揠苗助长，不急于求成，扎扎实实，步步为营，才能出大成果。

还是这个普林斯顿大学，那里还有一位伟大的人物——约翰·纳什（John Nash），他是 1994 年诺贝尔奖获得者。他本来是在麻省理工学院研究数学的，后来由于某种原因患了精神病，结果普林斯顿大学把他请来，让他在学校里呆了 30 年，保留他的办公室，待遇不变，在各方面的关心下，他最终康复，拿了诺贝尔经济学奖。他的故事后来拍成了电影《美丽心灵》，还得了奥斯卡奖。可以说，"美丽心灵"就是普林斯顿大学的文化，他们对人对事有一种宽厚的胸怀，这确是一种美丽，一种心灵的美丽。

无疑，一个宽厚的胸怀可以融冰为水，化蛹成蝶。普林斯顿大学拥有这样的胸怀，所以它的辉煌的校史中又增加了一个伟大的诺奖获得者的名字。我们认为，只有一个对他人宽厚的组织或人，才会对社会和苍生施与大仁和大爱。普林斯顿做到了，因此普林斯顿理所应当地得到了一份丰厚的回报。

杨教授还介绍了哈佛大学。哈佛大学的校门很小，其中有一扇很小的校门上，镌刻的字很有文化内涵：校门的正面刻着“Enter to grow in wisdom（入门以增长智慧）”，反面刻着“Depart to serve better thy country and thy kind（离开以更好地回报祖国与社会）”。哈佛大学还有一个标志性的雕塑，是一位脚着金靴坐着的绅士，铭牌上显示“此人叫约翰·哈佛（John Harvard），他在1638年创立了哈佛大学”。这个雕塑是哈佛有名的“谎言雕塑”，为什么说它是“谎言”呢？第一，这个雕塑不是根据哈佛本人的相片所制；第二，哈佛大学是在1636年成立的；第三，约翰·哈佛也不是创始人，他只是在1638年把自己遗产的很大一部分捐给了学校，所以学校委员会决定以他的名字作为校名。人们不禁要问，既然错了为什么还不更正这个雕塑的铭牌内容呢？学校的回答是：质疑的精神是哈佛一向秉持的，“谎言塑像”提醒哈佛人，永远不要迷信传说中的权威，而要努力追求自己坚信的真理。

确实，哈佛大学有一种宽容的精神，它容许别人犯错误，容许别人改正错误，容许别人提出质疑。其实，也正是有了这种宽容，师生才不怕犯错误，不怕遭遇挫败，才敢于解放思想，打破常规，放开手脚，不断创新。

我们认为，宽松的环境是一种际遇，一种幸运，一种智慧，它能够使人忘掉世俗，忘掉困扰，忘掉功利，能够使人心无旁骛，聚精会神，享受创新创造成功成就的无穷乐趣；宽厚的胸怀是一种仁慈，一种德行，一种精神，拥有者的施与，往往能够获得更大的回报；宽容的精神是一种态度，一种民主，一种品质，这种精神会激励师生勇于进取，勇于挑战，勇于开拓新境。

归根到底，宽松、宽厚、宽容都是一种人文情怀，都是一种人本文化。要搞好教育创新，营造文化氛围任重而道远，每一位同仁都需要做出自己的努力。

职业教育应该做什么

* * *

职业教育是国民教育的有机组成部分之一，但是由于种种原因其作用长期以来没有得到应有的重视。职业教育有什么作用呢？

综合职业教育学家黄炎培先生的观点和笔者对职业教育的理解，我们认为职业教育要达到的目的至少应该有如下四个方面：一是要让无业者有业，二是要让有业者乐业，三是要让乐业者精业，四是要让精业者立业。

首先是让无业者有业。

作为一个自然人，没有接受职业教育的个体是与职业相分离的，他是不可以或者没有能力去从事某个行业工作的。一个人能够进入到一个行业，需要接受相应的教育，这种教育就是职业教育。无疑，职业教育是职业道德、职业知识、职业技能之教育。我们认为，应该通过职业教育使得未来的职业人养成一种对职业的认同和操守，获得一定的与职业相关的专业知识，并掌握一定的职业经验尤其是技能。职业道德是职业人未来职业成功或成就的前提，没有职业道德的人很难获得行业组织或社会的认可。他即便是侥幸获得了一个职业，也绝对不可能获得职业成功，更难获得职业成就。职业知识是职业人未来职业成功或成就的基础。没有相关职业知识，一个人就很难得到职业准入的资格。职业技能是职业人未来职业发展的条件。只有具备职业技能，一个人才可能在一个行业中取得进步，获得发展。

其次是让有业者乐业。

职业教育帮助无业者进入一个行业。但他对一个行业是否满意？是否欣然接受？是否胜任愉快？这与职业道德、职业知识、职业技能又有极大关系。职业道德教育可以帮助受教育者明确职业目的和职业意义，从而可以帮助他在职业生涯中增加一份责任感、使命感和光荣感。职业知识帮助职业人获得职业认知，由此可以帮助他找到合适的职业目标、职业方向和职业爱好。职业技能可以帮助职业人实现自己的价值，从而促其坚定职业兴趣、职业信念和职业理想。职业教育不仅能够培养未来的职业人，还可以在培训现实的职业人方面做出积极贡献。我们说使有业者乐业，主要就是针对后者而言。确实，职业教育可以持续提升职业人的职业道德、职业知识和职业技能，因而最终能够使得职业人爱岗敬业，快乐从业，幸福从业。

再有是让乐业者精业。

一个人进入到一个行业并乐此不疲地工作是一件幸福的事情，然而职业教育还可以帮助人从乐业的感性状态进入到一个精业的状态，这是一件更加幸福的事情。因为，只有精业才能对社会对国家对人类做出更大贡献。目前我国职业人不少，但职业人中真正精业的人的比例不容乐观。精业的标志是什么？我们说，精业的标志是精益求精，作品上乘。但实际情况又如何呢？上海交大一位教授曾经说过："我们为什么买苹果手机？因为它创新。为什么买德国车？因为有质量。为什么买 LV？因为有品位。为什么买外国奶粉？因为有信誉。"可见我们还有距离。有人说，"很多人说我们缺内需，可我们去香港买 iPad，以至香港政府都说再买 iPad 就要上税；我们还冒着入狱的危险去买奶粉……我们有全球第一的需要，但是国货满足不了，只有到全世界去寻"。这引人深思。于是，很多人都在问一个问题："为什么我们这样一个消费大国做不出自己的作品？"答案很简单：我们很多职业人还没有做到精业，我们的职业知识、职业技能还需要提升，我们的职业教育仍然任重而道远。

最后是让精业者立业。

职业人乐业、精业，为的是立业。什么是立业？从职业的角度就是职业人在乐业、精业基础上能够在社会上立稳脚跟、得到认可、得到肯定、成就事业。职业教育使得职业人精业，能够在一个行业或一个行当里获得影响或赞誉。从宏观角度讲，大职业教育包括社会所需要的一切行业的教育。不仅车钳铆焊、机车驾驶、电修汽修、数字网络、城市园艺、医务护理、旅游餐饮、美容美发是职业教育范畴，教师培养、医生培养、管理培训、商务培训、营销培训等也属职业教育范畴。俗语说，三百六十行，行行出状元。不论是谁，只要他在一个行业里能够脱颖而出、出类拔萃，都应该得到社会的赞扬和尊重，我们都应该给他掌声，给他鲜花，给他应有的物质待遇，给他应有的社会地位。这不是权宜之计的需要，而是与我们制造大国相称的职业教育发展的需要。我们期待更多的职业人通过职业教育更加敬业，更加乐业，更加精业，能够立业。中国人口众多，是一个职业教育大国，但我们还远不是真正意义上的职业教育的强国。

总之，职业教育在推动社会发展特别是经济发展的进程中起着非常重要的作用。政府部门和我们教育工作者都要为营造一个职业教育发展的良好环境而努力。可以毫不夸张地说，待我们国家更多的人能够就业，更多的就业者能够乐业，更多的乐业者能够精业，更多的精业者能够立业的时候，我们国家职业教育发展的春天就真的到来了。

也谈工匠精神培养

* * *

2016 年 3 月 5 日，国务院总理李克强在做政府工作报告时说，应该鼓励企业开展个性化定制、柔性化生产，培育精益求精的工匠精神，增品种、提品质、创品牌。

有人撰文说，工匠是中国老百姓日常生活须臾不可离的职业，比如木匠、铜匠、铁匠、石匠、篾匠等，各类手工匠人用他们精湛的技艺为传统生活图景定下底色。随着农耕时代结束，社会进入后工业时代，一些与现代生活不相适应的老手艺、老工匠逐渐淡出大家的日常生活，但工匠精神永不过时。

这次，“工匠精神”一词出现在政府工作报告中，让人耳目一新。有人考证，“工匠精神”这个词，最早出自企业家聂圣哲，人们评论说，他培养出来的一流木工匠士，正是来自这种精神。

什么是工匠精神呢？专家们指出，它是指工匠以极致的态度对自己的产品精雕细琢，精益求精、追求更完美的精神理念。工匠们喜欢不断雕琢自己的产品，不断改善自己的工艺，享受着产品在双手中升华的过程。工匠精神的目标是打造本行业最优质、其他同行无法匹敌的卓越产品。概括起来，工匠精神就是追求卓越的创造精神、精益求精的品质精神、用户至上的服务精神。

工匠精神对于一个国家的发展乃至人民的生活品质都会产生

影响，如下两份资料充分说明了这个问题：

截至 2012 年，寿命超过 200 年的企业，日本有 3146 家，为全球最多，德国有 837 家，荷兰有 222 家，法国有 196 家。为什么这些长寿的企业扎堆出现在这些国家，是一种偶然吗？他们长寿的秘诀是什么呢？我们研究了他们都在传承着一种精神——工匠精神！

工匠精神可以从瑞士制表匠的例子上一窥究竟。瑞士制表商对每一个零件、每一道工序、每一块手表都精心打磨、专心雕琢，他们用心制造产品的态度就是工匠精神的思维和理念。在工匠们的眼里，只有对质量的精益求精、对制造的一丝不苟、对完美的孜孜追求，除此之外，没有其他。正是凭着这种凝神专一的工匠精神，瑞士手表得以誉满天下、畅销世界、成为经典。

学生是未来社会的建设者。他们的精神面貌如何将会影响着未来社会的发展。那么我们的教育应该在哪些方面培养学生的工匠精神呢？

首先是专一敬业。要教育学生做到淡泊名利、立志高远，使得他们能够沉下心来求知，静下心来做事，要把自己全部的心思、全部的精神融入到自己正在从事的事业里和正在研究的对象里。我们认为，专一敬业是一种专注，一种投入，工匠精神需要这种专注和投入。专注和投入是培养工匠精神的前提条件，没有专注和投入，工匠精神的培养便是天方夜谭。

其次是严谨严格。要引导学生严谨治学，严谨做事。要让学生养成一丝不苟、严肃认真的态度，学习中、生活中、工作中时时刻刻、事事处处都能对自己高标准，严要求。严谨严格是培养工匠精神的基本要求。马马虎虎、稀松懒散与工匠精神反行其道，格格不入，当予矫正。

再次是精益求精。要教导学生在学习过程中注重细节，追求完美，孜孜不倦，不遗余力，努力努力再努力，细致细致再细致，完善完善再完善，要把正在做的每一件事的精准率、精确度从99%力争提高到99.99%。可以毫不夸张地说，精益求精是工匠精神的实质要求，是我们各行各业都在努力达成的一种状态。

还有是创新创造。要鼓励学生与时俱进，敢于发现，敢于发明，敢于创新，敢于创造，敢于突破自己，敢于超越前人，这是现代教育应该努力达到的一种素养，一种特质，一种境界。培养学生具有创新创造精神是培养工匠精神的基本要求，也是素质教育的必然要求。

另外是坚持不懈。要指导学生敢于面对困难，面对挫折，面对失败。要耐得住寂寞，耐得住冷清，耐得住无聊，耐得住冷嘲，耐得住热讽，耐得住失落，能够坚韧不拔、百折不挠，把自己喜欢的事情做好。坚持不懈是工匠精神的必备品质。培养工匠精神需要逢万难而不退，遇百挫而不挠，这种品质往往让学生受益终身。

最后是追求极致。要激励学生做事情不做则已，做必一流。古今中外这样的例子不胜枚举，都可以作为励志的教材。比如，英国有个航海钟发明者叫约翰·哈里森（John Harrison，1693—1776），他是个做事情追求极致的人。他曾费时40余年，先后造出了5台航海钟，其中以1759年完工的“哈氏4号”最为突出，“哈氏4号”航行了64天，却只慢了5秒，远比法案规定的2分钟的最小误差还少，完美解决了航海经度定位问题。无数例证表明，追求极致是一种习惯，是一种能力，也是工匠精神应该达到的理想目标。

综上，培养工匠精神应多方入手，学生若真正做到了专一敬业、严谨严格、精益求精，能够创新创造、坚持不懈、追求极致，学校培养工匠精神才真是迈出了坚实的一步。

推动教育事业科学发展的一个利器

* * *

为了保证教育法律、法规、规章和国家教育方针、政策的贯彻执行，实施素质教育，提高教育质量，促进教育公平，推动教育事业科学发展，国家制定了《教育督导条例》，已经于2012年8月29日在国务院第215次常务会议上通过，自2012年10月1日起施行。

我国是较早实行教育督导制度的国家。据专家介绍，中国历史上很多朝代都曾设置专门官吏或机构对学校进行监督，对地方官吏举办官学、培养人才、推行教化进行政绩考核。1905年，清政府废除了科举，开始举办新学，引入西方格致之学，并且建立了近代教育视导制度。1909年清政府颁布《视学官章程》，是我国近代教育史上第一个关于教育视导的法规性文件。辛亥革命以后，民国政府颁布《视学规程》，建立了中央、省、县二级教育督导制度。我们党在革命根据地建设中，也十分注重教育督导，瑞金苏区教育部门中就设立有巡视员，陕甘宁边区政府还专门设立了督学室。新中国成立初期，教育部设立视导司，专门负责教育督导工作。“文革”中，教育秩序被破坏，教育督导工作处于停滞状态。改革开放以后，国家重视教育督导工作，1991年，原国家教委颁布了《教育督导暂行规定》。

经过几十年努力，全国建立了中央、省、市、县四级教育督导机构，形成了一支专兼职结合的督学队伍，督导人员由重建初期的百余人发展到近 5 万人，其中专职督导人员近 2 万人。刘延东同志在《国务院教育督导委员会成立暨第九届国家督学聘任工作会议上的讲话》中说，教育督导坚持以国家法律法规、方针政策为依据，在如下方面开展了大量卓有成效的工作：一是保障“两基”历史任务的全面完成；二是推动国家重大教育政策项目的实施；三是促进教育教学质量和学校管理水平的提高；四是督促教育热点难点问题的解决；五是积极开展基础教育质量监测。我们有理由相信，《教育督导条例》的颁行，必将是推动中国现在和未来教育事业科学发展的一个利器。

我们知道，《教育督导条例》的颁行提高了教育督导的法律层级，作为法规，它具有强制性和权威性，必将推动教育督导工作的有效开展。教育督导工作之所以在教育的科学发展中起到作用，主要在于督导中有监督，督导中有指导，督导中有促进，督导中有提升。

第一，督导中有监督。

教育督导依法进行，各级政府和办学机构需要全力配合和支持，需要接受监督。比如《教育督导条例》规定督导工作的事项包括学校实施素质教育的情况，教育教学水平、教育教学管理等教育教学工作情况；校长队伍建设情况，教师资格、职务、聘任等管理制度建设和执行情况，招生、学籍等管理情况和教育质量，学校的安全、卫生制度建设和执行情况，校舍的安全情况，教学和生活设施、设备的配备和使用等教育条件的保障情况，教育投入的管理和使用情况；义务教育普及水平和均衡发展情况，各级各类教育的规划布局、协调发展等情况；法律、法规、规章和国家教育政策规定的其他事项。接受监督的过程也是忠实地履行教育职责、主动办好教育的过程。

第二，督导中有指导。

毋庸置疑，教育督导过程中，教育督导部门要对各级政府和办学机构的工作给予指导。依据《教育督导条例》，实施教育督导应当坚持如下原则：以提高教育教学质量为中心；遵循教育规律；遵守教育法律、法规、规章和国家教育方针、政策的规定；对政府履行教育工作相关职责的督导与对学校教育教学工作的督导并重，监督与指导并重；实事求是、客观公正。教育督导过程中，不仅注重监督，还注重指导，督中有导将会保证方向，推动教育事业科学发展。

第三，督导中有促进。

督导的目的还在于督促政府和办学机构不断改进工作。比如在把握战略方向，服务于教育规划纲要的贯彻落实方面，要对如何落实公平和质量这两大战略重点，以及如何推进义务教育均衡发展和推进素质教育这两大抓手可以分析目前存在的问题并提出建议；在落实教育优先发展的战略地位方面，促进学校特色发展、教师专业成长和学生全面发展方面和改革教育评价模式，探索促进各级各类教育科学发展的质量评价体系方面以及如何解决教育热点难点问题方面也可以分析问题，提出建议。解决问题的过程也是促进教育事业进步的过程。

第四，督导中有提升。

督导的过程既是监督的过程，指导的过程，促进的过程，也是提升的过程。因为督导过程中有交流，有学习，有借鉴，有启示，有评估，有惩戒，有激励，有鞭策，这将极大地调动地方政府和办学机构依法依规办学，促进教育事业科学发展的积极性。如天津市义务教育学校现代化建设使得每一所学校都发生了翻天覆地的变化，一是办学条件得到改善，二是办学水平得到提升，除了政府支持、学校努力外，教育督导无疑起到了关键性的作用。

《教育督导条例》颁行，是教育科学发展的一个利器，当然也是一个好的契机。

面对慕课我们怎么办

* * *

汤敏在《中国教育报》撰文指出，慕课（MOOC，大规模公开在线课程）正在全球迅速兴起。短短一年时间里，慕课三巨头，哈佛大学与麻省理工学院的 EDX，斯坦福大学的 Coursera 和 Udesity 公司，联合了全球上百所一流大学，开设了 500 多门课程，500 多万学生选修了他们的课程。我国大学中的几个龙头老大，北大、清华、复旦、上海交大纷纷加入了这几个公司。当前，慕课已经从几个教授的试验，汇成了教育革命的滚滚洪流。

早些时候，已有人撰文指出，世界名校网络公开课即慕课受到热捧，各大字幕组争相出字幕，门户网站也争相购版权。一时间，追随网络公开课的人似乎有点比别人先进一步的感觉。

MOOC 是高等教育相关缩写词汇中的新成员，也可能是所有词汇中最具影响力的一个。网络公开课代表网络教育的新一代，可以通过网络免费获取，接收到公开课的学生数目巨大。

这一现象被斯坦福大学的校长比作"一场数字海啸"，称有可能将传统大学教育全部"冲走"。有人指出，且不论网络公开课的崛起是否真的会达到如此夸张的程度，但有一点可以肯定的是，全球教育体系内正在发生一些重要的事情，应该引起我们高度关注。

我们有理由相信，慕课也将影响到中小学教学内容和教学方式的改变。

别人慕课了，我们怎么办？

第一，要认真研究。慕课是一种新生事物，对其充耳不闻、视而不见、避而不谈是不明智的。应该认真研究其特点，认识其利弊，知道其得失。也只有这样，我们才可能成为这一世界教育革命浪潮中的受益者。

第二，要理性迎接。慕课对传统教育是一种变革。不论欣喜也罢，厌恶也罢，我们的教师必定会受到冲击，受到挑战，这是不以我们的意志为转移的事情。理性迎接慕课，我们会成为最大赢家。

第三，要利用优势。慕课虽是新生事物，但我们还是有这方面的基础和优势。我们有了函授大学、电视大学、网络学院这些不同的教育形式。仔细分析，这些教育形式不同程度地具有慕课的某些特点。我们应该充分地利用已有的这些优势。

第四，要积极应变。慕课将会改变教育观念、教育模式、教育方式、教育方法、教育技术。不只是高等教育需要做出某些改变，初等教育、中等教育也要适时做出改变。未雨绸缪，积极应变，适时调整会让我们永远立于不败之地。

第五，要注重质量。慕课最大的特点是集优。它能够用数字网络技术把最优教师的最优的教育内容用最优的方法以最优的方式呈现给广大的学生观众和听众。集优之中要注意选择，这将有利于提高效率，有利于提升水平，有利于提升质量。

因此，认真研究，理性迎接，利用优势，积极应变，提高质量应该是我们广大教育工作者在慕课面前应有的姿态、对策、措施和作为。

教学探讨篇

本篇集录了著者对教学思想、课堂教学、教学环境、教学组织形式、教学优化、高效教学等问题的思索和观点。

100

/课

课堂教学中应树立正确的教学思想

* * *

教学思想是在长期的教学实践中产生，并反过来用以指导教学实践的系统化的理论，它是教学规律的具体体现。我们认为，有什么样的教学思想，就有什么样的教学行为和教学实践。因此，课堂教学中应该树立正确的教学思想。

第一，公平的思想。

在教学实践中，必须坚持“面向全体”，使全体学生都要获得最大限度的发展，决不能把教学的注意力只放在少数学习成绩优秀的学生身上，忽视绝大部分学生的发展。反之，也不能只重视学习成绩中等以下的学生，而忽视或牺牲学习成绩优秀的学生。必须以对国家、社会和事业负责的高度责任感来把每一位学生教育好。教学中不能歧视、放弃任何一位学生，尤其是学困生和后进生。

第二，全面的思想。

教学中要坚持德、智、体全面育人。坚持全面促进学生发展而不能顾此失彼或厚此薄彼。在人的发展过程中，德智体相互联系、相互促进。其中，德育起着保障的作用，智育是人全面发展的基础，体育则是人的发展的物质条件。只有注重全面发展，只有树立全面的思想，才能保证人才培养的规格和质量。

第三，差异的思想。

人与人之间是有差异的。从智力因素方面看，据专家统计，智力超常者只占人类总数的 1% ~ 2%，智力低下者约占人类总数的 1% ~ 3%，两头小、中间大，符合正态分布。但处于中间的这些人的智力相互之间也是有一定差异的。从非智力因素方面看，人的兴趣、动机、意志、性格、气质是各不相同的，这就要求我们在教学工作中要分析和掌握学生智力因素和非智力因素的特点，有的放矢地做好工作。

第四，发展的思想。

发展有两层含义，一是教学要围绕学生身心发展进行，而不仅仅是围绕考试选拔进行，二是通过教学能够促进学生的身心发展。我们的教学不仅能够使得学生掌握知识和技能，培养良好的品德，而且能够促进学生个性、智力和能力的发展。教学要遵循学生身心发展的规律，要以动态和发展的眼光来看待学生，要树立信心，通过教学促进学生不断取得进步。

第五，创新的思想。

在课堂教学中，教师不能教死书，学生不能死读书，要切忌“满堂灌”“填鸭式”，死记硬背、机械教条。教师应努力改革教法、指导学法，鼓励学生积极思考，敢于发疑、敢于探索、敢于创造。创新意识和创新能力的培养不仅是素质教育的客观要求，也是教育“面向现代化、面向世界、面向未来”的客观要求。

第六，开放的思想。

教学中贯彻开放的思想。首先，学科知识要与社会、家庭生活的实际相联系，学校必须优化教学环境，充分调动各种积极有利的因素提高教学的效率和质量。其次，要认真研究和汲取国内外先进的教学思想和教学经验为我所用，不闭关自守，不夜郎自大，不自以为是，要搞好教学成果的学习、普及和推广，典型带动、榜样引路，使得教与学的水平不断提高。

第七，民主的思想。

教学中要充分发扬民主，要允许并鼓励学生提出问题、发表见解，给学生以适当的引导，师生互动，教学相长，这不仅是培养学生独立思考、独立解决问题能力的需要，也是培养学生创新意识、创新能力的需要，更是培养学生积极参与社会主义民主建设的一种预备性和基础性的工作。教学中倡导民主参与，摒弃“一言堂”教学方式是素质教育中一项极具深远意义的工作。

第八，辩证的思想。

教育教学理论与实践方面的论争大都来自教学思想上的分歧。比如，赫尔巴特、凯洛夫强调教师的主导作用和系统的知识教学，而杜威则强调学生的主体作用和应用能力的培养。历史地看，他们的理论和实践各自有合理的成分即符合教育教学规律的部分，但同时也存在着某些片面的东西。强调这一方面而忽略那一方面是不辩证的，有时是不正确的。因此，我们必须辩证地看问题，在课堂教学中要处理好批判与继承的关系，知识与能力的关系，智育与其他几育的关系，身心发展的需要与社会发展的需要之间的关系等等。

第九，系统的思想。

教学是一个包含教师、教材、学生、教学结构、教学环节等诸要素的完整系统，因而我们在教学中必须树立系统的思想。按照系统论“整体大于部分之和”的思想，必须从整体着眼，从系统入手，正确对待和处理教学诸要素所遇到的问题。孤立地、零星地去对待和解决问题不但于事无补，还会从系统上损害整体的教学效益。比如，教学结构中的教学内容得以优化，但教学环节中的方法不优化，学生也不能有效地学习知识和技能。反之，教学方法得以优化，而教学内容没有优化，其结果必然是，教学愈深入，学生则受害愈深，因为学生学到的不是社会所需要的有用的知识。

第十，实践的思想。

实践有两层意思，一是要重视参加实践，二是要重视实践的检验。教学中教授给学生的大多是人类有史以来积累下来的以间接为主的社会和自然知识，学生缺少体验，没有直观感受，有时理解起来困难，因此在条件允许并确有必要时，让学生参加一定的社会和生产实践，以获得感性知识，丰富理性知识。同时，对教与学的理论不要想当然，凭主观，一定要注意付诸实践加以检验。对于正确的行之有效的理论要坚持下去，对于经实践检验不正确的且对教学有害的理论要本着实事求是的态度予以摒弃，以保证教学工作的顺利开展。

总之，在课堂教学中树立正确的教学思想非常重要。只有我们的教学思想正确，课堂教学实践才能够取得应有的效果，课堂教学质量才能够得到应有的提高。

高效教学的关键是教学优化

* * *

据《中国教育报》报道，2013年，经济合作与发展组织（OECD）在全球统一发布了2012 PISA（国际学生评估项目）测试结果，上海学生表现优异，以数学613分、阅读570分、科学580分的优异成绩，在所有65个国家（地区）中位列第一，86.8%的学生达到或超过了OECD平均成绩，并再次呈现出上海义务教育校际差异小、均衡程度高的显著特点。

针对这一成绩，有专家撰文指出，我们对中国的教育要有自信，要正确估计我们国家教育的优势。但他也同时指出，我们国家中小学的课业负担与国外中小学的课业负担比起来还是重了很多。

减轻学生过重的课业负担需要从多方入手，高效教学则是重要的手段之一。我们认为，高效教学应该通过教学优化来实现，教学优化是实现高效教学的关键。其中，教学最优化则是高效教学最理想的状态。

众所周知，对教学最优化的研究始于20世纪60年代。苏联教育科学博士、教育科学院院士尤·克·巴班斯基从60年代初在顿河罗斯托夫地区进行了克服大面积留级现象的实验，获得了宝贵经验，并在全国范围内大力推广。在此基础上。巴班斯基最早提出了教学过程最优化的系统理论。1972 年巴班斯基试图从探讨预防学生学业不良问题入手，研究教学过程最优化的理论。1972 年以后，他会同俄罗斯联邦教育部中小学教育科学研究所所属的罗斯托夫实验室，在顿河罗斯托夫市第一、第九十二学校进行了四年的教学实验。在实验的基础上，于 1977 年出版了《教学过程最优化（一般教学论观点）》。在该书和以后的有关著作中，巴班斯基进一步提出了“教学过程结构”的概念，试图从分析教学论这一重要概念出发，把教学目的、任务、内容、形式、方法、原则等教学论的主要范畴，置于“系统”形式中加以考察研究，以便进一步探索教学最优化原理。巴班斯基对“教学最优化”的解释是:“最优的”一词来源于拉丁语 Optimus（最好的），但“好”还是“不好”，要看是否符合一定的条件和任务。因此，最优化这个词，从广义上说，可以理解为选择解决该条件下任何任务的最好方案。同样，教学最优化可以说是从解决教学任务的有效性和师生时间浪费的合理性着眼，有科学根据地选择和实施该条件下最好的教学方案。巴班斯基在《改进课堂教学的若干问题》一文中说，所谓最优化的教学，就是在教养、教育和学生发展方面保证达到当时条件下尽可能大的成效，而师生用于课堂教学和课外作业的时间又不超过学校卫生所规定的标准。我们认为，最优化的基本标准就是取得尽可能大的成效和师生耗费合理的时间去取得这些成效。巴班斯基的研究为构建教学整体优化体系奠定了理论基础。

巴班斯基的“教学最优化”理论问世以后，引起我国教育理论工作者和实际工作者的注意。据不完全统计，仅在 20 世纪 80 年代，吴文侃、李建刚等人在 20 余家报刊杂志上发表介绍、研究“最优化”理论的文章就达 30 余篇。比如，吴文侃在《外国教育资料》（1984 年第 5 期）发表《巴班斯基教学论、方法论的基本观点》，李建刚在《山东教育》（1987 年第 5 期）发表《巴班斯基的教学过程最优化理论》，陶西平于 1986 年 5 月 16 日在《光明日报》发表了《实现教学过程的整体优化问题》，这些论著对于介绍巴班斯基的“教学最优化”理论以及结合中国的教育教学实际构建具有中国特色的教学整体优化体系无疑都是功不可没的。

在介绍、研究教学最优化理论方面，我国也出现了一些造诣很深的专家。值得一提的是山东省的闫承利于 1992 年 5 月出版了《教学最优化通论》一书。该书由教育科学出版社出版，分上、下两编。闫承利的研究系统、完整，有理论探讨，有实践探索，为教学整体优化体系的建立奠定了理论与实践的基础。在他的指导下，山东省济宁市教研室从 1991 年开始，借鉴巴班斯基教学过程最优化理论，着手进行“优化教学过程、大面积提高教学质量”的整体改革实验。闫承利于 1995 年又出版了《教学最优化艺术》（教育科学出版社）一书。此外，施良方、朱正义、高文等对“最优化”理论或“优化教学”理论都有不少研究。尽管他们的研究侧重点不同，但其探索以及实践都深化了我们对教学整体化的认识。

我们认为，目前要实现高效教学，要做的工作有以下几点：

第一，要认真吸取国内外教学优化的理论研究成果和实践成果，努力实现高效教学。几十年来，针对教学优化，许多专家提出了自己的理论，并进行了有效的教学实践，取得了一定的研究成果，这是一笔宝贵的资源和财富。我们要认真推广这些研究成果，提升课堂教学质量和水平。

第二，优化教学系统要素，不断实现高效教学。根据我们的研究，教学系统要素至少包括教学思想、教学环境、教学目标、教学内容、教学环节、教学方法、教学媒体、教学反馈、教学评价、教学研究等十个方面。在教学中，我们应该优化不同的系统要素，为教学过程优化打好基础。

第三，提倡教学过程整体优化，真正实现高效教学。按照系统论、信息论、控制论的要求，从整体入手，系统构建教学模式，科学分析和调控教学信息，整合不同教学系统要素为教学目标服务，高效率完成课堂教学任务。

综上，教学优化是高效教学的关键。我们应该积极利用教学优化已有的理论和实践研究成果，搞好教学系统要素优化，并注重教学整体优化，不断促进高效教学目标的达成。

高效教学要做到四个统一

* * *

高效教学是广大教师长期以来力求实现的工作目标之一。

何为高效教学？教学何以能够高效？仁者见仁、智者见智，很多名家从不同角度提出过自己的看法。综合大家的意见，结合我们天铁的课堂教学实践，笔者认为，高效教学是教学收益大大超过教学投入的教学。要实现高效教学，我们建议在教学中应该做到“四个统一”。

首先，教学应达到主导、主体、主线的统一。

要实现高效教学，就应该充分发挥教师的主导作用，学生的主体作用，而作用的发挥一定要有所遵循，有所指向，有所依托，这就是教学目标。教学一定是在教学目标的指导下进行的，不然就会南辕北辙，陷入盲目。我们认为，理想的教学大都是以教师为主导、学生为主体、目标为主线的。而未达到优化的教学要么只要主导作用，或只要主体作用，或者完全撇开主线即教学目标进行教学。因此，我们评价教学活动是否高效，应该既看教师表现得如何，又看学生表现得如何，同时还要看教学目标操纵得如何，非如此，教学效果就无从谈起，而且也将会对教学产生不良的引导作用。要实现高效教学，就要达到主导、主体、主线的统一。一方面，应该明确三者的不同地位和作用，其中教师主导是前提，学生主体是关键，教学目标是方向。另一方面，在教学中，要切实做到主导不越位，主体不缺位，主线不错位。

其次，教学要达到个体、全体、全面的统一。

教学中个体与全体、全体与全面的关系把握问题一直是一个非常棘手的问题。常见的是，有的教师顾了这头，忘了那头，关注了个体，忽视了全体，关注了全体，又忽视了全面。能否达到个体、全体、全面的有机统一是衡量一所学校、一位教师水平高低的一个重要标准。因为，抓好个体，才能体现因材施教；抓好全体是学校整体工作的需要；抓好全面，是国家教育方针对学生德、智、体、美全面发展的要求。看一个学校或一位教师教学是否高效，不仅要看个体发展如何，还要看全体发展怎样，同时还要看每一位学生是否都获得了全面发展。真正的高效教学应该能够实现三者的高度统一。为此，在教学中要认真分析学生的知识基础、成长背景、学习态度和发展潜能，按照基础型、能力型、学法型、学风型、学纪型、综合型等学生类型特点进行分类指导，使得各个类型的学生都有提高。此外在教学中，不仅要重视知识、技能传授，更要注重过程、方法的教育，还要注重学生情感态度价值观的培养。个体、全体、全面的统一不仅使得教学高效，更重要的是真正把素质教育落到了实处。

再次，教学要达到学生现实发展、中期发展和长远发展的统一。

教育的功能是促进学生的发展，教学的作用也在于此。学生的发展尤其是能力发展大致可分为近期、中期、远期三个阶段。但现实情况是，我们往往只是注重学生的现实发展，并且带有很强的功利色彩，这往往遭到业内和业外的诟病和批评。真正的高效教学不仅要注重学生现实的发展能力，还要注重培养其在不远的将来以及在相对较长时间的未来的发展能力，即应为其潜在的学习能力的发展打下坚实的基础。教学中，既要立足当前，重视基础知识和基本技能传授，也要兼顾长远，抓好其分析问题、解决问题的能力培养。前者是学生现实发展的需要，后者则是学生未来发展的需要。要做到这一点，一方面，要注意减少学生过度重复和过度机械的无效或低效劳动，把他们从过重的课业负担中解放出来。另一方面，在教学中要注意培养学生的观察能力、想象能力、记忆能力，特别是思维能力，帮助他们真正做到学思结合，提升其学习的能力和水平，不断提高学习的效能。学生思维能力的培养是教学的出发点和归宿，是学生现实发展的基础，也是学生中期发展和长远发展的条件，更是学生未来可持续发展的保障。

最后，教学应达到教学目的、教学过程和教学效果的统一。

每一个教学活动都有着明确的目的。一般说来，教学目的是教学活动的出发点，它是由教学任务、教学内容决定的。教学任务和教学内容一旦确定下来，教学目的就明了清楚了。然而并不是每一个教学目的都能取得预期的效果，这在某种程度上要看过程实施的质量。过程实施质量高，目的有可能实现得好，效果自然也好；过程实施质量不高，目的有可能实现得差，效果自然也差。教学是否高效，不仅要看教学目的，也要看教学过程，还要着重看教学效果。为此，要做到如下几点：一是教学目的中的任务和内容要细化分解，制定措施，保证完成。二是教学过程中不能大而化之、粗枝大叶，要稳扎稳打、步步为营。要优化方法，提升效益。三是做到投入的时间、人力、物力、财力要有相应的效益回报，要科学评价投入与回报是否成比例，要看投入是否有回报，是否有较高回报。投入若有较高回报，则是高效教学，反之，则是低效教学。前者是我们工作中力求实现的，后者则是我们工作中千方百计避免的。

总之，高效教学应该达到主导、主体、主线的统一，达到个体、全体、全面的统一，达到学生现实发展、中期发展和长远发展的统一，还应达到教学目的、教学过程和教学效果的统一。

高效教学要优化教学组织形式

* * *

教学组织形式是指教学活动中师生相互作用的结构形式，属于方法论的范畴。有专家指出，其含义有二,一是师生相互交往或作用的方式，二是教学活动的组织结构方式。概括起来讲，师生相互交往或作用的方式有直接和间接两种，教学组织结构方式有个别教学、小组教学和全班授课三种。教学组织形式是教学目标、教学内容、教学环节、教学方法、教学媒体等得以落实，高效教学得以实现的重要因素。

教学组织形式有着自己的发展变化轨迹。从教学组织形式的发展时间顺序看，它大致经历了个别教授、集体教授、班级授课等三个阶段。班级授课制实行以来，虽历经改革，但它仍是我国及世界其他各国采用最多的教学组织形式。

据史料记载，人类最初的教育活动主要是采取个别教授的方式进行。儿童模仿成人，成人逐一向儿童传授有关的生活和社会经验及生产知识技能。学校产生以后，由于受教育权垄断在统治阶级手中，受教育的人数较少，因而仍是采取一对一（或二）的个别教授方式。我国商、周至隋唐时期的各级官学和私学,古希腊、古罗马时代的各类学校以及中世纪的教会学校和宫廷教育等由于受当时低下的生产力水平和科学技术水平的制约，均采取个别教学的形式。这种形式的教学活动带有“师徒相授”的特点，缺点很多：一是教学不系统，二是教学没有固定的程序，三是不能大面积培养人才，教学效率很低。

资本主义商业的发展和科学技术的进步，要求扩大教育对象，增设课程门类，提高教学效率，于是16世纪西欧古典中学（如德国的斯特拉斯堡文科中学）、17世纪初白俄罗斯和乌克兰的兄弟会学校都进行了班级教学的尝试。1632年夸美纽斯对班级授课制最早给予了理论概括和肯定，后经赫尔巴特以教学过程的形式阶段的理论加以完善而基本定型，19世纪中叶班级授课制被西方国家普遍采用，我国最早采用班级授课形式进行教学的是京师同文馆，后经“癸卯学制”（1903年）加以肯定并在全国范围推行。

班级授课制的产生是教育史上的一件大事，它是教育进步和发展的表现。从不同角度看，班级授课制的优点是很多的。第一，规模性。在班级授课这一教学组织形式中，教师不再是一对一地教授学生，因而扩大了教学规模，能够取得一定的教学规模效应。第二，系统性。班级授课是有组织、有目的的教学活动，因而能够保证教学内容的系统性。第三，主导性。由于教师“闻道在先”，“术业有专攻”，因而知识渊博、经验丰富，在教学中发挥着主导作用，在知识的传授上可以引导学生少走弯路。第四，渐进性。教学是以“课”和“时”为单位进行的，教学中，环环相扣，循序渐进。第五，统一性。教学目标是统一的，因而教学要求，教学评价相对统一。第六，集体性。教学是以“班”为单位组织活动，因而学生可以拥有许多集体教育资源。第七，全面性。班级授课涉及德、智、体、美、劳、心等各个方面，学生可以接受到全面和谐发展的教育。

然而，班级授课制也有明显的缺点。一是课上学生主体性发挥不够；二是课堂结构相对固定，缺少应有的灵活性；三是学生动手实践机会少，不利于培养学生的实践能力；四是容易形成“一言堂”，民主气氛欠缺，不利培养创新能力；五是以“课”为单位组织教学，知识的整体性容易受到破坏；六是难以照顾到学生的个别差异，不易做到“因材施教”。鉴于如上一些缺点，班级授课制自产生以来便受到了人们的批评，并且为了克服班级授课制的缺点和不足，甚至为了彻底否定班级授课制，人们进行了教学组织形式的改革实践。如欧美国家的“设计教学法”“道尔顿制”、开放教学、“协作教学”、慕课等。还有我国及其他一些国家的远距离教学，能力分组（包括内部分组和外部分组），不分级制，选科制，活动课时制等教学组织形式。

我们认为，教学组织形式需要改革和优化，但应考虑以下三种情况：

第一，考虑学情。

考虑学情是指应从学生学习的具体实际情况出发确定教学组织形式。一般地讲，学情至少应包括学习内容，学生的知能差异，学生的主体意识等。当学习内容相对容易、学生的知能差异不大，学生的主体意识尚还薄弱时，可以采取全班授课的教学组织形式，没有必要进行能力分组、个别教学等形式的教学，但当学习内容难度相对较大，学生的知能差异较大，学生的主体意识较强时应该改变教学组织形式，搞好因材施教，促进个性发展。

第二，考虑教情。

考虑教情是指应从教师教学的具体实际情况出发确定教学组织形式。一般地讲，教情至少应包括教学内容、教师的教学法水平、教师对学情的了解程度等等，当教学内容比较容易、教师的教学法水平较低、教师对学情不甚了解（比如教师无经验、新接课等）时，应以全班授课为宜。但当教学内容比较难、教师的教法水平较高、教师对学情了如指掌时，则宜采取全班授课、分组教学、个别自学辅导相结合的形式组织教学。

第三，考虑校情。

考虑校情是指应从学校的具体实际情况出发确定适宜的教学组织形式。与教学组织形式有关的校情包括学校类型、师资结构、设备状况、研究水平等等。一个以理论知识传授为主的学校（非应用型学校），若年轻教师居多，教学经验缺乏，学校办学条件较差，比如必要的教学设施都不完备，学校教学研究水平不高，分组教学、个别自学的实施就很困难，只能选择全班授课这种教学组织形式。

总之，优化教学组织形式是提高教学效率的关键。传统的班级授课制会逐步完善和改进。个别教学、合作学习、小组教学、慕课学习等现代教学组织形式将更有利于“因材施教”，有利于提高学习效率。教学组织形式的改变将为教学质量的提高创造有利条件。

教学环境与教学成效

* * *

教学环境是教学活动须臾不可离的，对教学成效有着重要的影响作用。那么什么是教学环境呢?

《中国教育百科全书》将教学环境定义为影响教学活动的各种条件的总和。李秉德认为，教学环境是学校教学活动所必需的主客观条件的综合。他指出，学校是一个复杂的系统，学校内的一切事物——物质的、社会的、有形的、无形的，几乎都可以说是教学环境的内容。其中，直接作用于教学活动，并对教学活动的效果发生重大影响的环境因素主要有空气、温度、光线、声音、颜色、气味；各种教学设施、社会信息、人际关系、校风班风、课堂教学气氛以及其他因素。我们可以将教学环境分为学校环境、家庭环境和社区环境，每一种环境中又可分为物质环境、精神环境和信息环境。

家庭环境对教学成效的影响巨大。学生从出生到成人，受家庭教育的影响时间最长。各种研究表明，家庭教育对受教育者的影响至少有如下五个方面：家庭群体在受教育者社会化过程中的特殊的价值和作用；在教导社会规范，形成道德、情操方面起着重要作用；在教导生活目标，形成个人理想、志趣方面起重要作用；群体在培养社会角色过程中起独特作用；在形成个人性格特征和个人对社会适应的动力特征方面有着不可替代的影响。

社区环境是指对学生生活并能对学生成长直接构成影响的外部社会条件，也对教学成效产生影响。它在学生的发展中起着四个方面的作用或发挥着四个方面的功能，即服务功能、教育功能、宣传功能和经济功能。社区环境涉及政治的、经济的、文化的诸多方面，比较复杂，需要分析和利用其中的有利因素。

学校环境对教学成效的影响更为直接、更为有效。学生一天中有三分之一的时间是在学校中度过，学校的物质环境如房屋建筑、花坛草地、设备设施、经营规模等，精神环境如管理水平、学校传统、学校风气、班级风气、社会影响等，信息环境如政治信息、经济信息、文化信息、研究成果信息等无不对学校教学产生深远的影响。在学校环境中班级环境是最为重要的，因为学生的活动大多是以班级为单位的活动，如上课、自习、班会、实验等等。对学生产生直接或间接影响的班级教学环境因素，概括起来至少有如下几个：

第一，明确的奋斗目标。

班级的奋斗目标是包括班主任、科任教师和全体学生在内的班集体的共同努力方向。明确的奋斗目标可以起到导向、激励作用，调动起所有师生的热情和积极性。因此，有经验的班主任接班以后，做的第一件事就是按学校总的任务要求组织师生共同制订班级奋斗目标。然后，努力做好宣传、抓好落实。

第二，健全的组织。

一个班级要顺利开展教育教学活动，必须健全组织，一是师资健全，师资要符合专业教学要求，有扎实的本体性知识、条件性知识和相关知识,有良好的师德。二是班委会、团支部组织健全。班干部的选任要充分发扬民主。要选任那些严格自律、组织能力强的学生做班干部，要努力做到职能相称，优势互补。三是教学辅助组织健全。比如，中小学目前普遍实行科代表制度。科代表是教师教学的有利助手，是学生学科学习的服务者，科代表往往是那些爱学习、勤思考、乐助人、成绩好的学生，在学科学习中，他们起着模范带头作用。

第三，融洽的关系。

在一个班级中有各种关系组合。如班主任与科任教师的关系、班主任与学生的关系、科任教师与科任教师的关系、科任教师与学生的关系、学生与学生之间的关系等等，这些关系可以简约为三对关系,即师—师,师—生,生—生。不论哪一对关系出了问题，教学活动都会受到影响。因此，倡导团结互助、师生友爱的精神是班集体建设中不可忽视的一项工作，也是教学取得成效的一个重要条件。

第四，完善的设施。

班级教学活动离不开必要的教学设施，如教室、桌椅、灯具、电源、教具、媒体等等。我们认为，完善教学设施的含义是，教学设施一要符合教学卫生的要求，如教室的位置、面积、采光等要符合学生身体健康发育的要求；二是教学设施要满足教学要求。如果学生在一个教室上语音课，这个教室没有电源又没有录音机或语音机等媒体，那就谈不上设施完善。

第五，合理的布局。

教室中各种物品的摆放、信息源的处理都应具有教育性，一张桌、一把椅、一个条幅或一盆花儿放的位置应该都有某种教育含义。天津市某重点中学为了对学生进行立志发奋的教育，把一些学校早年毕业的现如今已成为院士的校友的巨幅照片和介绍张贴到墙上，这对学生是一种莫大的鼓舞和鞭策。

第六，良好的风气。

班级教学活动质量的高低与班风的好坏有着直接的关系。好的班风取决于许多因素，如师生健康向上的人生态度，敢于与不良倾向作斗争的勇气，认真负责、严谨治学的求实境界，功过分明、赏罚有度的严明规章，以及不畏艰难、勇于登攀的精神等等。树立良好的风气，要善于树立典型、宣传典型、用好典型，使好的精神发扬光大，使不良的思想没有立足之地。只有这样，好的风气才能树立起来，良好的教学秩序才能建立起来。

第七，有效的控制。

班级教学环境的建立也应是开放与闭合的统一。开放也好，闭合也好，各种各样的信息，有利的、不利的，都会进入到班级教学环境这一系统中，正确的做法是，开放时，要尽量汲取那些对教学活动有推动作用的信息，闭合时，要尽量利用那些对教学活动有促进作用的信息，这便是有效控制。在有效控制过程中，思想教育、方向引导、方法改进、奖惩措施等都对教学产生这样或那样的影响。

谈谈高效教学十借力

* * *

最近读过国外几位优秀教师谈高效教学的文章，颇有感想。笔者认为，高效教学形成因素有很多。除了准确把握教学目标，抓实抓好教学过程，合理选择教学方法，有效运用教学手段，科学进行教学评价外，教师善于借力也是重要因素。

一借幽默力。

前苏联著名生物学家和教育家格瓦列夫说，一个教师能娴熟地运用幽默的语言，可以使叙事更加具体、生动，说理更加深刻、透明，抒情更加真切、动人。可以随机应变地解决课堂教学过程中出现的各种情况，既加深学生的印象，又达到寓教于乐的境界。幽默是一种风格，也是一种智慧，更是一种力量。课堂教学中借助幽默的语言可以轻松心情，活跃气氛，使得学生爱学、乐学，从而提高学习的效率。

二借审美力。

美国优秀教师布鲁肖说，为人之师，一举一动，一言一行都会对学生起着潜移默化的教育作用。一个好的老师，不但要有渊博的知识，还应该有正确的审美观，注意自己的仪表美，学生除了向老师学习知识外，教师的仪表也时刻影响着学生的审美观的形成。仪表美是美的表现形式之一。教师讲究美的仪表不仅能够使自己在愉悦的氛围中工作，也能够使学生在愉悦的氛围中学习。

三借记忆力。

苏联著名教育家阿莫纳什维利说，如果我力图显示出自己对学生真正的爱，我就必须以最完美的形式去显示它。而这“最完美的形式”不一定要是多么激动人心的方式，更多的恰恰体现在一些似乎不经意的细节中，其中就包括新学年第一天能够叫出学生的名字。记住学生的名字看似简单，但却是教师的基本功，是教师热爱学生、关注学生、吸引学生的一种表现。令人遗憾的是，有些教师从最初接手一个班级到几年后这个班级毕业离开也记不全学生姓甚名谁，教学效果可想而知。

四借捕捉力。

日本优秀教师原田说，要捕捉学生的兴趣所在。兴趣是学习的良师益友，很好地培养学生的学习兴趣，能起到事半功倍的效果。一个人在学习兴趣的引导下学习，自觉性和创造性便会得到最大限度的激发，学习效率也会有大幅度的提高，进而就会更加热爱学习，形成一个良性循环。善于捕捉学生的兴趣，才能满足学生的心理需求和精神需求，才能有的放矢地采取措施，科学地选择教学方法，帮助学生进步。

五借挖掘力。

美国优秀教师海伦·康尔斯拉说，无论在哪些方面，教师都要尽量去挖掘学生身上的优点，鼓励他们树立信心，并给以肯定。“优点单”记录着每一位学生的优点，使每个学生看到了老师与身边同学的评价，自己恍然大悟：原来自己还有这么多本事没有发挥出来，我一定能行。教师善于挖掘学生的优点，并指导学生发扬成绩，克服不足，他们就能在学业上获得应有的发展。

六借诱导力。

苏联当代教育家苏霍姆林斯基说，循循善诱，是教育的至高境界。在每个孩子心中最隐秘的一角，都有一根独特的琴弦，拨动它就会发出特有的旋律，要使孩子的心同我们讲的话发生共鸣，我们自身就需要同孩子的心弦对准音调。但凡优秀教师都能做到循循善诱。他们深入了解学生，热情引导学生，使得学生自觉、主动、努力地前行。

七借统筹力。

美国著名教育家班杰明说，时间就是生命，作为教师，管理好自己的时间，就是在为很多人“节约生命”。能否科学地管理好自己的时间，有效地利用时间是衡量每个管理者工作成效的基本标志之一。学生能够用较少的时间掌握较多的知识是高效教学的基本特征。教师学会统筹管理时间、利用时间对高效教学有极为特殊的意义。

八借鉴赏力。

美国优秀教师斯蒂芬·布莱克曼说，让我们教师受益最多的指导，就是现场聆听老教师或同事们授课。我发现，原来一样的教学内容，竟然有那么多创新性极强、自己想都没有想过的教学方式；原来，还有如此多样而又有效的课堂管理模式……作为教师，若能学会以欣赏的眼光、研究的心态和分享的心情，坚持经常去品悟其他人的课，就有可能变被动听课为主动“品”课。从听课到品课是悟道的过程，鉴赏的过程，学习的过程，更是提升的过程。教师学会品课使得教师能够在课堂教学实践中不断总结经验，不断改进工作，不断提高教学效益。

九借研究力。

苏联优秀教师维尔霍汶尼娜说，作为一名教师，只要他走上了专业研究的道路，他就会自觉地关注自己的课堂、自己的学生，他就会对自己和教育教学工作有更深刻的认识。他体验到工作的乐趣，不会把教学看成一种单调的、乏味的、没有创造力的机械劳动。教学研究贯穿教师教学的全过程，教学目标、教学环境、教学内容、教学过程、教学方法、教学反馈、教学评价都需要研究和反思。研究和反思使得教师的专业知识得到增进，专业技能得到提升，专业思想不断成熟。

十借鼓舞力。

美国优秀教师安德森说，作为教师，我们首先要明白：心理暗示的力量的确很强大……给予学生肯定、赞扬和积极的心理暗示，会使他们变得自尊、自爱、自信、自强。如果学生感受到了来自老师这种积极的暗示，也会认为自己是最聪明的，从而增强自信心，提高对自己的要求，最终他们真的就成为了优秀的学生。学生需要暗示，需要鼓舞，适当地运用暗示和鼓舞的力量，学生就会瞄准目标，全力以赴，奋勇向前，不达目的，决不罢休。

教研思索篇

本篇汇集了著者对教师教研动机、教研内容、教研过程、教研方法、校本教研等问题的经验和看法。

100

／课

谈教师为何及如何做教科研

* * *

我们常说，“学做研”是教师专业成长的基本途径。其中，学是前提，做是基础，教科研则是保障。

一、教科研是教师专业成长的保障

教师要实现专业成长，必须做好教科研。教科研是教师专业成长的保障，这是因为教师能够在教科研中思考、改进、创新、提升、取得学术成就。

1. 教师在教科研中思考。

一般来说，教科研分为基础研究、应用研究和开发研究三种。按照专家的观点，基础研究也称理论研究，是以建立和发展理论体系、系统阐述并验证各种假设、原则、法则为最终目的的一种教育科学研究；应用研究是运用教育基础理论知识解决教育实际问题的研究；开发研究是根据基础研究和应用研究得到的成果，为实际工作者提供能够直接运用的产品的研究。教师不论是进行基础研究，还是进行应用研究，抑或是进行开发研究，都要在研究过程中选题、假设、实验、证实证伪、得出结论、写出报告或论文，其间他需要运用归纳、演绎、分析、综合等思维手段。如此揭示事物本质和规律的科学思考活动，对于教师专业成长的促进作用是任何其他活动所不能替代的。

2. 教师在教科研中改进。

教师做教科研常常是结合教育教学实际进行的。有些教学研究对教学方法的变革、对教学方式的完善、对教学措施的改进能起到非常重要的作用。比如我们在英语教学法研究中发现，功能法强调言语实践或以言语实践为主，通过听、说、读、写等言语活动培养言语技能和交际能力。强调口语，书面语言要在口语的基础上进行教学。排斥或限制运用母语，主张尽量运用外语进行教学。以句子或语段为教学的基本单位，要求先掌握整句，然后分解句子，并进行句型操练，或者先整体掌握语段，再分解成句子和词语并进行句型和语段操练，即采用综合—分析—综合的方法。这种教学法强调掌握外语，不提或忽视发展学生的智力；结构法的主张则相反，它强调语言知识（语音、词汇、语法）的讲解，讲解语言规则时用演绎法，以语言理论指导言语实践活动。重视书面语教学，特别是阅读能力的培养，或听、说、读、写并举，或围绕着阅读能力的培养，进行听、说、写的训练。依靠母语讲解语言知识和进行中外互译或对比训练，强调翻译的重要性。以词为单位，作为教学的出发点，由词、词组组成句子或文段，即采用分析—综合的方法。这种教学法重视发展学生的智力，忽视实际掌握、运用外语的能力。由此我们得出结论：两种方法各有道理，又各有偏颇。结构法和功能法各有自身优点，但也都有自身的缺陷。因此，我们采取改进了的结构功能法进行英语教学，发挥了优势，克服了劣势，提高了质量。目前我们倡导华氏结构功能法是对国外结构功能法的改造，是中国外语界同仁们长期教学实践和在教育科学研究基础上不断改进的结果。

3. **教师在教科研中创新**。

创新是教育发展的催化剂。创新来源于反思。没有反思，就没有创新。没有创新，就没有改进。没有改进，就没有发展。教科研是一种科学探索活动，是一种科学实践活动，是一种科学认识活动。在科学探索、科学实践、科学认识活动中教师需要对自己的实践和理论探索认真反思，需要认真总结其中的成败得失，然后要提出新的理论、新的理念、新的观点、新的方案、新的方法，从而不断创新教育教学和管理的理论、理念、模式、机制和方法，进而能够不断提高教育教学和管理的效率、效果、效益和效能，这也是我们进行教科研的基本目的之一。

4. **教师在教科研中提升**。

教师在教科研中不断得到锻炼，不断得到提升。其中最为重要的是，经过教科研活动，教师使得自己的科研素养得到大幅度提升。比如有的专家提出,做好教科研,教师需要提高教科研素养。教科研素养是由理论素养、能力素养和道德素养组成的。其中理论素养包括教育科研的基本理论和知识、教育科研的研究方法论和方法学、学科理论和相关学科理论；能力素养包括发现问题的能力、信息收集和处理的能力、科研规划和组织的能力、开拓创新的能力和撰写科研论文的能力；道德素养包括要求实求真、脚踏实地，要严谨治学、一丝不苟，要尊重人格、作风民主，要批判继承、大胆创新等等。教师在教育科学研究中提高自身理论素养、能力素养、道德修养的过程，也是完善自己、提升自己的过程。

5. **教师在教科研中取得学术成就**。

教师要以立德、立功、立言为自己的人生追求。通过真正的教育科研取得科研成果既是立德，也是立功，当然也是立言。我们有很多普普通通的教师，他们不甘平庸，不甘碌碌无为，热情地投入到教科研中来。他们积极探索，他们认真实践，他们在平凡的工作岗位上因为有了教科研而做出了不平凡的成绩，取得了不平凡的学术成就。他们写出了一篇篇熠熠闪光的教育教学著作，建立了一个个我们耳熟能详的教育教学和管理模式，创造了一种种大家赞不绝口的教育教学和管理方法，他们为丰富教育理论宝库做出了贡献。苏联伟大教育家苏霍姆林斯基和我国的教育改革家魏书生都曾是普通的中小学教师，但他们从一点一滴做起，因为教书育人，更因为教育科研，最后都取得了令人仰慕的学术成就。

教师专业成长需要教科研。只要教师们在教科研中不断思考、改进、创新、提升，就能够取得一定的学术成就，就一定能够促进自己的专业成长。

二、教师如何做好教科研

如上所述，教师专业成长需要做好教科研。那么什么是教科研？我们教师怎样才能做好教科研呢？

什么是教科研？仁者见仁，智者见智，众说不一。综合各家的观点，笔者认为，教科研是教师和科研人员有意识、有目的、有计划地采用科学的理论和方法对教育现象、教育问题和教育规律进行探索的认识活动和实践活动。这个定义表明，教科研是一种认识活动，也是一种实践活动；要采用科学的理论和方法去探索；是有意识、有目的、有计划地探索；研究对象是教育现象、教育问题和教育规律。

怎么做好教科研呢？我们认为，一是应该树立问题意识；二是要掌握科研方法；三是要抓好研究过程。其中，树立问题意识是做好教科研的前提，掌握科研方法是做好教科研的关键，抓好研究过程是做好教科研的保障。

1. **要树立问题意识。**

教育科研要做到“研究真问题，问题真研究”。树立问题意识，我们需要回答两个问题：一是研究什么问题？二是问题从哪里来？

一般来讲，教育科研要研究的问题有四类：一是重点问题，二是热点问题，三是难点问题，四是疑点问题。教育中的重点问题、热点问题、难点问题和疑点问题一般有两个来源：一是教育实践，二是教育理论。教育实践和教育理论中存在的这些问题都可以作为课题进行研究。但是问题的选择是有标准的。比如有人提出，发现和确立研究课题的标准是课题要有价值，有新意，有可行性。在这方面，国内外有很多专家提出过很有见地的意见。如安德生（G. Anderson）将好的问题特征归纳为如下十条：问题能被清晰准确地表述；问题能概括与研究有关的一系列具体问题；问题具有理论背景；问题与一个或多个学术研究领域相关；问题具有一定的研究文献供参考；问题具有潜在的意义和重要性；问题能在一定的时间和经费范围内完成；能够获得或收集到足够的资料；研究者采用的方法适合于这个问题；问题是新的，还没有充分满意的答案。安德生的理论比较具体，可以为我们发现和确立研究课题提供参考。

2. 要掌握科研方法。

科研方法很重要。方法正确，事半功倍。方法不当，则事倍功半，甚至徒劳无功。选择科研方法要依据研究的目的、任务而定。

教科研具体的方法有很多，比如我们可以采取文献研究法（也称历史文献法，是搜集和分析研究现存的有关文献资料，从中选取信息，以达到某种调查研究目的的方法）、历史研究法（是运用历史资料，按照历史发展的顺序对过去事件进行研究的方法）、校本研究法（是以校为本的研究方法）、人种志研究法（是研究者与研究对象在交互作用下进行实地调查研究的方法）、相关研究法（是证明两个变量之间是否存在相关性并说明其性质的研究方法）、调查研究法（是通过考察了解客观情况直接获取有关资料，并对这些资料进行分析的研究方法）、实验研究法（是通过控制和操纵一个或多个自变量并观察因变量相应变化以检验假设的研究方法）、行动研究法（是以实践中的实践者为主体，以实践者在实践中遇到的问题为课题，在实践中解决问题并为了改进实践的一种研究活动）、作品分析研究法（是对诸如作业、作文、笔记、模型、手工制品等活动产品进行分析的方法）、个案研究法（是对某一个体、某一群体或某一组织在较长时间里连续进行调查，从而研究其行为发展变化的全过程的方法，也称案例研究法）、教育叙事研究法（是以叙事的方式开展教育研究的方法）等。

我们注意到，每种科研方法都有一定的作用和要求。比如个案研究，有专家提出应该把握个案研究对象的特征：在某方面是否具有显著的行为表现；与这方面有关的某些测量评价指标是否与众不同；教师和家长等主要关系人是否都有类似的印象和评价等等。在此基础上可以采取追踪法、追因法或临床法进行研究。再比如教育叙事研究，有专家提出首先要把握其特征：它是一种质的研究方法，是教育行动研究的具体表现形式之一；是一种事实性、情境性、过程性的研究；是一种反思性研究。在此基础上，他建议研究者要勤于习、敏于事、善于思、得于法。

3. 要抓好研究过程。

教育科学研究要取得成效，需要抓实每一个研究环节，这样才能抓好整个研究过程。

研究过程除课题选择和确立外还包括课题论证、课题研究、课题结论、课题研究成果报告提交和课题评估结题等环节。

课题论证主要关注研究的主题和目的、课题的价值和意义、课题的研究条件、事先制定的研究方案、过程分析和成果预测。课题论证通过以后，要开展课题研究。课题研究采用不同的研究方法有不同的过程要求。胡适提出学术研究要“大胆假设，小心求证”，这特别适用于实验研究。有专家提出实验研究应有如下要求：一是实验设计要符合基本的道德准则；二是必须确定实验的自变量；三是自变量的确定必须以研究的目的和假设为依据；四是明确评价因变量的指标；五是严格控制无关变量；六是教育实验要反复进行；七是实验研究与其他研究方法要综合运用。经过课题研究，要形成研究结论。按照胡适“勤、谨、和、缓”的要求，要谨慎对待研究结论。要反复核实，反复比对，反复斟酌，反复思考，形成科学合理、事实求事的研究结论。研究结论形成以后，要按照要求和规范撰写好实验报告或论文，提交有关部门接受评估，予以结题。对专家组评估意见，要认真对待，认真思考，必要时应予适当补充，适当修正。

总之，教师专业成长需要教科研。教科研工作需要教师和科研人员树立问题意识，正确选择方法，抓好研究过程。只有做到这几点，教科研工作才能够取得实效。

要重视四法研究

* * *

我们在探讨高效教学时不能回避的一个非常重要的研究是方法的研究。实际上，高效教学研究涉及教法、学法、管法和考法的研究。

首先是教法研究。

教法，顾名思义是教的方法。如何教才更有效？从传统教学意义上讨论，要从如何备课、如何授课、如何指导练习、如何辅导学生、如何评价学生说起。

看一个老师备课情况如何，判断的标准就是要符合学情。要备学生的知识基础，要备学生的发展潜力，要备学生的最近发展区。只有这样，教学才能目标明确，目的正确。看一个教师授课情况如何，判断的标准是学生通过教学能否获得最大的发展。智力因素中注意力、观察力、想象力、记忆力、思维力得到提高，非智力因素中的兴趣、爱好、毅力、个性得到培养是教学的最终目的。看一个教师指导练习情况如何，判断的标准是学生能否通过练习巩固知识、扩展知识。学生应该通过练习巩固学过的知识，并通过自己的思考扩展知识。看一个教师辅导学生情况如何，判断的标准是解疑效果如何，释疑效果如何。通过教师的辅导，要解答和释除学生学业中的疑惑，使得学生分析问题、解决问题的能力得到提高。看一个教师评价学生情况如何，判断的标准是评价是否科学、全面、系统，要看评价之后救助、矫正是否到位。科学、全面、系统的评价是基础，考核评价之后的救助、矫正是真正目的所在。

其次是学法研究。

学法，指学生学的方法。教学是师生双边的活动，不仅涉及教师的教，还涉及学生的学。教师的教是为了学生的学，因此要研究学法。从课堂角度讲，学生的学包括如何听课，如何笔记，如何提问，如何思考，如何记忆，如何作业等等。

一般来讲，学生听课应该专心致志，聚精会神，抓住重点，突破难点。学生带着问题听课效果要好。这要求学生事先应该做好预习，要先弄清所学章节哪一部分是重点，哪一部分是难点。课堂笔记是反映学生会否学习的一个重要标志。课堂笔记要条分缕析，梳理有序，该简则简，该繁则繁。做到这一点，需要对教师所讲内容进行分析加工，在此基础上做出梳理和整理。课堂提问尤为重要。会学习的学生会提问，标志是提问的水平高、质量高。要做到一般性问题不提，肤浅性问题不提，靠工具书能检索到的问题不提。课堂思考是学会知识、培养能力的关键。要充分运用分析、综合、概括、归纳、演绎等方式方法，提高思维能力。记忆是学习的基础，记忆好坏的标志是单位时间记忆容量的多少和保持记忆时间的长短。学生记忆能力各不相同，记忆能力有先天遗传因素影响，也有后天锻炼养成影响。教师应该指导学生如何记忆，学生应该自我总结改进。作业是巩固知识、扩展知识、深化知识的一个重要环节。作业质量的好坏决定着学生学习效率的高低和学习水平的高低，因此，教师对学生作业应该高标准，严要求，既要有量的要求，又要有质的要求。

再次是管法研究。

管法，指课堂管理的方法。我们要思考的第一个问题是，课堂教学需要不需要管？我们说，课堂需要管。第二个问题，课堂需要管什么？我们认为，课堂第一需要管秩序，第二需要管气氛，第三需要管节奏，第四需要管效果。

要管秩序：课堂秩序混乱，教学无法正常进行，教学效率就会大打折扣。管秩序，不是一味严厉，一味约束，应该用科学的管理方法来稳定秩序。要管气氛：课堂死气沉沉和群情激昂是课堂气氛的两个极端，这样的气氛对于提高教学的效率都是不利的。教师需要用高超的管理艺术来调节课堂气氛。要管课堂节奏：课堂节奏应该是快慢相间、舒缓有致的。讲课的速度或进度要依据教学内容难度和学生接受情况而定。当教学内容浅显、学生基础好时，教学节奏可以加快。当教学内容较难、学生基础不好时，教学节奏应该放缓。要管效果：教学效果是教学投入和产出的比。当教学投入大于产出的时候，这是低效教学。当教学投入小于或大大小于产出的时候，这是有效教学或高效教学。课堂上，要考量投入和产出比。不计成本的教学不是我们期待的教学。

最后是考法研究。

考法，指考核学生成绩的方法。谈起考法，我们应该考虑这样一个问题：考核应该把握什么原则？我们认为，考核应该做到四个统一。

第一，考核应达到目的、过程和效果的统一。教学目的是教学活动的出发点，然而并不是每一个教学目的都能取得预期的效果，这在某种程度上要看过程实施的质量。我们对教学评价时，不仅要看教学目的，也要看教学过程，还要看教学效果，而绝不能单打一。

第二，考核应达到主导、主体、主线的统一。我们的考核应该是既看教师表现得如何，又看学生表现得如何，同时还要看教学目标操纵得如何，非如此，教学效果就无从谈起，而且也将会对教学产生不良的作用。

第三，考核要达到个体、全体、全面的统一。教学中个体与全体、全体与全面的关系把握问题一直是一个非常棘手的问题。能否达到个体、全体、全面的有机统一是衡量一所学校、一位教师、一堂课水平高低的一个重要标准。考核必须综合考虑，不仅要看个体发展如何，还要看全体发展怎样，同时还要对每一位学生是否都获得了全面发展做出评价。

第四，考核要达到学生现实发展、中期发展和长远发展的统一。学生的发展尤其是能力发展大致可分为近期、中期、远期三个阶段。考核不仅要注重学生现实的发展能力，还要注重其在不远的将来以及在相对较长时间的未来的发展能力，即应对其潜在的学习能力做出预测和引导。

综上，研究高效教学，教法、学法、管法和考法研究不可或缺。只要我们认真研究，认真实践，认真改进，高效教学就能够在一定程度上得到实现。

说说校本教研的关键

* * *

校本教研对于推动学校工作具有重要的作用。近些年，校本教研成了学校乃至媒体上的一个热词。

校本教研，顾名思义是以校为本的教学研究。校本教研有着常规教科研不一样的意义、地位和作用。有专家指出，校本教研是以学校为基地，以学校内教育教学实践中的实际问题为研究内容，以教师为研究主体，以促进师生共同发展为研究目的所开展的教育教学研究活动。

专家强调，校本教研涉及三个重要概念，一是“为了学校”，二是“在学校中”，三是“基于学校”，这些概念非常准确、精辟、有道理。

其中“为了学校”，是说校本教研的目的是为了提高学校教育教学质量，提高学校的办学层次，提高教师的专业化水平；“在学校中”，是说校本教研的主体是教师，研究的过程是教师的教育教学实践，是教师对自身的教育活动和课堂实践不断地加以反思、改进，以便提高教育教学质量；“基于学校”，说的是校本教研的基点是学校，研究要植根于本校的教育教学实践，以本校教师教育教学中出现的问题为出发点，解决现实存在的问题。

这种为了学校、在学校中、基于学校的校本教研是以解决问题为鹄的的，在研究中，关键是要做到：研究真问题，问题真研究。但如何才能做到“研究真问题，问题真研究”呢？

一、要研究真问题

什么是教育教学中的真问题？我们认为就是教育教学中真实存在亟待解决的问题。如下列出的这些问题都应该是真问题：

一是我们在办学过程中应该树立什么样的教育教学思想和管理思想，也就是我们应该按照怎样的教育教学思想与管理思想来确定办学方向和管理学校。人们常说，有了正确的教育教学思想和管理思想，学校发展、教师发展、学生发展才能走上快车道和绿色通道。教育教学和管理思想问题是学校办学中的一个顶层问题，也是一个现实问题，应该努力研究，认真分析，并应该全力解决好。

二是班级管理应该采取哪些行之有效的方法。班级是学校的细胞单元，班级管理好了，学校总体水平就会有提高。我们认为，班级管理是有规律可循的，要遵循受约律、适应律和协调律三个基本规律。在此基础上，还要采取一些有效的管理方法，比如，我们的班级管理可以采取目标法、计划法、激励法、批评法、表扬法、督促法、鼓动法、法规法等不同的方法。掌握了这些方法并且对这些方法不断加以改进，班级管理就会收到实效。

三是教学应该采取什么样的教法、学法、管法、考法。教法、学法、管法、考法是提高教学效率的关键。不同的教师，其教法、学法、管法、考法也不尽相同，因此效果也有所不同。有经验的老师会不断调整和改进四法，其实这就是教学上的创新和变革。

这样的创新和变革往往使得教学能够收到更好的效果，往往都能推动课堂教学登上一个新台阶。

四是教育教学如何评价才科学合理。教育教学评价是教育教学过程中很重要的一个环节。教育教学评价是一种评判，一种引领，一种肯定，一种激励，是推动教育教学发展的原动力。因此，要做到：评有标准，评有方向，评有鉴别，评有动力。一般来讲，评价科学，评价合理，就能调动干部、师生的积极性，学校教育教学就会向正确积极的方向发展。

二、要问题真研究

什么是问题真研究？问题真研究是指我们在研究问题时应该采取实事求是的态度，通过研究求得实效。

一是研究问题不能漫无目的。

校本教研是以研究学校教育教学教研和管理当中的问题为主要任务的，一般具有很强的方向性和针对性。漫无目的的研究不会有高质量的研究成果，也不会产生良好的教育教学教研和管理效益。因此，研究要明确方向，明确目的，明确任务，务求实效。

二是研究问题不能只走形式。

研究问题以分析问题、解决问题为目标，因此，分析、研究问题绝对不能摆花架子，绝对不能走过场。目前有的学校校本研究只是个口号，只是个招牌，只是个摆设，人员、时间、场地、问题、过程不落实，研究很难取得成效。所以，校本教研需要订实计划，落实人员，抓实环节，切实做到每一个问题都研有结论，研有成果。

三是研究问题不能大而化之。

校本研究中的问题一般不是宏观的大理论问题，很多都是微观或者中观的具体的实践问题。研究中“理论要上天，实践又要落地”，这里的“理论上天”是指研究中应该注重教育教学和管理理论的指导，“实践落地”是指问题不能虚化，不能泛化，要限定边界，框定主旨，使问题得到充分分析、有效解决。

总之，研究真问题，问题真研究是校本研究的关键。只要我们认真坚持这个原则，校本研究就一定能够促进学校办学质量和办学水平的提高。

校本教研要抓好过程

* * *

校本教研是以学校为本的教研，由于其基于学校基于实际问题的特性，我们若真能把校本教研抓好，真正坚持科研立校，会对学校发展、教师发展和学生发展起到一定的促进作用。然而，从目前情况看，全国校本教研的现状不容乐观。不少学校在这项工作上雷声大雨点小，表面上轰轰烈烈，实质上是花拳绣腿，实际效果不那么尽如人意。分析起来看，最大的问题还是没有完全抓实校本教研的过程。要提高校本教研的效益，应该做好如下工作：

第一，筛选确定问题。

要认真梳理学校教育教学和管理中的问题，做到抓大放小，去伪存真，筛选确定真正需要研究的问题。我们认为，真正需要研究的问题有四个：一是教育教学管理甚至教研本身真正存在的问题；二是真正影响学校教育教学和管理的问题；三是真正有价值有意义有作用的问题；四是真正在研究过程中能够使教师获得专业发展的问题。

第二，自领分配任务。

问题筛选确定后，一些与教育教学管理目标、过程、内容、方法、评价有直接关系的、比较简单或独立的问题，要鼓励干部和教师主动请缨，自领任务。而一些比较复杂、比较综合性的问题需要学校指定分配给教研组、学科组或其他有能力承担此项任务的人员负责。自领任务、分配任务因事制宜、因人制宜，契合度高，研究效果会更好。

第三，成立研究小组。

自领任务、分配任务后，需要协同研究、合作研究、联合攻关的课题应成立攻关小组。课题应有开题过程。开题的过程也是一个集思广益、统一思想的过程。开题过程中要确定任务目标、人员分工、时间进度、成果呈现方式等。成立攻关小组一要注意职能相称以取得研究效益，二要注重研究过程中人的培养，使校本研究过程成为教师专业成长的过程。

第四，选择研究方法。

对于选择的课题要认真进行分析，根据需要应选择不同的研究方法，如观察的方法、问卷的方法、调查的方法、座谈的方法、实验的方法、对比的方法、统计的方法、文献的方法等。研究方法的选择要注意科学性、可操作性、有效性和高效性。

第五，攻克研究难点。

任何一个研究过程都有难点。遇到难点时，一要引导我们的教师做到百折不挠，迎难而上。其实，突破难点的过程对我们教师而言，恰恰是获得专业成长难得的机遇，同时也是我们教师专业成长最迅速的时期。二要帮助我们的教师研究突破的方法和解决的办法。其中最重要的一点就是要注重创新。要创新研究思路，创新研究方法，创新研究手段，不断提升研究的效益。

第六，督控研究进度。

在研究的过程中课题牵头人或总负责人应该不断检查、督促教师按照节点完成研究进度。不仅要通过中期成果汇报了解掌握进度，还要通过日常观察以及核查了解掌握进度。对于研究进度快的，要督促其精益求精，改进质量。对于进度慢的，要督促其改进方法，加快进度。研究进度要为研究质量服务。为顺利推进研究，保证研究进度，课题负责人应做到宏观控制，统筹兼顾。

第七，汇报研究成果。

课题研究成果通常是以论文或专著的形式呈现。不论是什么样的形式，都应该组织一定范围的成果汇报会。汇报会要明确主持人、汇报人、专家参加人、教师参加人、课题组教师参加人。成果汇报、展示后，专家和教师要有点评、发言的环节。大家可以畅所欲言，肯定成绩，指出不足。会后课题组应该综合分析大家的意见和建议，修改成果报告，完善结题报告。

第八，交流推广成果。

一个课题研究完成以后，为使成果效益最大化，使更多的教师受益，应该在一定的范围内公开、展示、宣传、推广成果。对于有重要理论价值的成果，应向媒体和上级教育研究机构推介。对于有重要实践价值的成果应在学校学科内部和跨学科间进行交流推广。交流推广的过程也是课题研究深化的过程和课题进一步完善的过程。

总之，要提高校本教研的效益，需要抓好研究过程。只要方向对头，抓住过程，注重细节，研究的效果就一定会有保障。

学校管理篇

本篇辑录了著者对管理思想、管理过程、管理方法、管理技巧、管理评价等问题的想法、做法和说法。

100

／课

学校管理的三重境界

* * *

我们谈到学校管理时，无法回避的两个字是“责任”。什么是责任呢？查《新华字典》可知，责任（duty，responsibility，obligation），是指分内的事。校长们管理学校，就是一种责任认同和责任担当。学校管理方式不同，方法多样，模式各异。笔者认为，单从责任层面来看，学校管理大致有三重境界。

第一重境界：管理是让被管理者人人必须尽责。

学校中的每个人都应该有明确的岗位、明确的任务和明确的职责。因此，人人有责，人人尽责，人人高效尽责是基本要求。

要让教职员工人人必须尽责，我们应该注重依法治校，注重目标达成，注重过程监测，注重效率提高。比如有的学校实行“五三四”管理模式：（1）五定：人定岗、岗定责、责定绩、绩定分、分定奖。（2）三管：目标管理、过程管理、考核管理。（3）四有：有章可遵、有序可循、有法可取、有效可鉴。实际上这个模式是“目标过程效果考核”的管理模式，管理中达到了人人必须尽责的目的。

“目标过程效果考核”模式以科层管理理论以及科学管理理

论为理论支撑，它强调目标制定、责任落实、绩效考核、激励鞭策。这种模式对于提高员工的责任感有实际意义，对于基础薄弱的学校短时期内迅速提升办学水平和质量有很重要的作用，有的学校受益良多。但是，我们清醒地认识到，任务第一、责任第一、绩效第一的评价机制容易造成职业倦怠。因而，我们的管理需要第二重境界。

第二重境界：管理是让被管理者人人主动尽责。

学校中的人不是单纯的经济人、工具人，最主要的还是社会人。他们处于一定的自然环境和社会环境中。人际关系、人际环境、人际氛围是我们学校管理工作中需要高度关注的。良好的人际关系是生产力。研究人际关系，特别是研究人的行为活动规律尤为重要。

要让学校管理达到第二重境界，使每个人都能主动尽责，我们可以借鉴行为科学理论中的社会人理论、士气理论、非正式群体理论、人际关系型领导者理论，注重营造良好的人际氛围，注意鼓动教职员工的士气，关注非正式群体的动态和意见，重视发挥人际关系在领导过程中的作用。

陈孝彬教授指出，行为科学管理理论的核心内容是激励。在管理过程中，要强调人的主观能动性，增强自我激励、自我调控、自我完善的能力。教育管理者要学会激励大家的工作热情、事业心；要为每个教职员工知识、才能的发挥创造机会和条件；要加强组织内部的团结，消除人与人之间的矛盾和冲突；要帮助教职工冲出“误区”，走出“低谷”，扫除一切困惑和苦恼。教育管理者还要善于分析、研究教职工，改善学校内外的人际关系，增强群体意识和组织的凝聚力，不断扩大领导集体的影响力。

要达到第二重境界，使每一位教职员工主动尽责，学校就要充分调动大家工作的主动性和积极性，激励大家和谐相处，精诚合作，比先争优，敢创一流。比如有的学校长期开展“五子工程”，即高度重视为师生员工专业成长搭台子、立梯子、抬轿子、竖牌子、吹号子。实际上，“五子工程”具有行为科学管理的元素，它营造了一个激励“人人积极向上，人人和谐进取，人人争创一流”的良好氛围，学校办学有理想、有活力、有成就、有影响就不足为怪了。然而，此后要让员工保持不竭的动力和不懈的努力，还需要进入更高一重境界。

第三重境界：管理是让被管理者人人快乐尽责。

按照马斯洛需求层次理论，个体成长发展的内在力量是动机。而动机是由多种不同性质的需要所组成，各种需要之间，有先后顺序与高低层次之分；每一层次的需要与满足，将决定个体人格发展的境界或程度。马斯洛认为，人类的需要是分层次的，由低到高。它们是：生理需求、安全需求、爱与归属需求、尊重需求、自我实现需求。

也就是说，自我实现的需要是最高等级的需要。满足这种需要就要求完成与自己能力相称的工作，充分发挥自己的潜在能力。有自我实现需要的人，在竭尽所能，使自己趋于完美。自我实现意味着充分地、活跃地、忘我地、集中全力、全神贯注地体验生活。

马斯洛认为：在人自我实现的创造性过程中，产生出一种所谓的“高峰体验”的情感，这个时候是人处于最激荡人心的时刻，是人的存在的最高、最完美、最和谐的状态，这时的人具有一种欣喜若狂、如醉如痴、销魂的感觉。

我们认为，学校管理只有让师生员工自我实现的愿望越来越强烈，他们才会认真履责，喜不自禁。这应该是教育管理的最高境界。有的学校为了鼓励教师和学生自我实现,倡导教师“三立”，即立德、立功、立言；期待学生“三成”，即成长、成功、成就。“三立”与“三成”显然是希望教师和学生有自我实现的高峰体验。虽然在某种程度上说，它是一种理想，一种期望，甚至是一种愿景，却能让师生充分体会到自我实现的无与伦比的人生快乐。

综上，学校管理有三重境界。人人必须尽责强调责任感，人人主动尽责强调使命感，人人快乐尽责强调成就感。学校管理达到了第一重境界，大家都尽责，管理者和被管理者就会有效率，有效率，管理就会出业绩；学校管理达到了第二重境界，大家都主动尽责，管理者和被管理者工作就会有激情，有激情，管理就会有奇迹；学校管理达到了第三重境界，大家都快乐尽责，管理者和被管理者工作就会有幸福，有幸福，管理才能有目的达成。毫无疑问，让管理者和被管理者感到幸福应该是管理的最高境界。

学校高效管理“中心论”

* * *

学校是教育人、培养人的场所。人教育得如何、培养得如何很大程度上取决于学校管理是否高效。要实现学校管理的高效率，我们应该做有目标、干有方向，应该围绕一个中心开展工作。我们提出学校高效管理的策略是：一切工作以教学为中心，教学工作以课堂教学为中心，课堂教学以教和学为中心，教和学以学生的学为中心，学生的学以学生的发展为中心，学生的发展以学生幸福快乐为中心。

一、学校一切工作以教学为中心

学校工作千头万绪，涉及人、财、物、事、时间、空间、信息。在学校管理过程中，校长和其他管理者不能忽略其中任何一个元素。学校管理是一个系统工程，中心是要抓好教学工作。具体来说，就是要抓好德育、智育、体育、美育和劳动技术教育。提高教学水平，提高教学质量是每所学校的主题、主旨、主线和主要目标。

坚持教学中心要求党政工团齐抓共管，围绕一个主题，坚持一个主旨，抓住一条主线，为了一个共同目标，坚持不懈地抓下去。凡是在这方面做得好的，学校就兴旺发达，社会认可度就高，人民满意度就高。历史的经验表明：任何学校、任何人、任何时候管理工作中偏离了教学这个中心就会出现失误，就会使学校发展、教师发展、学生发展遭受损失。吸取历史的教训，学校要牢牢抓住教学这个中心不动摇。

二、教学以课堂教学为中心

课堂教学是学校德、智、体诸育的主渠道，是教师和学生发展的主阵地，是提高学校教育教学质量的主要平台。任何一所学校要办出质量、办出水平、办出成绩、办出影响，首先要抓好课堂教学，抓好课堂 45 分钟的效率，抓好课堂每个教学环节的效益。提高课堂教学水平、提高课堂教学质量是学校的中心任务。

教学工作以课堂教学为中心，就要全力以赴、心无旁骛地抓好课堂教学，要全面优化课堂教学，要优化教学思想，优化教学目标，优化教学过程，优化教学方法，优化教学研究。为此，教师要做好备课、上课、辅导学生、批改作业、学业考核等工作。

三、课堂教学以教和学为中心

教学是教师和学生的双边活动。我们应该紧紧依靠师生，充分发挥教师和学生两个方面的积极性，调动教师和学生两个方面的主动性和自觉性，使得课堂教学活动成为师生教学相长、相互促进、快乐成长、增长智慧的过程。

课堂教学以教和学为中心，就要充分发挥教师的主导作用，发挥学生的主体作用。教师在课堂教学中发挥着领导者、组织者、协调者、疏导者的作用，学生在课堂教学中则是接受者、参与者、体验者、成长者。课堂教学中，不能忽略教和学任何一方的作用，厚此薄彼会使课堂教学质量大打折扣。

四、教和学以学生的学为中心

教学活动以师生合作、师生互动为主要形式，但教学归根到底是为学生的学服务的。教学是特殊的认识活动，首先是主体性的认识活动。从一定程度上讲，没有学生的学，没有学生主动的学，教学就失去了本来的意义，教育也失去了自身应有的意义。

教和学以学为中心，就要注意激发学生学习的动机，培养学生学习的兴趣，训练学生学习的方法，改进学生学习的方式，提高学生学习的效率，提升学生学习的质量和水平。我们注意到，凡是在这方面做得好的学校，都是教学质量提高比较快、教学水平比较高、学生未来发展比较好的学校。

五、学生的学以学生的发展为中心

学生学习不为别的，是为了他们自身的发展，因此，学习要为自身发展服务。我们这里所说的学生发展有两层含义：一是学生心理的发展和完善；二是学生身体的发育和健康。心理的发展和完善以及身体的发育和健康是学生发展的重要标志，也是教学的主要目的。

一般来讲，学生心理发展和完善一要注意学生的注意力、观察力、记忆力、想象力、思维力等智力因素的培养，还要十分注意培养学生的情感，要让学生有理想，有兴趣，有爱好，有意志，有个性。要通过学习掌握生理知识、卫生知识和体育知识，借以养成良好的饮食和作息习惯，借助科学的体育锻炼和体育活动保证学生身体的发育和健康。

六、学生的发展以学生幸福快乐为中心

我们认为，学生发展绝对不是“单纯为了发展而发展”。学生的发展是以幸福快乐为鹄的的。学生的幸福快乐从何而来？它来自学生成长的喜悦、成功的欢愉和成就的陶醉之中。

我们认为，对于学生而言，成长是指学生正在朝着自己既定的发展目标迈进的过程。他或她通过自己的努力，感觉到自己正在取得进展，正在取得进步，正在取得成绩，这是一种真正的成长，学生自然喜悦非常。成功则是指学生在成长的过程中实现了某个或某几个阶段性的学业目标或工作目标的过程。他或她有了某种目标达成，有了某种期待的实现，就会感到欢欣鼓舞。成就则是指学生在取得了成长、成功以后做出了更大的成绩、得到了学界的认可和肯定、产生了一定社会影响的过程。成就感是个人自我实现的最高表现形式，往往使得学生焕发无穷的奋进动力，也往往使学生欣喜若狂、陶醉其中。

总之，学校管理有一定的规律。努力坚持一个中心就会使学校管理有序高效，就会使得学校发展、教师发展、学生发展达到一个新的高度。

校长管理工作中的“五个三”

* * *

笔者在学校曾做过副校长、校长七年。近来结合对学校的管理工作，读了一些有关的理论专著，对于如何搞好学校的管理有了一些理性思考，我总结为三政、三建、三看、三控和三思。

一、三政

陶行知说，做一个校长谈何容易！说得小些，他关乎千百人的学业前途，说得大些，他关乎国家和学术的兴衰。

校长是学校的行政首长。有人说有什么样的校长就有什么样的学校。可见校长对促进学校发展有多么重要。那么校长怎样才能作到正确行政，既要干活，又要干净，还要干好呢？

我认为答案很简单：勤政、廉政、智政。

一曰勤政。校长要在其位，谋其政，想实招，求发展，不误事，要干活。

二曰廉政。“其身正，不令而行；其身不正，虽令不从。”“公生明，廉生威。”作为老师的老师，校长应学为人师，行为世范。管理工作中政令要通，人必干净。

三曰智政。勤政为民，廉政为公，但要促进学校和谐、健康、可持续发展还需要科学执政，这便是智政。智政需要集思广益、科学决策。

一个现代的合格的校长不仅应做到勤政、廉政，更要做到智政。勤政是基础，廉政是保证，智政则是关键。

二、三建

校长的工作千头万绪，重点应该抓什么？

我对校长们说：三个建设不能松。

一曰队伍建设。全面贯彻教育方针，全面推进素质教育，全面提高教育教学质量首先取决于一支德才兼备和乐于奉献的干部队伍和教师队伍。一个学校事业型的干部和教师多些，职业型和雇佣型的干部和教师少些是学校兴旺发达的基础。队伍建设一要抓好引进，二要抓好培养。

二曰设施建设。要制订好学校发展规划，积极创造条件改善学校的教育教学设施，不断提升学校的教育教学设施现代化水平，设施建设要经济、实用、现代、高效。设施建设一靠投入，二靠管理，关键是要发挥现有设施的效能。

三曰机制建设。有了队伍，有了设施，学校工作不一定就上了水平。君不见有的学校名师不少，大楼伟岸，却缺了教育中应有的大气。一所学校要办出水平需要大师、大楼，更需要大气，这其中机制起着重要的作用。机制是一种文化，是物质文化、精神文化和制度文化相结合的产物。要通过机制建设达到两个目的：一是优者得到激励，二是差者得到鞭策。

三、三看

学校不能独立于社会而存在。一个成功的校长不仅应是个教育家，还应该是一个政治家、经济学家、金融学家、社会活动家等。在中国，做一个校长很难，做一个成功的校长更难。

学校要发展，校长要三看。

一曰看上。即要看上级对学校的要求，诸如贯彻教育方针、推进素质教育、坚持全面发展等是学校办学必须全力以赴的，这是国家发展对教育的要求，也是人的发展对教育的要求。

二曰看己。即对照上级对学校的要求看自己有什么优势，有什么劣势，要发挥优势，克服劣势，调动一切可以调动的力量，利用一切可以利用的资源，完成上级赋予自己的任务。

三曰看下。即要看师生的情绪和需要，要分析形势，因势利导，明确目标，分解任务，“千斤重担大家挑，人人头上有指标”，干群一致，上下同欲，共同完成学校的教育教学工作。

学校管理工作中不看上会失去方向，不能赢得支持；不看下会失掉群众基础，不能赢得理解；不看己会迷失自我，学校很难办出特色。因此，一个成功的校长在管理工作中应看上、看己、看下。

四、三控

学校管理的对象有人、财、物、事、时间、空间、信息等等。管理的方法有思想教育的方法，经济的方法，行政的方法，法律的方法，学术的方法，综合的方法等等。管理的过程包含计划、实施、检查、评估、总结等等。管理要出成效需要考虑管理对象、管理方法和管理过程，关键是要做到三控。

一曰控首。要做好教育、教学、教研管理的计划，“预则立，不预则废”，“良好的开端是成功的一半”，控首能够保证学校做有目标，做有方向。

二曰控中。要抓好每个环节的工作，抓好每个工作的细节。环节决定成效，细节决定成败。曾有一位校长担心自己的工作做不好，我跟他说，方向对头，过程抓住了，细节没疏忽，效果错不了。

三曰控尾。学校工作善始善终是很重要的，因为一个工作过程的结束也是另一个工作过程的开始。管理工作中虎头蛇尾是要不得的，这不仅是个工作作风问题，更是一个工作方法问题。工作中虎头蛇尾还会造成功亏一篑的不良后果，有的学校或领导为此吃了苦头，因此一个有经验的校长在管理工作中不仅应能做到控首、控中，还要做到控尾。

五、三思

俗语说“三思而后行”。三思，对于学校管理创新尤为重要。三思在这里是指思前、思今，思后。

一曰思前。即一个工作过程结束后要认真思考前一段的工作思路、措施和方法哪些是成功的，哪些是失败的，哪些是应该坚持的，哪些是应该改进的，哪些是应该摒弃的。管理工作既应做事也应究理，这种反思是创新的动力，也是提高学校管理水平必不可少的。

二曰思今。管理工作要面对现实。要考虑社情、校情、教情、学情。学校要满足社会需要，制订建设和发展措施，提升教师队伍素质，激发学生学习积极性，促进学生身心发展，全面提高教育教学质量。思考今天，才能创造佳绩，也才能超越过去。

三曰思后。教育是面对现实的事业，更是面对未来的事业。我们谈学校发展、教师发展和学生发展都是一种未来的或然，一种假定，一种可能性。学校、教师、学生可能是这样发展，也可能是那样发展。因此思后显得极为重要。学校要制订近期和远期的发展计划和规划，教师要有可以操作的职业生涯设计，学生要有切实可行的培养方案。只有这样，学校发展、教师发展和学生发展才能落在实处。

综上，学校管理做到“五个三”，学校才能有大楼、大师、大气，才能有实力，有潜力，有发展。做到“五个三”，需要我们十分的投入和百倍的努力。

学校管理中的想法、做法和说法

* * *

大家知道,学校管理有很多种方法。我们认为,多种方法中“三法”最为重要。哪三法?就是想法、做法和说法。

首先是想法。

学校办学归根到底是要促进学校、教师和学生三位一体共同发展。作为校长，首要的事情是应该想一想学校、教师和学生有什么样的发展目标，应该朝着哪个方向努力。因此，要制定好相应发展规划。

第一，要制订好学校的发展规划。

学校要按照党和国家的教育方针办学，要按照素质教育要求办学。学校若要办出自己的特色和影响，就要制定好发展规划。发展规划中要详细制定学校队伍建设、设施建设和机制建设的目标和措施。一个科学的学校发展规划能够使得学校办学思想正确，办学目标明确，办学特色鲜明，保证师生在教育教学和管理中能够做有目标，做有方向。

第二，要制订好教师的发展规划。

学校的办学质量和办学水平高低关键在于教师的素质如何。

教师的素质决定着学校能否办出层次，办出影响。因此，我们要高度重视教师发展规划的制订。教师发展规划要列出教师专业发展规划，包括学、做、研的规划即学习规划、实践规划、研究规划，要有近期阶段性要求和长远的目标发展要求。

第三，要制订好学生的发展规划。

学校发展、教师发展归根到底还是为学生发展服务的。制订好学生发展规划对于全体学生的发展至关重要。规划中要对学生德育、智育、体育、美育、劳动技术教育和心理教育有明确的目标要求和内容要求，使得学生通过教育真正做到德有所立、智有所启、体有所健、美有所养、心有所向，真正使得学生全面和谐健康发展。

其次是做法。

作为校长，只有想法还是不够的。想法必须付诸行动才能产生效果。要让想法付诸实施，取得效果，就要科学地落实发展规划，这就要求有科学的做法。

第一，要积极宣传规划。

各类规划制定出来以后，不能束之高阁而不施行。实施规划之前，要通过不同渠道、不同方式、不同途径、不同手段、不同方法积极宣传规划，使规划中的目标和措施成为大家的共识。宣传规划的过程其实也是统一思想和思想动员的过程。通过宣传使规划变成干部和师生行动的动力。

第二，要认真落实规划。

规划只是纸上谈兵是没有效果的。要层层抓好落实。学校要帮助和督促师生实施好发展规划，按照规划要求，做好每一项工作。落实规划需要严、细、实的工作态度和精神。不松垮，不马虎，不浮夸，把规划目标落实到位，把三位一体的发展任务完成好。

第三，要科学评估规划。

规划实施以后，要分阶段并定期对规划实施情况做出科学评估。要评估规划的科学性、适用性、实效性，要评估学校、教师、学生发展规划实施情况，要评估其发展水平是否达到阶段要求和总体要求。

最后是说法。

规划实施后，要认真总结经验和教训，形成一定的说法，通过个体传播和媒体传播的方式向大家说说自己的观点和思考，一方面为他人提供借鉴，另一方面提升发展规划的效益。

第一，说说规划是如何实现的。

为实施好学校发展规划、教师发展规划和学生发展规划，我们曾经开动脑筋想办法。在规划的制订、宣传、落实、评估过程中，校长、教师、学生积极主动、群策群力、互相激励、集思广益，干部、教师、学生得到不同程度的发展和提高，学校办学水平和办学质量得到提升，规划实施的过程中每个程序、每个环节、每个节点、每个细节都是可以形成一个科学的理论加以传播的。

第二，说说其中的经验和教训。

各类规划的实施过程中都会有成功的经验和失败的教训。成功的经验是我们应该认真总结、提炼、提升形成说法加以传播的。这种传播一方面能够使得成功经验得到有效复制，提高学校工作效能，另一方面能够使得成功经验得到借鉴，并扩大影响。失败的教训也可以形成说法加以传播，一方面使得我们自己保持清醒，少走弯路，另一方面使他人吸取教训，避免误入歧途。

第三，说说未来应该努力的方向。

发展规划实施以后，学校发展了，教师发展了，学生发展了，这不是发展的终点，而是另一个发展过程的起点。我们学校、教师和学生要分析自己的优势，明了自己的劣势，肯定自己的成绩，发现自己的不足，明确今后应该着力的方向。说说发展的方向，可以鼓舞干劲，激励人心，争取取得更大成绩。

综上，我们办学应该有想法，有做法，有说法。想法是前提，做法是关键，说法是反思。管理中没想法一事无成，有想法没做法一切皆空，有做法没说法就会盲从。只有有想法、有做法、有说法，学校发展、教师发展和学生发展才能有愿景，有动力，有理性，有成效，有影响。

学校教育管理也要关注细节

＊＊＊

关于细节，有这么一个有趣的故事：

相传有一年，英国国王理查三世和他的对手里士满伯爵亨利·都铎要决一死战了，这场战斗将决定谁统治英国。

战斗进行的当天早上，理查派了一个马夫去备好自己最喜欢的战马。“快点给它钉掌，”马夫对铁匠说，“国王希望骑着它打头阵。”“你得等等，”铁匠回答，“我前几天给国王全军的马都钉了掌。现在我得找点儿铁片来。”“我等不及了，”马夫不耐烦地叫道，“国王的敌人正在推进，我们必须在战场上迎击敌兵，有什么你就用什么吧。”

铁匠埋头干活，从一根铁条上弄下四个马掌，把它们砸平、整形，固定在马蹄上，然后开始钉钉子。钉了三个掌后，他发现没有钉子来钉第四个掌了。“我需要一两个钉子，”他说，“得需要点儿时间砸出两个。”“我告诉过你等不及了，”马夫急切地说，“我听见军号了，你能不能凑合？”铁匠说，“我能把马掌钉上，但是不能像其他几个那么牢实。”“能不能挂住？”马夫问。“应该能，”铁匠回答，“但我没把握。”“好吧，就这样，”马夫叫道，“快点，要不然国王会怪罪到咱们俩头上的。”

两军开始交战了，理查国王冲锋陷阵，指挥士兵迎战敌人。“冲啊，冲啊！”他喊着，率领部队冲向敌阵。远远地，他看见战场另一头几个自己的士兵退却了。如果别人看见他们这样，也会后退的，所以理查策马扬鞭冲向那个缺口，召唤士兵调头战斗。他还没走到一半，一只马掌掉了，战马跌翻在地，理查也被掀在地上。没等国王再抓住缰绳，惊恐的战马就跳起来逃走了。理查环顾四周，他的士兵们纷纷转身撤退，敌人的军队包围了上来。

他在空中挥舞宝剑，“马！”他喊道，“一匹马，我的国家倾覆就因为这一匹马。”他没有马骑了，他的军队已经分崩离析，士兵们自顾不暇。敌军俘获了理查，战斗结束了。

从那时起，人们就说：少了一个铁钉，丢了一只马掌；少了一只马掌，丢了一匹战马；少了一匹战马，败了一场战役；败了一场战役，失了一个国家。

所有的损失都是因为少了一个马掌钉。

这个著名的传奇故事出自英国国王理查三世的史实，他在1485年被击败。而莎士比亚的名言：“马，马，一马失社稷。”使这一战役永载史册，同时也告诉了我们这样一个道理：虽然只是少了一颗钉子，却给国家带来了巨大的损失。

这个故事让我们联想到我们的学校教育管理。学校教育管理也要关注一些细节。这些细节也关乎学校管理的成败。

学校教育管理中的细节有很多，学校管理者要特别关注师生思想动态，设施设备安全，卫生环境变化，课堂秩序状况，课间学生行为和社区舆情反馈等。

第一，要关注师生思想动态。学校管理者要经常深入课堂，深入教研组，倾听师生呼声，梳理个性需求，急师生之所急，想师生之所需，因势利导，搞好服务，满足他们合理的诉求，让师生心情舒畅、快乐幸福地工作、生活和学习，提高师生的幸福指数。

第二，要关注设施设备安全。学校的教育教学和生活设施设备是师生学习工作和生活必不可少的。任何一点马虎大意和疏忽都会造成教育教学工作上的损失，甚至会造成师生的人身伤害。因此，要经常性地检查和排除隐患，使师生远离危险，远离伤害。

第三，要关注卫生环境变化。学校卫生环境变化是一个学校是否达到精致化管理的风向标。有经验的管理者常关注的地方很特别：一是地面，二是墙面，三是门窗，四是厕所，五是花坛，六是垃圾箱。试想一个学校如果地上堆满纸屑，墙上布满脚印，门窗玻璃破碎，厕所臭味熏天，花坛花草枯萎，垃圾箱垃圾外溢，虽然只是一些看似无关紧要的问题，但却说明这个学校管理上出了状况，需要引起高度重视。

第四，要关注课堂秩序状况。学校工作千头万绪，教学工作是中心，而教学工作以课堂教学为中心。课堂教学质量的好坏直接决定着学校教育质量的优劣。因此，观察课堂秩序的好坏可以对学校管理状况作出判断。一般来讲，判断课堂教学秩序好坏可以从如下几个方面入手：一是课堂面貌，二是课堂气氛，三是教师表现，四是学生表现，五是活动质量，六是调控手段，如调控是靠高压手段还是民主手段等。了解课堂秩序可以通过听课、巡课、查课进行。校长要有一定量的听课、巡课、查课任务，只有这样才能掌握第一手材料，才能对学校总体管理作出调整。

第五，要关注课间学生行为。学生在课间有各种各样的行为表现，如顽皮、活泼、冲突、野性、故意破坏等，由于暂时缺少教师的现场监管而表现得非常充分。对课间学生行为的直接、鲜活、真实、可靠的观察，可以为学校教育教学管理方法的改进提供借鉴和参考。

第六，要关注社区舆情。社区舆情是社区居民对社会方方面面情况的集中反映。一个学校办得怎样学生说了算，家长说了算。社区居民反映的情况有的扭曲，有的真实，有的接近真实；有的完整，有的不完整，有的支离破碎；有的有理，有的无理，有的蛮不讲理。不过，正是这些舆情反映，可以勾勒出一幅学校办学的图景。一个聪明的管理者能够从这幅多彩的图景里读出学校管理中的成功与失败。

俗语说，细节决定成败。学校教育管理中我们在抓住主要矛盾的同时，也万万不可忽略细枝末节。

教师队伍管理中的三字经

* * *

办好一所学校，教师队伍是关键。教师队伍管理是学校管理中的首要工作。教师队伍怎么管理，管理中应该运用哪些策略、方法和技巧，从中能够使人看出一位校长的管理思想和水平。一日，我与一位优秀的老校长聊天，我向他请教教师队伍管理的经验。他谈了很多经验和方法。我从中总结出了一个“三字经”，即敬、擎、情三个字。

一谓有敬。

敬者，尊敬、敬重也。敬重就是一种尊重。我们常说，敬人者，人恒敬之。只有当校长给老师以应有的尊敬和敬重时，才会换来教师对校长的尊敬和敬重。笔者认为，我们在学校的具体管理中，应该尊重教师的创意、教师的创新和教师的创造。

首先，要尊重老师们的创意。我们认为，平时老师们在教育教学教研和管理中的每一个创意都是一种使命的驱动，都是一种激情的迸发，都是一种精神的焕发，都是一种智慧的绽放，都应当给予尊重。尊重他们的创意，就会使得教师敢想、敢干，敢于探索前人没有探索过的领域，敢于提出前人没有提出过的理念，敢于创造前人没有创造过的业绩。教育管理实践表明，凡是尊重老师们的创意的学校，学校教育教学教研和管理就会是一潭活水，就会呈现生机勃勃、一派繁荣的景象，学校就会成为和谐发展的学校。

其次，要尊重老师们的创新。说实话，老师们在教育教学教研和管理上的每一个创新都是他们的一次深刻反思，一次自我觉醒，一次自我否定，一次自我超越，一次自我提升，应该及时给予激励。创新，对于教师队伍建设尤为重要。有了创新，教师队伍才会有活力，有干劲，有发展，有进步。凡是尊重教师创新的学校，一定会是教师队伍生龙活虎、学校工作日新月异的学校。

最后，要尊重老师们的创造。老师们在教育教学教研和管理上的每一个创造都是他们心血的凝结，都是他们长期努力的成果，更是他们献身教育献身事业的精神体现，需要我们倍加重视，倍加珍视。尊重老师们的创造，就会使老师们终身热爱教育工作，并把创造性地做好教书育人工作当成自己的理想，自己的事业，也会把成为“为教育而生存的人”视为自己最大的追求，最高的荣耀，最高的褒奖。尊重老师们的创造，教师队伍才会人才辈出，人才济济。

二谓知擎。

擎人者自擎。一般来讲，把别人举得高高，自己才能站得高，看得远。在学校管理中怎么才能做到知擎呢？我认为，应该努力在以下三个方面用力。

首先，要为教师成长搭建发展平台。为教师更好更快发展搭建平台，教师才能明确目标，瞄准目标，实现目标。有了发展的平台，教师就会沉下心，干起来，教师就能充分地展示自己，充分地发挥聪明才智，充分地成长、成功、成就。

其次，要为教师成长营造良好的精神环境氛围。要利用好各种媒体和舆论工具宣传教师、鼓励教师、激励教师，使每一位教师都有使命感、责任感和荣誉感，精益求精，优者更优，百尺竿头，更进一步。

最后，要在教师中树立楷模和典型。对于那些有理想信念、有道德情操、有扎实学识、有仁爱之心的教师不仅要大张旗鼓地宣传，还要精神鼓励和物质鼓励相结合，使他们成为大家的偶像和榜样。榜样的力量是无穷的，树立楷模和典型不仅使典型本人得到激励，关键还能够以典型激励他人。

三谓用情。

教师队伍管理要坚持以人为本，用情管理。

首先，要以情感人。在教师队伍管理中不仅要晓之以理，使办学理念化为教师的自觉行动，更要动之以情，用真情感化、感召、感动教师。校长等管理工作者不仅要做教师的同事、战友，更要做教师的知己和挚友。

其次，要以情度人。教师是师长，也是普通人。他们也有七情六欲，也要关注柴米油盐酱醋茶。作为管理工作者，我们应该了解他们的精神需求和物质需求，要了解他们的困惑、他们的想法、他们的期待，在力所能及和条件允许的情况下，应该满足他们的合理要求，使得他们能够心情舒畅无忧无虑地工作。

最后要以情育人。教育是面对生命的事业，对学生教育要用情，对教师培养也要用情。要帮助教师明确三尺讲台、一方教室对实现自我价值、取得事业成就的意义。对教师的培养用心用情用魂，他们对学生的教育才能用心用情用魂。用情培养，教师才能主动提升师德水平，提升专业水平，提升教学技能，才真正有资格、有能力成为人类灵魂的工程师。

敬、擎、情三字经说来简单，其实真正做到并不容易。倘若哪位校长或者教育管理工作者在教师队伍管理中能够深谙其道，能够熟练运用，能够用到妙处，教师队伍管理就一定会达到较高的水平，一定会取得优秀的成绩。

学校管理中要重视团队建设

＊＊＊

一位管理培训师被邀到一个企业做团队建设培训。培训前，培训师让企业老总谈谈他们企业在团队建设方面有什么做法。企业老总谈了十几分钟后，培训师脸色已经发白。他对那个老总说："对不起，您这个培训我整不了。您这哪里是团队啊？您这纯粹是团伙啊！"

其实，团队和团伙有着本质的区别。一般来讲，团队是一个为着正义目标而共同奋斗的集体，团伙则是一帮为非正义的目标而卖命的乌合之众。

学校是培养人的地方。学校要发展，就需要在学校管理中建设一个个特别能战斗的团队，如一个拼搏奋进的学生团队，一个奉献进取的教师团队，一个实干创新的干部团队等。教育实践表明，重视团队建设，学校工作就会呈现一种欣欣向荣、奋发向上的局面。忽视团队建设，学校工作就会软弱无力，逐步滑坡，失去应有的发展活力。

要建设好团队，需要做好如下几方面的工作：

第一，有共同的价值取向。

价值取向指的是某一特定主体基于自己的价值观在面对或处

理各种矛盾、冲突、关系时所持的基本价值立场、价值态度以及所表现出来的基本价值选择。有人认为，价值取向具有实践品格，它的突出作用是决定、支配主体的价值选择，因而对主体自身、主体间关系、其他主体均有重大的影响。我们办的是社会主义教育，因此教育价值取向无疑是要遵循社会主义核心价值观。我们知道，社会主义核心价值观主要由坚持马克思主义指导思想，坚持中国特色社会主义共同理想，坚持以爱国主义为核心的民族精神和以改革创新为核心的时代精神和坚持社会主义荣辱观组成。在我国，社会主义核心价值观实际上是指有中国特色的社会主义核心价值观。2012 年 11 月，党的十八大报告首次以 12 个词概括了社会主义核心价值观:“富强、民主、文明、和谐，自由、平等、公正、法治，爱国、敬业、诚信、友善。”团队建设中遵循这样的价值取向，才能坚定方向，凝心聚力，团结一致，取得成就。

第二，有共同的愿景目标。

一个奋发向上的团队一定是为了实现一个共同的发展目标而努力的。对于学校而言，共同的发展目标包括学校发展的目标、教师发展的目标、学生发展的目标等。学校的发展以队伍建设、设施建设、机制建设为目标；教师的发展以提升思想素质、业务素质、身体素质为目标；学生的发展以德、智、体、美、劳全面发展为目标。要完成这样的目标，需要一个优秀的管理团队、一个优秀的教师团队和一个优秀的学生团队。这几个团队、要相互鼓励，相互鞭策，相互帮助，相互支持，做到心往一处想，劲往一处使，汗往一处流。有了共同的理想、共同的愿景、共同的目标，学校处处会升腾起奋发之气、昂扬之气。实践证明，哪个学校在团队建设过程中做到了这一点，这个学校就会正气上扬，质量上升，好评如潮，影响日广。

第三，有共同的规范操守。

学校管理一靠思想教育，二靠制度规范。团队建设中，要提升思想教育的水平，同时也要形成科学的制度规范。我们说在学校管理中，思想教育无疑是首要的管理方法，但我们也知道思想教育绝对不是万能的。管理过程中，制订并完善一些管理制度是必要的也是必需的。团队建设过程中，要形成共同的规范操守，就要实现科学管理、有序管理、科层管理，真正做到高效、有序、尽责。一是要坚持科学管理。学校里要“人人有事做，事事有人做”，要做到“千斤重担大家挑，人人头上有指标”。要以效率为纽带，严格考核，奖优罚劣，鼓励先进，鞭策后进，在学校形成一个比先争优的局面。二是要实现有序管理。注重时序、空序、程序、秩序，使学校教育教学活而有序，活而不乱，活而有效。三是要实现科层管理。“人定岗，岗定责”，层层明确职责，分工负责，人人敢于担责，各尽其责。

第四，有共同的德业追求。

教育是爱的事业，教育是为学生人生幸福奠基的事业。我们常说，没有爱就没有教育，没有爱就做不好教育。教育不为学生人生幸福奠基就失去了应有的意义和价值。因此，爱事业、爱学校、爱学生是对教师的德行要求。教师的爱是博爱，是大爱，是超越了狭隘意义上的爱。老师爱学生，学生才会爱老师，才会爱社会，才会爱众生。教师传道、授业、解惑，引导、指导、疏导学生，使其健康成长、快乐成长、幸福成长，这是教师事业上的最高诉求。我们在学校团队建设中，应该首先让所有教育工作者认识爱，理解爱，传播爱，每个人都成为爱的使者，爱的化身，使我们的班级充满爱，使我们的校园充满爱，使校园里的每个人都沐浴在爱的氛围中。其次要在团队建设中倡导敬业态度和精业精神。每个教师都忠诚于事业，忠诚于岗位，恪尽职守，精益求精，立志做一流的教师，立志掌握一流的技艺，立志取得一流的业绩。有教师做榜样，学生就会刻苦学习，努力钻研，就会不甘平庸，追求卓越。

综上，团队建设要做的工作有很多。共同的价值取向、共同的愿景目标、共同的规范操守和共同的德业追求是我们团队建设中最基本的要求，我们要为此而努力。

学校管理的更高境界

* * *

著名教育改革家魏书生说：管理就是让被管理者无法逃避责任。我们的理解是，作为校长，你应该让每一个教职员工都担起责任，都纳入到学校严密的考核体系中。这一点做到了，学校工作就会有起色，上水平。应该说，这是管理的一个境界。

然而，学校管理的更高境界是否可以这样表述：管理就是让管理者主动承担责任。无疑，这样的学校管理将更主动，更积极，更有活力，更有效果。

怎样才能让被管理者主动承担责任呢？我们可以从以下几个方面入手。

第一，要思想引导在先。

学校教育管理中有思想教育的方法，行政的方法，经济的方法，法律的方法，学术的方法，综合的方法等等，其中思想教育的方法是首要的方法。通过思想教育，要引导教职员工明确自己的任务和责任，激发教书育人、管理育人、服务育人的动力，使大家能够为了一个共同的教育目标而积极主动地工作。

第二，要搭建发展平台。

校长要为每一个教职员工搭建干事创业、发挥聪明才智的平台，让他们真正能够在其位，谋其政，尽其才，建其业，得其值。干部有平台，教师有平台，职员有平台，学生才会有平台。学校、教师以及学校的发展实质上依赖这些平台的建立和拓展。可以毫不夸张地说，平台有多大，师生发展的舞台就有多大，学校发展的空间就有多大。

第三，要善于推功揽过。

学校工作的顺利开展离不开一支好的干部队伍和教师队伍。面对挫折、失败，面对成功、荣誉，校长要能够做到推功揽过。这样，干部和教师才能勇于改革，勇于创新，勇于创造。推功揽过，是一种担当，一种品质，一种精神，更是一种境界。据我们的观察，凡是校长能够做到推功揽过的学校，都会是师生员工主动工作、热情高涨的学校。反之，如果校长推过揽功，师生员工则一定会情绪低落，消极倦怠。境界决定角度，境界决定方式，境界决定学校发展的空间。推功揽过，干部职工才会有成就感，有归属感，才会主动地做校长的助手。

第四，要不吝鼓励。

科学管理的真谛在于效能。学校的教育、教学、教研、管理或服务都需要以效能来考量，要看管理中的效率，看管理中的效果，看管理中的效益。凡是工作中效率高的，效果好的，效益优的，都应该给予适当的精神鼓励和物质鼓励。鼓励先进，鞭策后进，大功大奖，小功小奖，无功不奖，慎重处罚是一种策略，一种方法，更是一种机制，一种文化。学校建立起这样的一种机制和文化后，师生员工就会你超我赶，力争上游，这样，一个自动化管理的局面就形成了。

总之，学校管理是一门大学问。要达到管理的更高境界，真正做到让被管理者主动承担起自己应该承担的责任，校长还须做很多工作。

由两种绩效评价方式想到的

* * *

很久以前，一位校长给我讲了他学校管理中的一个故事，引起了我长时间的思考。

他说，他所在的学校是一家集团公司所属的学校。公司为了鼓励先进，鞭策后进，决定在所有的员工中选 10% 实行月奖金降档。这是一种“择劣非择优”的绩效评价方式，也是一种类似于“末位淘汰制”的绩效评价方式。这种评价方式合理不合理，科学不科学我们暂且不论。

学校实际一操作，问题就来了。由于学校此前没有对老师和职工进行过绩效评价，只能投票选举出这 10%。投票结果一公布，全校哗然：学校内唯一全国优秀教师名列榜首，其他骨干教师也紧随其后。

没有办法，为了落实公司的方案，这位校长每到月底就得给教师员工做工作。他找到了小李，说：李老师，你看这个月少发你一点奖金吧，就当我吃了你一只烧鸡。小李老师很高兴，心想，校长这么看得起咱，都来吃咱的烧鸡了。可第二个月月底，校长又来了，说：小李啊，对不起，这个月还得少发你一点奖金，就当我又……校长话还没说完，小李老师不干了：凭什么，您校长老吃我一个人的烧鸡？

由此，校长的这种绩效评价方式被教职员工们戏称为“烧鸡理论”。大家怨声载道，校长非常苦恼。

然而，另一个地区的另一位校长却没有他这种苦恼。原来他所执掌的学校是个长期薄弱校。领导派他来就是让他尽快改变这个学校的落后局面。他先从调研入手，认真分析学校落后的深层原因。他发现，这个学校的队伍、设施是不错的，但是由于没有考核制度，没有奖惩制度，教师员工干好干坏一个样，干多干少一个样，队伍涣散，设施闲置，学校落后实属必然。

怎么打开学校的局面呢？校长征求大家的意见，决定进行机制改革。学校没有太多的经费启动改革，于是，校长决定运用“差异心理”方法打开学校管理的僵局。学校制定考核方案，实行严格的绩效考核，依据考核结果实施奖励，奖励的额度每个员工均有差异，但差异不大。张老师干得好奖励十元，李老师干得更好奖励十一元，王老师干得最好奖励十二元。这一元差异不得了，学校的管理僵局打开了！

两位校长，两种思路，两种管理，两种结果。完善管理机制，满足职工心理需求应为上策。

其实，每个人都有上进心，都想把工作做好；都有责任心，都想尽到自己应尽的责任；都有荣誉感，都想比他人做得优秀；都有事业心，都想在自己的岗位上干出一番事业；都有成就感，都希望自己的工作得到别人的肯定和认可。

然而，要给老师搭一个台子，一个好的管理机制是必不可少的。我们认为，管理机制的核心是考核机制和奖惩机制。学校管理要有目标要求，要注重过程，要有科学考核。提倡什么，反对什么，导向明确，旗帜鲜明。考核过后，要实施必要的奖励，大功大奖，小功小奖，无功不奖，奖罚分明，奖罚有度，真正让职工在其位，谋其政，得其值，获其荣。

考核机制和奖惩机制的建立和完善就是要鼓励先进，鞭策后进，调动每一位教职员工的工作积极性，不断提高教育教学质量和教育教学水平。这一目的达到了，学校管理的目的也就基本达到了。

一道油漆线

* * *

我在学校任副校长时曾遇到过一个难题：学校前院自行车摆放处常常是凌乱不堪，自行车、摩托车横七竖八，传达室的工友收拾了今天，管不了明天，通知发了一次又一次，可情况依旧，校长发了愁，总务主任犯了难，怎么办？我认真地思考了一下，想到了一个办法。

第二天清晨，师生们眼睛一亮，嗬，各类车辆排得整整齐齐，在校园里形成了一道亮丽的风景线。大家纳闷儿，仔细一看，噢，地上多了一条醒目的红色油漆线。

一道红色油漆线解决了一道难题，事情就这么简单。

其实，这件事看似简单，却不是那么简单。一道油漆线竟起了那么大的作用，没有人特意通知，没有人现场管理，师生竟是那么自觉自愿地把车放入线内，且摆放如此整齐。

一道油漆线产生的作用引我深思：

第一，没有规矩，不能成方圆。一道油漆线产生的是规范效应。没有规范就不可能形成有序管理，人们就不可能做有标准，行有方向。这个规范不是别的，正好是规章制度本身，实际上，这道油漆线起到了规章制度的作用。

第二，不可低估师生员工的自觉性。有了规章制度，就要抓落实。抓落实一靠教育引导，二靠督促执行。管理者往往低估被管理者的觉悟，殊不知，当你的思想、措施、方法被群众广泛接受时，就会变成他们自觉的行动，若适当加以强化，则会成为一种良好的行为习惯。

第三，管理要善于出新，要有新招法、新招术。划一道油漆线很简单，看起来好像没有什么新意，但比起先前那种车辆管理法还是有了某种创新。因此，在管理工作中，不能长期囿于一种管理模式。当管理方式、方法不能适应新的情况时，应大胆创新，大胆探索，哪怕是一个微不足道的革新也会收到意想不到的效果。

一道油漆线给我很多启示，引发了我对学校总体管理思路的思考。由此，学校完善了教育、教学、教研管理制度，并逐步形成了“五、三、四”管理模式（即五定：人定岗、岗定责、责定绩、绩定分、分定奖；三管：目标管理、过程管理、考核管理；四有：有章、有序、有法、有效），提高了学校管理水平，推动了学校教育教学工作的开展。

遭遇挫折后的两种态度和做法

＊＊＊

今年暑期，天津一郊县突遇暴风骤雨，我们路过农田时，发现所有的玉米都做匍匐状，棵棵倒伏，无一直立，那情形看着让人心酸、心痛、心焦。

再往前行，看到一有意思的现象：倒伏的玉米田里，有急脾气的农户干脆将倒伏的玉米毫不怜惜地用镰刀割了去，大概他们以为玉米遭遇这样的挫折后肯定是颗粒无收了。

但是没有想到的是，几天过后，没有割掉的玉米们棵棵昂首挺胸站起来了。能够预见的是，经历了挫折后的玉米将腰杆更硬，精气更足，努力向上，丰收在望。

这让我想到了学校的管理。

记得那还是在2005年，我们一所教学质量不错的区重点中学，由于队伍不稳，学苗流失，高考成绩进入了学校历史上的低谷。社会指责，家长不满，教师灰心，校长焦虑。在这个时候，可能有两种态度、两种做法，一是调整班子，改进学校管理；二是鞭策鼓励，改善学校管理。

我们还是选择了后者。

一日早点时分，我电话通知学校领导们到街道快餐厅，由我来请他们吃早点。看着他们个个心事重重、无精打采的样子，我笑着把豆浆、大饼、果子给他们端上去。吃着饭，我跟他们说，别气馁，多分析，多思考。只要方向正确，抓住过程，注意细节，效果会好。大家看没有挨领导批评，心情缓和许多，其实他们个个心里憋足了劲。

我从他们挫折后的情绪变化中看到了学校未来的希望。

新学年，学校上下同心，教师们研究教学规律，提高教学效率；课堂教学实行互动，提升教学水平；学校开展教学评价，激发教师干劲；学生奋发努力，个个力争上游。自此，学校面貌大变。

没多久，教师稳定了，学苗固定了，质量提升了。2006 年学校教学质量开始让人刮目相看，那些去市重点中学读书的学生高考成绩已经不占优势。后来，流失到外地的学生开始回流。再后来，中考后几乎没有学生报考市重点中学。2011 年高考，学校 140 个应届毕业生，二本以上上线 126 人，其中重点上线 83 人，3 人高分进入清华、北大……

回首 2005 年，那时学校只有 5 人进入一本线，30 人进入二本线。2011 年高考成绩发布后，与校长谈起此事，校长若有所思，感慨万千。他说，那年遭遇挫折后，领导给了我们理解，给了我们宽容，给了我们支持，也给了我们动力。于是，我们有了思考，有了分析，有了方法，有了干劲，也有了今天的成绩。

校长动情地说，主任，那年是您请我们吃的早点，您把饭一一端给我们，我们竟连声谢谢都没有。没说的，明天早点我们请客。您坐好了，我们给您端上去。我们还要说声谢谢！

想一想，这管理上的讲究还真不少。

师道养成篇

本篇编收了著者对教师专业成长目标、途径、方式、方法以及名家成长经历、经验的观察和思考。

100

／课

教育局长的三项专业修炼

* * *

有人说，当好区县教育局局长需要搞好关系，争取各方面支持。

有人说，当好区县教育局局长应能跑来资金，学校发展不难。

有人说，当好区县教育局局长应抓好升学指标，扩大社会影响。

愚以为，这些都有必要，但是教育局局长只是抓这些还很不够，还应该抓抓自己的专业修炼。

我曾经跟外地一位做了多年教育局局长的朋友聊起教育规律问题。他说，你是阳春白雪，我们是下里巴人，我们这些人整天就知道喊喊喊，转转转，干干干，办办办，哪里有什么时间考虑规律不规律，我们是二杆子种地，人家咋干咱咋干。

听了这话，我愕然。

他不尴尬，我尴尬。

难怪他干得那么辛苦，那么费力，那么低效，那么地受累不讨好！

我认为，教育局局长首先应该研究教育教学及改革发展规律，遵循教育教学及改革发展规律，运用教育教学及改革发展规律，这是局长专业发展必备的三项修炼。

第一，局长应该研究、遵循和运用诸如受约律、适应律和协调律这些基本的教育规律，只有这样，在区域教育管理工作中才能使教育更好地为政治、经济、文化建设服务，才能适应青少年身心发展的需求，促进学生全面发展，才能协调好学校与社会、家庭的关系，促进学生和谐健康发展。

第二，局长应该研究、遵循和运用教学的基本规律，比如教学认识活动的主体性、领导性、间接性、教育性、目的性，以便在区域教学管理中科学地指导学生的认识活动，发挥学生的主体作用，发挥教师的主导作用，高效地进行知识和技能训练，发挥课堂的素质教育主渠道作用，按照教学计划和培养方案，帮助校长、教师和学生不断提升认知水平，不断得到进步，不断得到发展。

第三，局长还要研究、遵循和运用教育改革和发展的规律，以便在改革发展中不致入歧途，走弯路。

首先，应该关注社会改革和发展，认真研究公平与效率的关系问题。与社会改革和发展一样，教育改革和发展一般涉及两个问题：是注重公平，还是注重效率。如果是注重公平，要在区域教育改革中注意起点公平、过程公平、结果公平。如果注重效率，要在改革和发展中注意部分和整体、投入和产出的问题。

此外，要学点教育史，认真吸取世界教育发展过程中的经验与教训。比如应该研究实质主义与形式主义、主知主义与行动主义、科学主义和人本主义。这些是世界教育史上著名的思想论争，对于指导我们今天的教育教学以及管理实践有着重要的意义。我们知道，实质主义重视知识传授，形式主义重视能力培养，主知主义强调知识中心，行动主义强调从做中学，科学主义主张知识的建构和迁移，人本主义主张教育应该以人为本，促进个性完善。

这给我们今天进行的课程改革指出了一条路径：改革中要处理好知能关系、知行关系和知情关系，这三对关系处理好了，课程改革成功才有希望。

总之，教育局局长的三项专业修炼是一本万利的事。专业修炼好了，你的管理工作才会变得轻松，变得快乐，变得成功，变得富有成效。

校长的三项专业修炼

* * *

校长是学校的首长，校长是教师的榜样，有什么样的校长就有什么样的学校，校长的作用和影响很大。

做校长要抓队伍建设，抓设施建设，抓机制建设，在这几个建设中，校长如何完善自己，丰富自己，提高自己，发展自己呢？

我认为，起码有三项专业修炼是必需的。

哪三项专业修炼呢？

一位企业家说得好：当管理干部的，应该坐下来能写，站起来能讲，走下去能干。我想这也适宜于校长，也是校长必备的三项专业修炼。

首先，坐下来能写。

校长要写出愿景。要为师生描绘出学校的发展目标、发展远景、发展蓝图，让大家为了一个共同的理想和目标而努力，而拼搏，而奋斗。心中有愿景，行动有动力，发展有方向，学校有希望。

校长要写出方法。实现愿景，需要实施的方案，实施的路径，关键是实施的方法。方法科学，事半功倍，方法不科学，则事倍功半，甚至劳而无功。方法选择要集思广益，方法制定要科学合理。

校长要写出思想。校长是教育实际工作者，养成不断总结、不断反思、不断提升的习惯尤为重要。一个成熟的校长是在实践、思考、再实践、再思考中逐步成熟起来的。能够写出自己的教育教学以及管理思想是校长进步和成熟的标志。

校长要写出影响。校长办学有实践，有思考，有创见，有成就，把得失写出来可以提高自己，启发他人。很多知名校长都是写作高手，他们养成了写作的习惯，也形成了自己写作的风格。他们能够及时地把自己教育实践和理论提升的成果推介出去，在本地区乃至全国形成影响，这是一种重要的修炼。

其次，站起来能讲。

校长要讲出号召力。校长讲话要晓之以理，动之以情，励之以行。讲话能够鼓动人，鼓舞人，激励人。这样，学校布置的每项工作才能毫无阻碍地推动下去。

校长要讲出想象力。校长讲话要富有激情，满怀憧憬，充满想象。讲话能够使师生看到目标，看到未来，看到希望，看到辉煌。可以这样讲，有无想象力是工作有无创造力的一个重要标志。

校长要讲出凝聚力。校长讲话要凝聚人气，倡导和谐，鼓励同心。讲话能够让干部和师生员工心往一处想，劲往一处使，汗往一处流，团结一致，协同奋进。

校长要讲出发展力。校长讲话要目的明确，目标明确，指向发展。讲话能够让大家始终瞄着一个目标、为着一个目的——一切为学校发展、教师发展、学生发展服务，这也是学校办学的终极追求和努力方向。

最后，走下去能干。

校长要肯干。肯干是一种态度。肯干要求校长勤政，校长要忠于职守，认真地履行自己的职责，认真地贯彻党和国家的教育方针，认真地推进素质教育。

校长要会干。会干是一种能力。会干要求校长智政，即应该进行科学管理。会干的校长不忙不乱，不会干的校长又忙且乱。会干需要学习，需要思考，需要不断改进领导和管理方式方法。

校长要干好。干好是一种理想。干好要求校长善政，即讲求管理工作的最佳效果。干好需要一种态度，需要一种能力，更需要一种效率，尤其需要一种精益求精的精神。

校长还要干净。干净是一种境界。干净要求校长廉政。学校是教书育人的场所，校长肯干事，会干事，干成事，并且能够抵御来自社会方方面面的各种诱惑做到不出事，这是一种素质，也是校长该有的崇高的精神境界。

总之，现代教育的发展对校长的要求是较高的。能写、能说、能干是现代校长应该具备的能力和修炼。

教师的三项专业修炼

* * *

教师以教书育人为己任，需要师德素养、专业素养、身体素养。课堂是教师向学生传授知识的主渠道，是教师自身专业发展的主阵地。那么，从课堂教学的角度来考量，教师专业素养中最主要的内容是什么？

魏书生朴素的几句话说出了其中的基本内涵，他说：在课堂上，我们做教师的就是在黑板上写几个字儿，跟学生说几个事儿。我再加上一句：还要帮学生解几个闷儿。

那么，是不是可以这样认为，写字儿、说事儿、解闷儿应该是教师专业修炼的三项主要内容。我想是的。

一、写字儿

第一，教师要写出条理。何谓条理？条理就是对事物有规律地进行组织与安排。课堂上，教师应该合理地安排教学内容，板书主要的教学内容提要。首先，板书要清楚工整；其次，要展示教学步骤；再次，也是最重要的，要反映学生的认知过程。

第二，教师要写出道理。课堂上，教师通过板书一要揭示规律，摆明事理；二要阐释情理，说明理由；三要告知路径，指明方法。

板书写出道理需要教师有意识地进行修炼。多年前，我们曾经听过一个老教师的语文课,当讲到“白色恐怖时期,反动派是要杀人”时,她不假思索地就在黑板上板书了“杀人”两个字。看着这板书，听课的几个老师直摇头：莫名其妙，没有道理。

第三，教师要写出哲理。课堂上，教师不仅要板书出知识，还要板书出自己的思考，板书出自己的智慧，板书出自己的创见。一个优秀的教师，心中要有学科经典，还要有自己对这个学科的认识和见解。我们知道，对于自然和人生的认识和见解便是哲理。写出哲理是对教师的较高要求。

二、说事儿

首先,教师要说得清。课堂上,教师传道、授业,靠的是说和讲,基本要求是要说得清。这涉及陈述性知识和程序性知识两类知识的传授。一方面教师要给学生说清是什么、为什么，二要说清做什么、怎么做。说得清需要教师锤炼口头语言表达力和口头语言表现力。

其次，教师要说得通。对于陈述性知识，主要是要描述我们所知道的事物、事件状况。对有关事物、事件中涉及的人物、对象、发生或产生的时间、地点、发展过程以及最终结果都能讲得天衣无缝，令人信服。而对于与陈述性知识相对的程序性知识，我们往往要从认知策略、心智技能和动作技能入手，把怎样开始做事，怎么完成事情讲得准确无误、前后贯通。

最后，教师要说得精。什么是说得精？顾明远先生曾经说过，从课堂教学角度来看，教师有四类人：浅入浅出者、浅入深出者、深入深出者、深入浅出者，而以深入浅出者最为理想。要达到深入浅出的效果，讲得精是关键。讲得精需要教师专业精、方法精，最为重要的是语言艺术精。

三、解闷儿

从学理上讲，给学生解闷儿就是给学生释疑、解惑的过程。

首先，教师要对学生进行指导。指导是指教师在课堂上要发挥主导作用。我到山东一个地区讲学时，一位局长跟我讨论课堂上需不需要教师的主导作用，我说，那是毋庸置疑的，不然还要我们学校做什么，要我们师长做什么？教师的指导在给学生释疑、解惑的过程中起到非常关键的作用，可以让学生少走弯路。

其次，教师要对学生进行引导。引导学生正确认识自然，认识社会，认识人类，认识自己，要让他们理解自然发展之道，社会发展之道，人类发展之道，自身发展之道，这不仅利于他们现在的发展，也有利于他们未来的发展。

最后，教师要对学生进行疏导。平时学生不仅会有很多困惑、很多疑惑，他们还会有各种各样的心理烦恼，学术烦恼，社会交往烦恼，以致在课堂上会有不合常理的行为表现。在这个时候，教师应该适当进行思想和行为疏导。要注意导而不牵，导而不抑，导而不纵，让他们在可控的课堂环境中，提高觉悟，完善认识，获得进步，得到发展。

谈谈教师专业标准

* * *

为了促进教师专业发展，加强中小学和幼儿教师队伍建设，根据《中华人民共和国教师法》《中华人民共和国义务教育法》，日前，教育部制定和颁发了《幼儿园教师专业标准（试行）》《小学教师专业标准（试行）》以及《中学教师专业标准（试行）》三个征求意见稿，这是教育界的一件大事，它对我国教育的发展具有重要的意义。

第一，教师职业有了定位。

教师是从事教育教学工作的专业人员。其职业的专业化定位经历了一个漫长的过程。20 世纪 90 年代我国提出了教师专业化问题。1993 年 10 月 31 日颁布的《中华人民共和国教师法》第三条规定："教师是履行教育教学职责的专业人员，承担着教书育人，培养社会主义事业建设者和接班人，提高民族素质的使命。"教师集专业学习、专业服务和专业研究于一身，此次制定《教师专业标准》，明确地界定了教师职业的专业化地位。

第二，教师培养有了目标。

教师承担的是专业化的工作，职前需要进行严格的专业训练，需要对未来从事的教育事业和具体的教育教学工作有正确的认识，需要达到一定的专业知识和专业技能水平才能取得相应的毕业证书和教师资格证书，之后他才能迈入教育的门槛。此外，教师还需要进行严格的职后教育。职后教育往往采取以理论进修和课堂实践为主的继续教育方式进行。《教师专业标准》制定的基本理念、基本内容以及实施建议是对合格幼儿教师和中小学教师的基本要求，指明了教师培养的方向。

第三，教师从业有了规范。

根据学段特点，《教师专业标准》分别提出了具体的规范性要求，比如要求教师应该秉承“幼儿（学生）为本、师德为先、能力为重、终身学习”的基本理念；按照幼儿教师、小学教师、中学教师的分类，对于教师的专业理念与师德，专业知识以及专业技能都分别提出了比较明确、比较具体的要求；每项要求可操作性比较强，不仅对规范教师教育教学理念、规范教师教育教学行为有益处，而且对规范学校办学理念、规范学校办学方向、规范学校办学目标也有益处。

第四，教师管理有了依据。

《教师专业标准》确定幼儿教师要在“职业理解与认识，对幼儿的态度与行为，幼儿保育和教育的态度与行为，个人修养与行为，幼儿发展知识，幼儿保育和教育知识，通识性知识，环境的创设与利用，一日生活的组织与保育，游戏活动的支持与引导，教育活动的计划与实施，激励与评价，沟通与合作，反思与发展”等 14 个领域应该达到的 62 条要求；确定小学教师要在“职业理解与认识，对小学生的态度与行为，教育教学的态度与行为，个人修养与行为，小学生发展知识，学科知识，教育教学知识，通识性知识，教育教学设计，组织与实施，激励与评价，沟通与合作，反思与发展”等 13 个领域应该达到的 58 条要求；确定中学教师要在“职业理解与认识，对学生的态度与行为，教育教学的态度与行为，个人修养与行为，教育知识，学科知识，学科教学知识，通识性知识，教学设计，教学实施，班级管理与教育活动，教育教学评价，沟通与合作，反思与发展”等 14 个领域应该达到的 61 条要求。我们认为，有了这些明确的要求，教师的准入、考核、奖惩、退出等管理工作便有了科学的依据。

第五，教师发展有了准则。

教师专业发展是教师专业知识增进、专业技能提升、专业思想成熟的过程。我们知道，教师专业发展以学、做、研为主要途径。《教师专业标准》规定了教师应该具备的理念、师德、专业知识和专业技能，要达到这些标准，就需要教师在教育教学实际工作中不断地注意专业学习、专业实践和专业研究。有了《教师专业标准》这把标尺，教师就会学有动机，做有目标，研有成就。可以这么说，《教师专业标准》是广大中小学和幼儿教师教育教学思想和行为修炼的路标和指南。

综上，《教师专业标准》的出台，将会极大地调动广大教师自我发展、自觉发展、主动发展的积极性，将会极大地推进我国中小学和幼儿教师队伍的建设和发展，也将会极大地促进中小学和幼儿教育质量和水平的提高。

中小学生最满意的教师

* * *

师者，人之模范也。作为从事基础教育几十年的教育工作者，我常常思考这样一个看似简单实则很难回答的问题：什么样的教师才是中小学生最满意的教师？

带着这个问题，我曾经分别在天铁集团一所小学的两个班和一所高中校的两个班做了开放式问卷调查。问卷结果表明，小学生和中学生眼中的最满意的教师是有所不同的。小学生更感性一些，侧重情感，中学生更理性一些，侧重学术。不过，学生问卷也表明，学生最满意的教师也有很多共同特征。按照从感性到理性的顺序，其共同特征分述如下：

一是和蔼可亲。

和蔼可亲的老师对学生亲和、宽容、友善。他们亲和，能够亲近学生，爱护学生，热心、耐心地帮助每一个学生进步。他们宽容，对于学生一时的木讷，一时的落后，一时的过错，一时的失误，能够给予理解和宽容，能够给予学生引导、指导和疏导，能够给学生机会让他们补救和改正过错和失误。他们友善，不敌视、不歧视、不讽刺、不挖苦学生，深得学生的信任和爱戴。

当然，和蔼可亲的老师应该是和而不纵、亲而不溺的。他们和蔼，但对学生不纵容，不袒护，不娇惯，学生知礼而行，知错则改。他们可亲但不溺爱学生，对学生教育有要求，有规则，有标准，有方向，有目标，能够让学生在老师亲切的关怀下茁壮成长。

二是才华出众。

有才华出众的人做自己的老师是学生的幸运。才华出众的老师或歌美，舞美，画美，或能够书一笔遒劲有力的大字，写一手华美漂亮的文章，吟一首意蕴深长的诗篇。他们常常以自己的才华吸引着、鼓舞着、影响着自己的学生。

才华是学生所追求和仰慕的，是学生的理想，因此才华出众的老师更能得到学生的敬佩和欢迎。一个才华出众的老师如果能够把自己的才华与课堂教学工作以及课外教学活动有机地结合起来，一定会取得更好的教育教学效果。

三是个性突出。

在学校里，我们见到的老师是性格、气质、爱好、成长背景各异的。比如有的老师脾气直爽，有的老师谈吐幽默，有的老师讲究仪表，有的老师注重涵养，有的老师活力四射，有的老师魅力飞扬，有的老师思维逻辑严密，有的老师教学语言生动，有的老师工作严肃认真毫末不放，有的老师善于启发自觉引领课堂，等等。这些都构成了不同教师不同的生活个性和工作个性。

教育是个体社会化、社会个性化的过程。我们的传统教育是社会化有余而个性化不足的。学校的教育缺少应有的个性，因此学生的创新精神不足。教师个性突出，顺应学生身心发展特点，就能够得到学生情感上的共鸣和支持，就能够培养出一批具有鲜活个性富有创造力的国家建设和发展需要的新人。

四是学识渊博。

教师应该努力读书,终身学习,成为一个博学的人。我们认为，作为教师，应该学好本体性知识、条件性知识和相关学科知识。

学识渊博的教师能够在教育教学工作中胜任愉快，他们自己能够在工作中游刃有余，并且能够带领学生在知识的海洋里自由自在、快快乐乐地吸取自身发展所需的营养。一个学识渊博的教师会使学生受到学术的熏陶，受到知识的滋润，受到终生的影响。

五是方法独到。

教师以教书育人为己任，三尺讲台是教师发展的平台和生命的舞台。在课堂上，学生心目中的好教师是什么样子呢？就课堂教学而言，顾明远先生对教师有个很有意思的分类可以帮助我们找到答案。他说教师教学上可以分为四类人：浅入浅出者，浅入深出者，深入深出者，深入浅出者。

分析起来看，浅入浅出者，人还算老实。专业知识肤浅，课堂上知道多少讲多少，学生还算听得明白。浅入深出者，最要不得。专业知识肤浅，课堂上故弄玄虚，讲得云山雾罩，学生不知所云，教学效果奇差。深入深出者，专业知识很好，但讲授不得要领，教学效果大打折扣。深入浅出者，专业知识很好，讲授通俗易懂，教学效果非常好。

深入浅出者，是智慧教师，是理想教师，是最受学生欢迎的教师，当然也是学生最满意的教师。我们在做问卷调查时，很多学生都表示：我们最满意的教师是那些把很难的问题讲得很容易的教师，是那些能够把很枯燥的知识讲得很有意思的教师。这需要方法，需要智慧，需要修炼，需要提升。课堂教学如此，学生教育更是如此。教育学生时，我们应该能够把深奥的道理讲给学生，让他们理解，让他们明白，让他们振作，让他们奋发，让他们把伟大的理想主动地自觉地变为自己的行动。

六是境界高远。

教师不仅是经师，更是人师。他不仅是知识的传播者，更是学生的人生引路人。怎样才能做好人师，怎样才能做好人生的引路人？我们认为，提升自己的人生境界是成为真正的人师真正的人生引路人首先应该做到的。人生境界实际上就是精神觉悟应该达到的高度。有什么样人生境界的老师，就会教出什么样人生境界的学生，这关乎着教育质量高低，教育层次高低，甚至还关乎着教育的最终成败。

就教育而言，我们教师教书育人需要忠诚，需要淡泊，需要责任，需要努力，需要奉献，需要付出，同时也需要教育我们自己和我们的学生志存高远，心系大众，奉献社会，建功立业，做个有益于人民的人。

其实，中小学生最满意的教师有多个维度的标准，一两篇文章恐怕难以探讨穷尽。但无论怎样，和蔼可亲、才华出众、个性突出、学识渊博、方法独到、境界高远的老师都是普遍受到学生欢迎的教师，更是人之师表，人之模范，师之追求，师之理想。

教师成长中的三不朽

* * *

据《左传·襄公二十四年》载，春秋时鲁国大夫叔孙豹对范宣子说："太上有立德，其次有立功，其次有立言，虽久不废、此之谓三不朽。"我们理解，"立德"，即树立高尚的道德；"立功"，即为国为民建立功绩；"立言"，即提出具有真知灼见的言论。此三者是虽久不废、流芳百世的。

作为人之师长的教师应该有什么样的修为？我们认为，也应该把立德、立功、立言这三立作为远大的人生追求、人生理想和人生目标。此三者应为教师成长中的三不朽。

教师的立德。

"学高为师，德高为范。"立德是对教师首位的要求。教师的立德包括正心、正身、正言、正行，教师的立德还包括大真、大善、大美、大爱。

教师的正心是指教师必须忠诚于人民的教育事业，要把办好人民满意的教育作为自己的追求；教师的正身是指教师要为人师表，以身作则，自觉遵守法律法规、社会公德；教师的正言是指教师要讲正义之言，和谐之言，健康之言，要以正确的言传影响和引导学生；教师的正行是指教师要走得正，行得端，要以“富贵不能淫，贫贱不能移，威武不能屈”的大丈夫精神成为学生的楷模。

教师要做到大真。“千教万教教人求真，千学万学学做真人。”教师在教育教学中要有科学态度，科学精神，科学方法，做一切工作都要实事求是，一切从实际出发，同时也要教育学生做真人，说真话，办真事。教师要做到大善。教师自己首先应该做到并要引导学生善待自然，善待社会，善待自己，善待他人。可以毫不夸张地说，这几个善待是一个人能否在社会上安身立命，一生能否快乐幸福的关键所在。教师要做到大爱，要全身心地爱事业，爱学生，爱民众，爱苍生，这也是教育的目的所在。

教师的立功。

教师的立功体现在他为社会提供的服务和服务质量上。一个教师为社会培养人，能够把人变成人力，这本身就是贡献。如若一个教师能够把一个普通的人变成人才，这便是立功。再假若我们教师同行们能够把全国偌大数量的人口变成劳动力甚或人才资源，则功莫大焉。

具体来讲，教师的立功与否主要体现在他在几十年的工作中能否创作出优秀的作品，即工作中能否带出一个又一个优秀班集体，能否培养出一批又一批优秀的学生，并且能否通过一批又一批学生为社会做出一个又一个贡献。

教师要带出一个又一个优秀的班集体。这个集体应该有共同的理想和共同的目标，师生能够协同一致，为理想和目标而努力而拼搏。这个集体其实是一个社会的缩影，在这个集体中成长起来的孩子能够在未来的社会工作中担当重任。此外，教师还要培养出一批又一批优秀的学生。这些学生有理想，有道德，有文化，有纪律，能够成为未来社会建设和发展的脊梁。再有，教师的立功还表现在他所培养的学生未来几十年的作为。这些学生由于在学校打下的扎实的理论基础、专业基础、技能基础，必定会在未来的工作中大放异彩，大显身手，大展宏图，大有作为。教育的成功在于此，教师的成功也在于此。

教师的立言。

教师是以传道、授业、解惑为职责的。立言对于文化传承有着重要的意义，也是教师这个群体对于民族、社会、国家以及全人类的特殊贡献。

教师立言包括提出和形成教育思想、教育理念、教育观点、教育模式、教育方法等等。教师在任一个层面上的立言都是一份贡献。立言需要实践，需要思考，需要提升。实践必须扎实，思考应该深入，提升需要提炼。其中，提炼非常重要。

第一，教育思想的提炼。教育思想是在长期的教育实践中产生并反过来指导教育实践的系统化理论。提炼教育思想需要关注实践的验证和理论的系统性，以保证立言的科学性和全面性。

第二，教育理念的提炼。教育理念是指人们在理性思考和亲身体验的基础上形成的关于教育事物本身及其价值和价值实现途径的根本性判断与看法。是教育主体在教育教学实践及教育思维活动中形成的对“教育应然”的理性认识和主观要求。提炼教育理念要关注教育价值和教育价值实现，使得立言既有现实意义也有长远意义。

第三，教育观点的提炼。教育观点是指人们从一定的立场或角度出发，对某一教育问题或教育现象所持的一些看法。提炼教育观点需要研究教育规律，遵循教育规律，如此，可以大大避免狭隘性、主观性，以保证立言的适用性和客观性。

第四，教育模式的提炼。教育模式是指在教育理论的指导下，对教育过程的组织方式及其相应策略的模式化概括。提炼教育模式要注意教育组织方式和教育策略，也要注意教育模式具有多样性的特征，以保证立言具有规范性和适切性。

第五，教育方法的提炼。教育方法是指在一定的教育思想指导下形成的完成教育任务、实现教育目标的策略性途径。教育方法的提炼要考量教育内容差异和教育策略选择。中外教师积累的教育教学方法多种多样，不胜枚举，是一代又一代教师们通过立言对人类教育文化遗产的重大贡献，这些方法直接促进了学校教育的发展和学校教育质量的提高。

教师这个职业伟大而崇高。教师应该有更远大的理想诉求，应该把立德、立功、立言作为自己的人生奋斗目标。哪位教师做到了，他一定会远离职业倦怠，一定会永葆教育青春，他的教育生涯也一定会如诗如画，如舞如歌。

教师专业化及教师专业成长的阶段和途径

* * *

目前，教师专业化及教师专业成长是教育研究中的显学。教师专业化与教师专业成长是何关系？教师专业成长的目标是什么？教师专业成长的基本途径是什么？弄清这些问题对教师专业成长具有特殊意义。

一、教师专业化

教师专业化是指教师职业专门化，强调的是教师职业性质。

教师是从事教育教学工作的专业人员。其职业专门化经历了一个漫长的过程。

在奴隶社会，“政教合一，以吏为师”，掌管文化教育的主要是官吏和巫师。到了封建社会，我国出现了中央官学、私学、书院等教育机构，教师职业逐渐专门化，但仍有吏师一体的特征。近代以来，出现了专门培养教师的初等师范、中等师范和高等师范，教师职业更趋专业化。

国外最早提出教师专业化问题是在 1966 年 10 月国际劳工组织（ILO）和联合国教科文组织（UNESCO）通过的《关于教师地位的建议》中。《建议》第六条对教师专门职业的性质作了明确的说明：“应该把教育工作视为专门职业。这种职业是一种需要教师必须经过严格而持续不断地学习才能获得并维持专业知识及专门技能的公共业务。”20 世纪 90 年代我国提出了教师专业化问题。1993 年 10 月 31 日颁布的《中华人民共和国教师法》第三条规定“教师是履行教育教学职责的专业人员，承担教书育人，培养社会主义事业建设者和接班人，提高民族素质的使命”。这样不仅规定了教师的职责和使命，也明确地界定了教师职业的专业化地位。近些年，国家出台了《教师专业标准》，不仅确立了教师专业化地位，还确立了教师专业成长的具体标准。

二、教师专业成长

教师专业成长是指教师专业知识增进、专业技能提升、专业思想成熟的过程，强调的是教师职业素质。

1. 教师专业成长四个阶段

我们认为，教师专业成长大概应该经历经师、人师、明师和名师四个阶段。

第一，经师。教师“传道授业解惑”靠什么？无疑靠的是心中有经典。这个经典是教师做好教学工作的理论基础。教师应该掌握好本学科知识，做到言之有据；还应掌握好条件性知识，比如掌握了教育学知识才能言之有矩，掌握了心理学知识才能言之有神，掌握了教学论知识才能言之有义，掌握了教育史知识才能言之有物，掌握了教育哲学知识才能言之有理；此外还应掌握好相关学科知识，掌握好这些知识才能言之有趣。据我们观察，凡是在课堂上能够引经据典的老师无不是心中有经典的老师。做个经师需要多年的积累和积淀。

第二，人师。教师以教书育人为己任，不仅要教好书，还要育好人，要做学生的人生导师。做人师，要求我们的教师在育人上下功夫，不能满足于心中有经典，还要在言行上以身作则当表率，为人师表做模范。教师要帮学生树立正确的世界观、人生观、价值观，使得学生理想远大，信念坚定，目标明确，动力强劲，自信乐观，内心幸福。

第三，明师。心中有经典，言行做模范，这还不是教师的所有特质。教师专业成长特别要求我们的教师要在理论和实践上有自己的创见。创见来自学习，来自实践，更来自思考和研究。我们有些教师学习上尽心，实践上努力，但就是缺乏对理论和实践的系统思考和研究，工作中缺了一道应有的工序。就是这一道工序，就是这看似不起眼的一小步，使得我们不少教师与明师失之交臂，这是很可惜的一件事情。做个明师需要教师有思考，有研究，有悟道，有创见。

第四，名师。心中有经典，言行做模范，研究有创见，要成为名师还要向前走一步，那就是专业影响应该更深远。在学校的教育教学教研和管理中，我们不难发现有这么四种人：有的只喊不干，有的只干不喊，有的又喊又干，有的既不喊也不干。显然，又喊又干为上策，因为只有这样才能凝聚精神，鼓动人力。不仅如此，又喊又干，还能扩大影响，引人瞩目，启发他人，供人借鉴。为此，学校要善于利用各种渠道和方式做好名师的个人推介和宣传。

经师心中有经典，人师言行做模范，明师研究有创见，名师影响更深远是教师专业成长目标中应该经历的几个阶段，也应该是对教师专业成长的基本要求。我们说，要达到这些要求，不是一蹴而就的事，需要教师长期持续不断的努力。

2. **教师专业成长的基本途径**

我们可能会不断地问自己：怎样才能达到上述目标呢？换句话说，途径是什么？笔者认为，从教师个人角度讲，四学是基本途径。

（1）向书本学

向书本学是教师专业学习的主渠道之一。向书本学主要是学知识。教师要学习的知识有很多，叶澜认为，教师应学好科学与人文的基本知识、学科的专门知识、教育学科类知识。林崇德先生认为，教师应学好本体性知识即本专业知识，要学好实践性知识，还要学好条件性知识即教育学、心理学知识、教学法知识。就教师专业成长所必备的知识而言，我个人认为应学好本专业知识、教育学知识、心理学知识、教育史知识、教学论知识、教育哲学知识和相关学科知识。

向书本学习，要怀有“四心”：一是诚心，二是虚心，三是细心，四是恒心。读书有方法，要做到痴读、持读、耻读、炽读，即如痴如醉地读，坚持不懈地读，怀有“一物不知，学者之耻”的愧疚之心去读，持有炽热的情感去读，没有收获，决不罢休。

（2）向实践学

学习的内涵和外延是丰富的。“读书是学习，应用也是学习，而且是更重要的学习。”向实践学主要是学经验。我们向书本学习，是理论的东西多。向实践学习则是一种最直接、最为有效的学习方式，它需要学习者学会分析、综合、概括、归纳和总结，学会将实践中学到的东西上升到理论来认识，这是一种更具挑战性的、更具实际意义的学习。

向实践学习应学会实做、精做、巧做和乐做。

实做就是做实。工作不扎实、不踏实、不落实，难以取得成效，教师专业成长也是一句空话。

第一，要订实目标。制订教育教学工作目标时要实事求是，不拔苗助长，也不自甘后进，而是根据实际情况确定目标。比如教学工作要根据三方面的情况来制定工作目标，一是教情，即教师自身的知识水平、学科优势。要发挥优势、保持中势、克服劣势；二是学情，即学生的知识基础、学习潜能、个体差异等，要巩固基础、挖掘潜能、因材施教；三是考情，即学段结束时应达到的学业标准，这是教学工作必须要考虑的问题。

第二，要抓实过程。教育、教学、教研、管理工作都是由一个个工作环节构成，比如每项工作一般都由计划制订、计划实施、检查评价等环节构成，管理工作则要具体协调人、财、物、事、时、空、信息等要素，其中又各包含非常细微的环节，而教学工作则又由备课、上课、辅导学生、批改作业、考核学生成绩等环节组成。工作中抓实过程、抓实环节是非常必要的。有的教师制订计划时轰轰烈烈，计划落实时无声无息，过程没抓实，效果好坏可想而知。

第二，要求得实效。学校工作实效是班级、年级工作绩效的集合体，而班级、年级的工作绩效又分为德、智、体、美、劳、卫、心等多个方面，我们的工作不仅要关注学生的智育方面，也要关注学生的其他方面的发展，只有这样，我们才可以说，工作取得了成效。不然，一方面的畸形发展，不仅会阻碍甚至还会损害学生其他方面特别是完善人格的发展，这对学生的长远发展不利。因此，一个成功的教师必须以学生发展为本，立足现在，关注未来，既重科学，又重人文，促进学生全面、可持续发展。

精做就是专业服务要瞄准一流。这里所说的“一流”是个相对概念,是个理想的目标。教师要想在专业上有所成就、有所成长，必须心有理想，精益求精，积极向上。

首先，要立志做一流的教师。要发奋努力，不断提高自己的政治素质、业务素质、身体素质、心理素质。观念上要与时俱进，不断研究新情况、新形势、新问题，不断适应教育、教学、教研、管理工作的新需要。要力争站在学术的前沿，使自己能够在工作中游刃有余、胜任愉快。

其次，要掌握一流的技艺。教育、教学、教研、管理需要教师精湛的技艺。领导、引导、教导、疏导需要技艺，解疑、释疑需要技艺，计划、实施、落实、检查、反馈、矫正也需要技艺。眼睛向内，也要向外，善于在工作中不断学习现代教育技能和艺术，通过实践，提升自己的技艺水平。

再有，要创造一流的业绩。一流的教师用一流的技艺可以创造一流的业绩。创造一流的业绩，一需要实力。一流教师的思想观念和精湛的技艺便是实力所在。二需要努力。“不花气力，不能成事”，一流的业绩是教师努力的结果，不努力的教师是不会创造一流业绩的。三需要毅力。要创造一流的业绩就要随时准备克服困难，和艰难困苦做斗争，非凡的毅力是创造一流业绩的必备条件之一。

巧做是指思路巧妙、方法巧妙、结果巧妙，巧做重在做事的效率。

第一，要有巧妙的思路，要研究规律，探求规律，遵循规律，形成科学的思路。比如教师要关注学生的全面成长，必须抓好德、智、体的发展。然而德、智、体究竟应该抓什么，怎么抓，大多数教师处于迷茫状态。我们提出德育工作应“抓方向、抓品德、抓养成、抓学风、抓学纪、抓学效”，智育工作应“面向全体、因材施教、分类指导、全面提高”，体育工作应“学习知识、熟习技能、磨砺意志、锻炼体魄”，实践表明，这些思路是正确的。

第二，要有巧妙的方法。学校工作要取得实效，需要有恰当的措施和科学的方法。比如优秀生的培养必须注意培养其身心素质，必须高标准、严要求。学困生转化则要从分析入手，绝不能一说学困生就把他们归为智力低下一类，实际上学困生产生的原因是多种多样的，例如有基础型、能力型、学法型、学风型、学纪型、综合型，这要求我们应从多方面入手，采取相应对策，提高学生的学业成绩。

第三，要取得巧妙的结果。不会工作的人事倍功半，会工作的人事半功倍。学校里常有的现象是有的人神态自若、悠闲自得，工作成绩显著；有的人则神情紧张、忙个不停，工作成绩一般。为什么会出现这样的情况？通常人们认为前者能力强，后者能力弱。这有一定道理，但又不完全是。二者的差异是在思路和方法上，后者缺少应有的反思，工作思路和方法十几年、几十年如一日，并非不思进取，而是缺少改进，越干越累，越干成效越低，因此，要想干得好、干得巧，必须既做事，又究理，只有这样，才能取得好成绩。

乐做就是快乐工作。

教师的工作是面对生命的事业，应该是其乐无穷的。然而要做好这一工作，使自己得到成长，则需要克服职业倦怠。克服职业倦怠需要从生理和心理入手，除劳逸结合外，应努力做好几个方面的工作。

首先，教学相长。中国传统的社会观念是，教育是一种奉献者的职业，教师是默默无闻无私付出的。过去我们常说，家有三斗糠，不当孩子王。这种传统的社会观念也在影响着教师的情绪。不错，教师工作的第一要义是奉献。但是在奉献之中，教师又有着自己的成长、成功和成就，他也在收获着进步、喜悦和快乐。教师自身有规划、有目标、有方向、有愿景，在教育教学过程中不仅促进学生的成长，自己也在思想上、业务上获得进步，这实际上是师生共同进步、共同成长、互利、互赢的过程，教师认识到这一点，便少了一份“春蚕到死丝方尽，蜡炬成灰泪始干”的悲壮，便多了一份“一日为师、获益良多”的喜悦和快乐。

其次，目标常新。教师的工作是在学校里，在课堂上，在备课、上课、辅导学生、批改作业、考核学生成绩中，日复一日，年复一年，周而复始，久而久之，便少了一些挑战性。老生常谈的话题多了，原来的工作标准陈旧了，便容易产生厌倦情绪，所以才会有生理耗竭、情绪衰竭、价值衰落、非人性攻击行为现象的发生。为此，教师一方面应该做到目标常新，要一段时期有个新目标，一段时期有个新要求，使得自己的工作能够出新，常做常新；另一方面还要不断追求，要脚踏实地、扎扎实实实现自己既定的目标，在此基础上，不断提升自我，完善自我，超越自我，从一个胜利走向下一个胜利，以一个成功的喜悦迎接另一个成功的喜悦。

再有，引导教师走到教科研的路子上来。苏霍姆林斯基认为，能使教师的工作增加乐趣的方法是引导他们走到教科研的路子上来。有人说我们的师生“困、累、烦、苦”，这里面有机制的原因，但最关键的是缺少了工作兴奋点。我们仔细观察一下，容易产生职业倦怠的教师，大都是只知道教学而不知道研究的教师。因为，教师少了研究的环节，教学效率不高，教学效果不好，教学效能较差，容易“困、累、烦、苦”。而重视教学科研的教师，则有研究不完的课题，考虑不完的问题，他们常常会聚精会神，全力以赴，常常会产生无穷的好奇心和无尽的兴趣。教科研工作使得年轻的教师青春飞扬，年长的教师容光焕发，教科研工作常常会使职业倦怠退避三舍，一扫而尽。所以，教科研不仅对教师专业成长有利，对教育教学水平的提升有利，也对克服教师职业倦怠起着重要作用。

（3）向他人学

孔子曰：“三人行，必有我师焉。”我们有很多朋友、同事、领导在某一方面或闻道在先，或术业专攻，他们是我们学习的榜样。向他们学习的地方有很多，比如有的奉献在岗、踏实苦干，有的奋发向上、追求不断，有的不畏艰难、勇于登攀，有的勤于研究、成就彰显，这些同志都可以成为我们某一方面奋斗的目标和努力的方向。向他人学习要注意克服两种倾向，一是自吹自擂、夜郎自大，舍我其谁？二是自愧不如、妄自菲薄，不敢超越自我、追求一流。这两种倾向是学习他人的障碍，前者影响人的自我剖析和全面进步，后者影响人的自我评价和主动进步，这两种倾向在学习中必须加以克服。

向他人学要学精髓。具体讲就是要学境界、精神、态度和方法。学境界，境界决定一个人成长的高度。学精神，精神决定一个人成长的韧度。学态度，态度决定一个人成长的宽度。学方法，方法决定一个人成长的深度。

（4）向问题学

向问题学要学方法。工作中我们会遇到各种矛盾和问题。问题本身是我们学习的原动力，因为遇到了问题就需要解决，解决问题需要我们正视问题、分析问题、找出解决的办法，在学校里，我们在教育、教学、研究、管理中会有许许多多亟待解决的问题。这是我们长才干，提升能力的重要渠道之一。

教师专业研究的范围是很广泛的，然而，四个方面的问题研究是必不可少的。

第一，研究重点问题。

重点问题是指对教育教学工作起着重要作用的问题。如我们从事的教学工作是一种特殊的认识活动，其规律何在？许多人不能回答这一问题。据专家研究和笔者的思考，我们认为，教学是个体的认识活动，是间接的认识活动，是教师领导下的认识活动，是有教育性的认识活动，是有目的性的认识活动，教学的个体性、间接性、领导性、教育性、目的性是我们从事教学、管理以及研究必须把握好的问题。又如我们在推进素质教育的过程中应具备怎样的教育思想呢？我们认为应树立公平的思想、全面的思想、差异的思想、发展的思想、开放的思想、创新的思想、民主的思想、系统的思想、辩证的思想、实践的思想，把握好这些思想的内涵，对推进素质教育有重要的意义。

第二，研究热点问题。

热点问题是指业内、业外乃至全社会都非常关注的问题，特别是教育教学改革问题。处理好这些问题需要我们正确认识改革的缘起和改革中应该处理好哪些关系，以取得改革的成效。

对于课程改革，对此我们应采取积极的态度。课程为什么要改革？原因之一是由于知识转型。石中英认为，人类知识从原始知识型开始，经历了三次大的变型，即从原始知识型到古代知识型，从古代知识型到现代知识型，又从现代知识型到后现代知识型。原始知识型是以神话知识为主，古代知识型是以宗教知识为主，现代知识型是以科学知识为主，后现代知识型是以文化知识为主。社会的政治、经济、文化变革了，知识转型了，反映知识内容的课程当然应该改革。

改革中我们应遵循规律，科学地推进改革的进程，应着重处理好知能关系、知行关系和知情关系。

关注和研究热点问题，教师如果能够理性地作出分析，把握契机，成长的速度会加快。

第三，研究难点问题。

难点问题是教育教学工作中不容易解决好的问题。我们在实际工作中有很多难点问题，比如宏观的评价问题。现在有很多人对考试增加学生的课业负担有意见，一些激进的人还主张取消高考。对此，我们应采取谨慎的态度。中国教育发展史表明，凡是重视考试评价的时代社会就稳定，文化教育就发展，凡是废除了公正考试的时代，社会就不稳定，文化教育就受到挫折。考试评价制度是要改革的，但可以肯定的是不可能取消它。在中国，人才选拔先是实行察举制，后实行九品中正制，到隋朝建立了科举制度，这个制度一直延续到清末共一千三百年，科举制度尽管流弊很多，但仍比察举制、九品中正制要公正进步得多，因为，察举制使得“虚诞者获誉，拘检者离毁”，更可笑的是“举秀才、不知书，察孝行，父别居，寒素清白浊如泥，高第良将怯如鸡”。而九品中正制使得“上品无寒门，下品无世族”，造成更大社会不公。我国“文革”期间废除了高考，10 年间没能培养一个本科毕业生，造成人才的极大浪费，给社会发展带来巨大损失。作为教育工作者，我们应认真研究这一难点问题，为改进和完善中国的考试评价选拔制度建言献策。

教育教学微观方面的难点问题也有不少。如我国《学记》对教学工作中违反教学原则、不讲究教学方法以及造成的恶果就曾进行过比较全面的总结和概括，提出过尖锐的批评。《学记》中说：“今之教者，呻其占毕，多其讯言，及于数进，而不顾其安，使人不由其诚，教人不尽其材，其施之也悖，其求之也拂。夫然，故隐其学而疾其师，苦其难而不知其益也。虽终其业，其去之必速。教之不刑，其此之由乎！”二千多年前先辈们提出的难点问题至今在我们的课堂上仍没能解决好，难道不应引起我们的反思吗？研究解决这些难点问题的办法，便是一种真正的专业成长。

第四，研究疑点问题。

疑点问题是教育教学中大家感到困惑不解的问题。教学方法多种多样，有传统的，有现代的，比如教育学中提出的就有讲授法、谈话法、讨论法、实验法、作业法、练习法、参观法、纲要信号法、探究法、发现法、暗示法、非指导教学法、范例教学法等等，我们有的教师受过师范教育或教学实践多年，但能够熟练运用其中的一种方法尚还做不到。这是为什么呢？实际上能够运用好其中一种方法便有了做好一位优秀教师的基础。说有了基础，是说还不够，教学效率和效益问题是个需要多方面因素或多个环节起作用的事。比如曾有一位教师，领导评价、同行评价、学生评价、家长评价都很好，是个公认的好教师，但就是这个教师曾因教学成绩不好连续三年未能获得教学奖励，而且是学校里唯一的一位。

对此，我们从理论上做出了分析，找出了原因。这位教师业务很好，专业知识没有问题，口才较好，课讲清楚没有问题。但按照赫尔巴特的理论，教学的兴趣分为四个阶段，即注意、要求、探究、行动，教学也分为四个阶段，即明了、联想、系统、方法。这位教师只是把该讲的讲明白了，引起了学生的注意，明了了知识，但之后的联想即新旧知识联系，系统即概括、归纳和总结，以及方法即训练、应用、强化却远没有做到位，因此教学效果大打折扣。教育教学工作中教师不仅要帮助学生“解惑”，更要通过研究为自己“释疑”，这也是教师专业成长的应有之义。

综上，教师只有坚持四学，才能够提高自身素质，才能提高工作能力和水平，才能促进自己专业成长。

好教师应该有作品意识

＊＊＊

教师以传道授业解惑为己任，任重道远，使命光荣。要办人民满意的教育需要党和人民满意的好教师。什么样子的人才是好教师呢？我们在教育管理中提出教师要有作品意识。

一是要带出一个优秀班集体。

魏书生说，一个教师如果不做班主任就是吃了大亏。但是做了班主任，怎么带好一个班，在此基础上怎么创建一个优秀的班集体确是一门科学。怎么带好一个班？我们认为，班主任应该让自己带的班级有一个共同的目标，一个美好的愿景，一种向上的精神，一套科学的制度，一种良好的班风。这些应该是带好一个班的基本要求。但要创建一个优秀的班集体，班主任还要认真研究、遵循、运用好班级教育教学规律，比如教育受着社会政治、经济的制约，教育要发挥能动作用；教育要适应青少年身心发展和社会发展的需要；教育要协调好学校、社会和家庭之间的关系，协调好领导、科任教师和学生之间的关系，协调好遗传、环境和教育之间的关系等等。只有研究、遵循、运用好这些规律，优秀的班级才有希望形成。一个优秀的班集体是班主任老师的作品。

二是要教出一批好学生。

作为教师，我们的生命在学生身上得到延续，他们是我们当之无愧的作品。什么是好学生？好学生应当是德智体美劳全面发展、和谐发展、可持续发展的。他们有理想，有道德，有文化，有纪律。教出一批好学生是教师的责任，教师的任务，教师的使命，也是教师的荣耀。我们教育工作者都知道，我们中国教育界有个“教育活化石”之称的教育家吕型伟先生。吕先生一生热爱教育工作，建树很多，生前曾说过他曾经是上万个学生的老师。学生中工农商学兵都有，有不少成功者。他说自己感到最欣慰的是，这些学生中没有一个人在“文革”期间上蹿下跳，没有一个人在改革开放时期犯罪胡闹。这些学生是老人家最得意的作品，这作品无疑也是对先生长期从事教育工作的最高奖赏。

三是要写出一篇好文章。

教师集专业学习、专业实践、专业研究于一身。从事几十年教育，作为教师，我们应该结合自己的学习、实践、研究写出一篇自己最得意的论文或论著。这不仅对自己是一种反思，一种总结，一种提升，一种激励，对他人也是一种借鉴，一种启发，一种帮助，一种引领。有位教育家说过，读书、教书、著书是教师的一种理想的生存方式，也是一种理想的生活方式。中外无数教育家的成长、成功、成就的历程都表明，只有教师有了这样的生存方式和生活方式，他才能在工作中发现乐趣，发现幸福。一篇好文章的意义不在于能否发表、出版、传播、得名，而在于那是教师的热情，教师的付出，教师的思考，教师的悟道。

四是要培养发展好自己。

我们常说教师的工作是“春蚕到死丝方尽，蜡炬成灰泪始干”的事业，这说明教师事业的崇高，但这不是教师工作的真正意义。其实，教师的工作还是充满希望的事业，我们教师既为学生幸福发展奠基，给学生以希望和未来，也为我们自己幸福发展奠基，给自己希望和未来。很多教师在三尺讲台上立德、立功、立言。作为教师，我们常常为学生和自己的成长呐喊，为学生和自己的成功雀跃，为学生和自己的成就喝彩。在与学生共同进步的同时，教师自己不断发展自己，不断提升自己，不断完善自己，自己成为自己的作品，这是教师这个职业特有的现象。不把自己当成作品来雕琢的教师是没有希望和未来的教师，也是没有快乐没有幸福没有成就的教师。

五是要教育好自己的孩子。

教师行为世范，在家庭教育中也应该发挥作用。教师成家立业后，有了自己的宝贝，“近水楼台先得月”，一定要利用自己的教育知识、教育技能和教育优势打造、雕塑好自己家里这件独一无二的作品。教师教育好自己的孩子，有着多重的积极意义。其一是亲身感受教育的力量。教育能够改变人，塑造人，发展人，提升人，完善人。教育好自己的孩子，也是一种艺术，要晓之以理，动之以情，导之以行。在教育孩子的过程中，身为家长，身为教师，我们时刻感受着教育的力量。其二是便于了解孩子各方面的需求。正所谓：“知子莫如父。”教育孩子的过程，也是了解孩子身心发展的过程，他们的愿望，他们的理想，他们的动机，他们的兴趣，他们的爱好，他们的诉求都一一真实地呈现在父母面前，推己及人，这是做好教育工作的基础。其三是为社会做出一份贡献。每一个孩子都是祖国的未来和希望，都是社会主义的建设者和接班人，教师把自己的孩子教育好也是多为国家做了一份贡献。其四是便于总结和推广自己的教育经验。教师教育自己的孩子的过程也是教师总结经验和教训的过程。孩子就是一块试验田，教育试验中，教师作为家长，肯定诚心、精心、细心、耐心，倾注爱心，教育过程中有成功，有挫折，这样的一种直接经验适时适地推广到其他孩子的教育过程中可能会产生意想不到的教育效果。

带出一个优秀班集体，教出一批好学生，写出一篇好文章，培养发展好自己，教育好自己的孩子是教师应尽的职责，也是教师一生的职业追求。愿我们的同行们都能具有作品意识，并且能有更多更好的作品问世。

说说教师应有的气质

* * *

春节期间，本家的一位姐姐到家中看望老人。由于我长期在外地工作，与她是第一次见面。交谈中发生一件有趣的事情。我问她是做什么工作的。她让我猜。我说您是教师吧？她愕然。于是问我是怎么看出来的。我说她有教师的气质。

什么是气质呢？一般来讲，气质是指人的生理、心理等素质，是一个人比较稳定的个性特点。气质也指人的风度、模样。气质一词，语出宋张载《语录钞》："为学大益，在自求变化气质。"气质研究对教师教育工作颇有意义。

有人指出，一个人的气质是指一个人内在涵养或修养的外在体现。气质是内在的不自觉的外露，而不仅是表面功夫。如果胸无点墨，那任凭什么样的华丽的衣服装饰，这人也是毫无雍容气质可言的，反而给别人以肤浅的感觉。所以，如果想要提升自己的气质，做到气质出众，除了穿着得体，说话有分寸之外，还要不断提高自己的知识和品德修养，不断丰富和提升自己。

那么教师应有什么气质呢？笔者以为，应该有书卷气、儒雅气、清高气和圣洁气。

第一，应有书卷气。

教师以书为伴，读书，教书，甚至著书，耳濡目染，浸润其中，久而久之，就有了书卷之气。书卷之气是一种外在表现，更是一种个性体现，还是一种素质显现。书卷之气来自读书。读书可以教育人、塑造人、改变人，读书的人举手投足、一笑一颦都有一种掩饰不住的书卷之气，这是因为书香的熏染，文化的淬炼。培根在《论读书》中说："读史使人明智，读诗使人灵秀，数学使人周密，科学使人深刻，伦理学使人庄重，逻辑修辞之学使人善辩。凡有所学，皆成性格。"教师读书贯穿一生，在此过程中，吸取营养，丰富自己，陶冶自己，提高自己，慢慢地，书卷之气养成了。不仅如此，教师还要教书，在此过程中，教学相长，师生互动，相互学习，相互影响，书卷之气益浓。有的教师在学习和实践的过程中还要进行教学研究，在此过程中，专心致志，博览群书，深入思考，视野大开，书卷之气自会溢于言表。

第二，应有儒雅气。

教师的儒雅是书卷气的另一表现形式。"腹有诗书气自华。"胸有诗书的人才会儒雅，才有儒风，才有雅气。我们看大部分教师都有谦恭的微笑，优雅的姿态，这是一种儒雅，这种儒雅是长期教育培养的结果，是长期职业训练的结果。然而这只是教师儒雅的外部表现形式，远不是教师儒雅的全部。教师的儒雅还表现在语言表达的得当和接人待物的得体上。一个优秀的教师由于长期的教育和职业训练，用语准确、精当、优美、受听，接人待物热情大方、礼貌仁让。因此，教师成为儒雅的代称和化身。儒雅是教师区别于其他行业从业人员的个性素质，教师应当万分珍惜。

第三，应有清高气。

做教师的与常人有相同之处，也有特异之处。相同之处是，也有七情六欲，也要关注油盐酱醋茶。不同之处是，教师身肩教育重任，要教书，还要育人，功在当代，利在千秋。教育工作的行业特点不容许教师有丝毫的市侩气、低俗气。平日里的教师语言要讲究，行为要检点，要以身作则，率先垂范。课堂上的教师，真正要学为人师，行为世范。要以完美的形象引导人，以正确的观点教育人，以科学的理论培育人。教师的清高是行业特点所规定的，也是行业制度所规定的。教师在从业过程中，要严格遵守教育法、教师法以及各种规范和规定。教师能够严格执行教育法律法规，其动力不仅来自制度约束，也来自其内心自觉。制度约束和内心自觉共同促进教师清高之气的形成。因此教师的清高之气是内因和外因共同作用的结果，是存于心而形于外的。

第四，应有圣洁气。

圣洁气应该是教师的另一个职业标志。读一读教育史，我们发现为教育做出划时代贡献的人大都是具有圣洁形象的人。伟大的教育家孔子有“有教无类”的教育主张。作为万代师表，孔子是圣洁形象的楷模，是我们教师的楷模。我们做教育工作的，对所有的学生做到一视同仁，不歧视，不忽视，就要真正以教书育人为己任，不羡俗，不媚俗，不阿贵。“一身正气，两袖清风”，不慕灯红酒绿，不去追名逐利。稳得住心神，守得住心田，把得住心境，担起育人重任。为中华之崛起而读书，为中华之复兴而教书，视桃李满园为自己最大的荣耀，把培育学生成才作为自己毕生的追求，将学生成长成功成就看作自己最大的幸福。可以毫不夸张地说，教师的圣洁是学生的幸运，是家庭的幸运，也是国家的幸运。

总之，教师具有的书卷气、儒雅气、清高气和圣洁气会赢得学生、家长以及社会的高度认同和赞誉。它们不仅有利于教师开展教育教学工作，也有利于引导社会良好风气的形成。

教师理想的职业生活方式

* * *

教师，一个伟大的称号，一个伟大的职业。

《中华人民共和国教师法》里明确规定，教师是履行教育教学职责的专业人员，承担着教书育人、培养社会主义建设者和接班人、提高民族素质的使命。教师任重道远，使命光荣。教师要担当重任，不辱使命，需要一种理想的职业生活方式。

其实，教师理想的职业生活与“书”有着千丝万缕的联系。教师与书的关系，犹如司机与汽车，厨师与厨具，士兵与刀枪的关系一样，职业中不可或缺，他需要日复一日年复一年地不断学习、实践、研究，久而久之便成了一种职业习惯，逐步地也就变成了一种职业生活方式。那么，教师理想的职业生活方式是什么样的？

笔者认为，教师理想的职业生活方式应该是用心读书，潜心教书，精心著书。

一是用心读书。

阅读改变人生。作家周国平说，人们读书大约有三种目的：第一种是为了实用的目的，这还不是真正的阅读；第二种目的是为了消遣，也不能算是真正的阅读；第三种是作为精神生活的阅读，通过阅读，感到精神上的愉悦，得到精神上的提升，从书籍中汲取精神营养，让自己在精神上成长，内心变得丰富、充实，这才是我们提倡的阅读。我们认为，教师用心读书会一石三鸟，既得到知识技能，又得到快乐放松，还能得到精神提升。“读书足以怡情，足以傅彩，足以长才”，教师天天与书香为伴，用心读书会改变自己，也会影响学生一生。

二是潜心教书。

教师以教书育人为己任，潜心教书是职责所在，也是幸福所在。在教育教学中，要潜下心来认真研究、遵循、运用教育教学规律。比如要研究、遵循、运用受约律、适应律和协调律。要明确教育受到社会政治、经济的制约，同时又反作用于社会的政治和经济，教育要主动为社会发展服务；要让教育不断适应社会发展需要和学生身心发展需要，促进学生全面、和谐发展；要在教育中协调好学校、社会和家庭的关系，形成教育的合力。教师还要懂得，课堂教学是有别于科学家的认识活动的，它是一种特殊的认识活动。比如教学是主体的认识活动，是间接的认识活动，是教师领导下的认识活动，是有教育性的认识活动，是有目的性的认识活动。主体性、间接性、领导性、教育性、目的性等就是教学基本规律所在。我们的教学活动不能游离、违背这些基本的规律。

三是精心著书。

教师集专业学习、专业实践、专业研究于一身，著书或著述是研究、总结、提炼、提升职业经验的一种方式。虽然著书不是人人愿为、人人可为、人人能为的一种生活方式，但确实应该成为教师的一种较高的职业诉求和理想。一些名家如苏霍姆林斯基、陶行知、魏书生等做到了，因而他们成为我们学习和研究的对象。实际工作中，我们需要精心研究，要研究新的理念、新的观点、新的模式、新的方法，以丰富我们的教育理论宝库；我们需要精心总结，要总结我们教育实践中的得与失，成与败，以改进工作、提高质量；我们需要精心提炼，要提炼出教育实践中好的想法、好的做法、好的说法，推广开来，供人借鉴；我们需要精心提升，要提升我们的职业信仰、职业理念、职业自觉、职业操守和职业效能，使得我们的教育真正成为人民满意的教育。

教师读书是本分，教师教书是本职，教师著书是本领。教师用心读书、潜心教书、精心著书是教师理想的职业生活方式，三件事做好了，教师才会有成长感，有成功感，有成就感，才会向“立德、立功、立言”的理想迈进一步，教师的职业生活才会真正感到动力十足，幸福满满。

教师对学生的爱要做到“四有”

＊＊＊

没有爱就没有教育。这是我们教育工作者耳熟能详的名言。

但是教师如何爱学生却大有讲究。

首先，教师的爱不同于其他动物对幼子的爱。其他动物对幼子的爱是一种遗传,一种本能。教师的爱则是一种道义,一种责任。

其次，教师的爱不同于父母对孩子的爱。父母对孩子的爱既是一种遗传，一种本能，也是一种血缘亲情，一种功利诉求。教师的爱则是一种道德情怀，一种职业追求。

曾经读过翻译家钱歌川先生写的一本书。书中讲了这么一个故事能够说明其中的不同：

一所寄宿制学校经常发生学生文具被盗事件。起初人们认为这事肯定是一个农家子弟干的。因为那个孩子家里很穷，肯定需要这些东西。有个张同学就特别留意这件事，想把事情弄个水落石出。有一天他故意把新买的书包放在宿舍最显眼的地方。晚上拉灯睡觉后，他就专等小偷出手了。半夜时分，有个黑影蹑手蹑脚奔着那个书包而去。张同学迅速拉亮电灯，事情却大大出乎人们的意料：偷书包的人竟然是一个富家子弟钱同学！

钱同学的事情报告给学校。学校启动调查程序。原来宿舍里丢失的文具都是钱同学偷走的。他家里很富有，又不需要这些文具，为什么还偷别人的东西呢？说来很可笑。原来他有个姐姐。老奶奶看护着姐弟俩。但家里重男轻女，他又是老小，奶奶平时就向着他，宠着他。只要看到姐姐有什么东西，他就要什么东西。姐姐不给，他就撒泼打滚。每当此时，奶奶就小声告诉他：别闹，你姐姐上学走了，我偷给你。日日如此，月月如此，他就形成了一个习惯或者癖好：我的东西是我的，别人的东西也是我的，拿不到手心里就不痛快，就吃不下饭，就睡不着觉。你看，奶奶这种糊涂的“爱”彻底害了他。

显然，我们教师对学生的爱当有不同的立场，不同的角度，不同的含义。

第一，教师的爱有原则。

教师对学生的爱是有理性的，是有原则的。这种爱不是糊里糊涂的溺爱，不是无原则的宠爱，不是满足一切的泛爱。教师的爱有原则表现在教师对学生不守法纪、不合规范的行为一定会有批评，有劝导，有制止，使得学生明白作为一个社会人，应该时时刻刻高标准约束自己，应该遵纪守法，应该遵守社会公德。我们认为教师对学生的批评、劝导和制止也是一种关怀，一种教育，是一种最大的爱护。假使有些孩子在学校里有这样或那样的违纪行为，而学校、老师并不适当地批评、及时地劝导和有效地制止，当他们走向社会时，就会小错不断，最后酿成大错，直至走向犯罪。假使在他们成长的初期，教师及时伸出爱的援手，他们的人生之路就会少些遗憾，少些悲剧。

第二，教师的爱有期待。

教师是专业工作者，他们以教书育人为己任，在教育教学教研和管理工作中对学生的成长有目标，有期待。这种目标和期待具体体现在对学生的真、善、美的要求上，即要求学生要通过学校的学习懂是非，知善恶，辨美丑。真、善、美的要求诠释了学校教育的根本任务，体现了教师工作的本质。我们常说，科学求真，道德求善，艺术求美，教师就是要通过教书育人使得学生成为社会所期待的真、善、美的人。我们认为，这种期待毫不利己，专门利人，是教师的一种理想，一种崇高，一种大爱。

第三，教师的爱有引导。

教师闻道在先，术业专攻，他们思想上成熟，专业上有优势，因此能够在教育教学工作中引导学生全面、协调、可持续地发展。学生一生中遇到德艺双馨的教师是一种幸运。有了教师的引导，他们可以少走弯路，可以成大器，做大事。我们认为，教师要引导学生成为一个幸福的人，关键要引导学生做到仁爱，快乐，向上。仁爱就是要自爱爱人，也就是说，既要爱自己也要爱他人。快乐就是要在生活、工作、学习中时时刻刻能够感受到和享受到愉悦。不快乐的生活、工作和学习是没有任何意义的。向上就是要积极进取，要为这个国家这个社会这个民族做些有意义的事情。有了教师这种引导，学生就会日日沐浴在教师爱的阳光里，就会天天感受到生活工作学习的幸福。

第四，教师的爱有激励。

我们认为，教师的激励对学生是一种爱的奉献，一种爱的激发，一种爱的鼓动，一种爱的绽放。教师的激励体现在对学生成长的肯定、表扬和鼓励上。我们认为，学生的核心素养的养成需要激励，学生德智体全面发展需要激励，学生取得的每一个进步、每一份成绩、每一个成功都需要教师的激励。教师对学生的激励力量是巨大的。教师的激励使得学生浑身充满爱的力量，他们会把这种爱的力量转化为奋进的动力，会在未来以积极的阳光的建设性的心态成就一番事业。

综上，世间有大爱，教师爱不同。作为教师，在我们承担起传道授业解惑的那一刻起，我们就义不容辞地选择了爱。爱中有原则，有期待，有引导，还应有激励。熟稔于此，教师才会成为一个爱的使者，才会成为一个优秀的成功的教育工作者。

一次难忘的教学经历

* * *

教书 19 年，其中有一次教学经历让我终生难忘。

记得那是我给高一年级第一次上英语课。在课堂上，凭着多年的学养，起初我还是挥洒自如。依据教学内容设疑，解疑，学生积极思考，踊跃参与，课堂气氛良好，教学过程进展顺利。然而，当讲解课文时，出现了一件意想不到的事。讲课过程中我注意到一位女生头埋得低低的，像是在躲避着什么。于是我随机向她提出了一个问题。她有些不情愿地站起身来，脸憋得红红的，只是站在那里，一言不发。我看到这种情况，耐着性子，又重复了一次那个问题。然而，她此时脸变得更红了，仍是一句话也不说。我有点沉不住气了，问她那个问题会还是不会，可她仍是一声不吭。这时，我有些怒不可遏了，大声地呵斥着她，并决定让她站立听课以示惩罚。余下的时间，我是在怒气冲天的状态下度过的，我自己也不知道到底讲了些什么。总之，这次课乘兴而来，败兴而去。

下课了，我仍然处于激愤中。这时，班长敲门走进我的办公室。她看到我怒气未消的样子，小声地对我解释说："老师，真对不起您，其实，对我们班的同学您并不十分了解，她不是故意惹您生气的。她自上小学起就有个不好的习惯，在生人面前，越是着急，就越说不出话来，越说不出话来，就越着急。不了解她的人常常弄出误会。”

天啊！我怎么就没有想到呢？此时此刻，我感到有些无地自容，感到自己作为一位教师的无知、无能和失职。后来，在第二次课上，我当众做了自我检讨，并诚恳地向那位女生表示了歉意。事后，那位女生消除了紧张，课上总能主动、积极地回答问题，三年后以优异成绩毕业。

这件事引发了我很多思考。当好一个教师，政治思想素质、文化知识素质、身体素质无疑是必不可少的。此外，认真、全面、细致地了解学生也是非常必要的。不了解学生，不善于观察学生，不能正确地分析学生就不能有的放矢地、卓有成效地开展教育教学活动。此外，教师良好的心理素质也是搞好教育教学工作所必需的。教师应善于做心理引导工作，并有足够的应变能力，能够恰当地运用教学机智来处理课堂上发生的意外情况，应处变不惊，应变自如，以高超的心理应变艺术来组织教学、推动工作、影响学生、教育学生。

教师培训要关注什么

* * *

近些年来，各地方教育行政部门或教研部门都十分重视教师的业务培训。应该说，这些培训大都取得了一些成效。然而，也听到一些来自教师的抱怨。他们认为有些培训流于形式，实用性差。有的培训自说自话，针对性不强。有的培训层次不高，对教师能力提升作用不大。鉴于此，我们提出教师培训应该关注教育理念、理论短板、实践困惑、科研能力、创新思维。

第一，关注教育理念。

教育实践，理念先行。可以说，有什么样的教育理念就有什么样的教育实践。现在一些地区一些学校仍然是素质教育热热闹闹，应试教育扎扎实实。表现在素质教育喊声震天，真实举措并无多少。相反，应试教育含糊其辞，一招一式样样精妙。从本质上讲，还是教育理念问题，即我们的教育应该培养什么样的人的问题。我们认为，素质教育形势下，我们的教育应该认真贯彻党的教育方针。要树立现代教育理念，我们的教育要面向全体，要全面发展，要承认差异，要因材施教，要促进发展，要注重创新，要系统完整，要讲求民主，要辩证施教，要重视实践。要做到这些，教师培训应该讲清道理，明确意义，端正教师行动的方向。

第二，关注理论短板。

教师是一线实际工作者。虽然他们在岗前教育中不乏教育理论学习或学术训练，但理论学习需要与时俱进，坚持不懈。实际工作中，我们发现不少教师教育理论上有不少欠缺。比如缺少教育学基本理论的思考，不懂心理学的基本技巧，不知教育教学的本质意义，对几千年教育发展过程中的经验教训一无所知，从而更谈不到从哲学角度或层面上来理解和诠释教育。教育理论上的短板往往使得教师产生很多问题：一是教育教学理念滞后，难以做到与时俱进；二是教育教学艺术欠缺，教育教学难以取得应有的成效；三是理论高度缺乏，个人专业成长受限。尽管实践很努力，由于理论水平不高，眼界相对狭窄，成长受到很大阻碍。教育理论短板是教师中普遍存在的最突出的问题。教师培训中应着力补上这一课。

第三，关注实践困惑。

作为实际工作者，教师在教育教学教研以及管理工作中有不少需要解决的问题。这些问题往往使得教师困惑不已。教育中的困惑有很多，如怎样使得我们的教育更好地为社会的政治经济文化科技服务，怎样使得教育更好地适应社会发展需要和学生发展需要，怎样更好地协调学校教育、家庭教育和社会教育之间的关系等等。教学中的困惑也有不少，如怎样做好超常生的培养、学困生的转化和问题生的引导，以提高教学的效率等等。教研中也有不少困惑，如教师需要什么样的教研，需要在研究中解决哪些问题，怎样把研究的成果用于教学实践等等。管理中的困惑更不少，如宏观上队伍建设、设施建设和机制建设如何做才更为有效，微观上课堂教学中教法、学法、考法、管法如何才更为有效等等。解决教师实践上的困惑，有助于教师更好地改进教育教学教研和管理的实践，也是教师培训的应有之义。

第四，关注科研能力。

教师的科研能力包括很多方面。首先是发现问题的能力。教师要善于观察，能够从纷繁复杂的教育现象中筛出实质问题。其次是分析问题的能力。教师要积极开动脑筋，认真分析梳理产生问题的背景和原因。再次是解决问题的能力。解决问题的模式有两种：一是实践模式，二是理论模式。两种模式各有优势，各有千秋。另外还有表述问题的能力。教师要锤炼和提高口头表达和书面表达的能力。最后是交流问题的能力。教师要学会利用报刊、论坛、年会等媒体平台与同行共同探讨交流有关问题，集思广益，相互借鉴，深化认识，完善研究。教师培训要关注教师科研能力的提高，要帮助教师学会科研的方法，掌握科研的技巧，把握科研的过程，形成真正的科研能力，切实促进他们的专业成长。

第五，关注创新思维。

创新是教育教学发展的不竭动力。没有创新，就没有改进，就没有进步，就没有提高，就没有发展。创新实践需要创新思维。创新思维需要创新制度、创新机制、创新模式、创新方法、创新手段。一要创新制度。要创新教育、教学、教研、人事、设施、卫生等管理制度，使其更好地满足学校发展的需要。二要创新机制，要创新奖励激励机制，形成鼓励先进、鞭策后进的良好机制，使得优者更优，差者跟上。三要创新模式，要创新德育、智育、体育、美育、劳动技术教育工作模式，不断改善效能。四要创新方法，不断创新教师和学生学习的方法，工作的方法和研究的方法，注重提高效率。五要创新手段，要借鉴和运用好现代教育教学教研和管理手段，持续改进效果。关注创新思维应该是教师培训的一个重点。

总之，教师培训应该从教师的需求点、薄弱点、成长点、关键点入手。只有这样，教师培训才能达到应有的效果。

青年教师要加强教育基本理论修养

* * *

几年前，一位刚刚分配来天铁的师范本科毕业生来我办公室闲聊。他大概只知道我是学外语的，不知道我还喜欢搞些教育学理论研究。他自我介绍说自己虽然专业知识学得不是很精，但教育学学得很好，并且有很多感悟。对此，我很感兴趣。我们探讨了三个问题：教育的本源，教育的本质和教育的本性。

遗憾的是，他不能给出明确的答案。我语重心长地告诉他，搞不清这几个问题，不能说真的懂教育理论。我建议他回去好好地读读教育学经典，这样有利于现在和未来的发展。

事有凑巧，近日有单位考核优秀青年教师教育基本理论，让我命一道题。我出了这么一道题：请列举出中外经典的教学方法。你在课堂教学中最常用哪种方法？请你从学理上分析它的优点和缺陷。

考试结束，我看了看答题情况，老师们专业知识题答得很好，只是这道教育理论题答得很不理想。优秀教师尚且如此，其他老师可想而知。

作为教育理论工作者，我们首先应该知道教育是源于社会发展需要和个体发展需要，教育需要为社会发展和个体发展服务，这样，我们的教育才会有明确的目标和方向定位。此外，我们还应该知道，教育是为了培养人才和社会教化。正如《学记》中说“建国君民，教学为先”，“化民成俗，其必由学”。还有，要知道教育受着社会政治、经济、文化、科技等的制约和影响，是在不断变革之中的。我们的教育应该与时俱进，应该不断创新。思考这些问题，会使得我们的教育教学行为更有理性，更有智慧。这是一个教育工作者应有的教育理论素养。

作为教师，我们几乎每天都要运用具体的教学方法。对我们采用的各种方法，比如中外经典的方法有讲授法，谈话法，讨论法，实验法，作业法，练习法，参观法，纲要信号法，探究法，发现法，暗示法，非指导教学法，范例教学法等我们是否有系统的认识，有没有真正实验、比较、分析过每种方法的效果和优劣，应该说这是提高教学水平和教学质量的关键。倘若我们的青年教师不能认真研究这些方法，十年如一日，数十年如一日地盲目沿用自己尚不知道优劣的教学方法，那将是十分可悲的事情。

学习教育理论对于一个教师的成长影响很大。青年教师不仅要学，更要有正确的学习态度、科学的学习方法和顽强的学习精神。我们倡导，学贵以博，学贵以专，学贵以疑，学贵以恒，学贵以实，学贵以用。教师的理论素养提高了，付诸实践中，教育教学就会方向明确，有效教育、有效教学、有效教研、有效管理就不难实现。

要提倡和鼓励终身教育

* * *

据中新网2009年12月30日报道，时年63岁的北京师范大学教授、博士生导师、著名语言学家周流溪追随川大80多岁的音韵、训诂学家赵振铎先生，攻读博士学位。对周教授暮年尚有如此进取精神，有些人不太理解，但更多的人给予赞扬：作为一名建树颇丰的教授，63岁尚存学业进取之心，孜孜锲锲地和年轻人一起攻读学位，实属不易。从知识结构看，周教授外语专业毕业，早年师从吕叔湘先生，侧重语用学、社会语言学、英汉对比、语言教学等领域的研究。此次程门立雪，拜师赵振铎先生，研读《尔雅》《广韵疏证》，以求知识之对称，功底之殷实，实乃学术真人之举，于广扬学术精神、激励学界后生不无益处。周教授再坐冷板凳的勇气，周教授的读博行为于当今弘扬学术正气、遏制学术浮躁大有裨益。

说实话，作为后学，我为周流溪教授大声喊个赞！

无独有偶。2014年11月12日《中国教育报》报道，邵阳学院有位中文专业教授于光荣先生，他早已发表了学术论文、出版了学术专著，现在已是学生眼中的“百事通”。他因对法律感兴趣，教学工作之余，仅用3个月时间就拿到了律师资格证。在法律事务处理实践中，于教授深知中外公司之间的贸易纠纷越来越多，但在中国律师界，懂国际法的律师不多，缺口很大，于是他又萌生了到高校系统学习国际法的想法。在啃完了几十本专业书籍后，于教授终于如愿以偿拿到了研究生的录取通知书。

这个花甲之年的于教授，一改老师的身份，当起了学生。现在的他，一周内不仅要完成研究生的30节专业课程，还要任教邵阳学院的4节逻辑学专业课。如今，于教授仍跟以往一样，坚持每天一大早起床，到操场上朗读英语课文。在宿舍，只要一有空就会看书，他是室友心中的“模范生”。“60岁了还这么用功，太让人佩服了。”他的室友吴学成感慨道。于光荣告诉记者，教师的工作一般到60岁就退休了，但是律师可以做到70岁，现在来读书，是想提前安排60岁以后的工作生活。“我还想考博呢。”于光荣说，“其实不为别的，人就是要有所追求，活到老，学到老嘛。”

活到老，学到老。于教授说得好！

“活到老，学到老”就是终身教育。毋庸讳言，终身教育是现代教育的特征之一。但真正的终身教育时代并未到来。我认为，我们还应该做好如下几方面的工作：

第一，要为终身教育立法。终身教育是社会发展、个体发展必需的教育。社会在发展，个体要发展，没有终身教育是不行的。国家和政府要通过立法保证和推动终身教育的实施。通过立法，使得各行各业依照自己行业的特点，鼓励每一个从业人员在接受了一定的岗前专业训练，走上工作岗位以后，还能够继续不断地学习新知识、新技术、新本领，能够做到终身学习，终身追求，终身精进。

第二，要为终身教育呐喊。终身教育对于国家、对于社会、对于组织、对于家庭、对于个人都是具有现实意义和长远意义的。要广泛地宣传终身教育，宣传终身教育的理念，宣传终身教育的意义，宣传终身教育的目的，宣传终身教育的益处，宣传终身教育的方法，使得学生从小就懂得一生都要学习，一生都要接受教育，一生都要通过学习和教育取得进步，这将有助于消除“一考定终身”的应试教育倾向。同时，也要让走出校门的职场人士懂得只有终身教育才能使得自己在社会上立足，才能做到精业、乐业、立业。

第三，要为终身教育出招。终身教育需要立法，需要宣传，要有具体的措施作保证，要在制度的层面上引导大家终身受教育。我们注意到，最近国务院下发了《关于深化考试招生制度改革的实施意见》，其中对“拓宽社会成员终身学习通道”部分明确指出：扩大社会成员接受多样化教育机会，中等职业学校可实行注册入学，成人高等学历教育实行弹性学制、宽进严出；为残疾人等特殊群体参加考试提供服务；探索建立多种形式学习成果的认定转换制度，试行普通高校、高职院校、成人高校之间学分转换，实现多种渠道、学习方式、学习过程的相互衔接，构建人才成长“立交桥”；2015 年，研究出台学分互认和转换的意见。这样，终身教育就不只是在理念的层面，而是成为落地的措施和制度了。

第四，要为终身教育定向。既然终身教育对于各类从业人员的专业成长都有促进意义。那么，终身教育学习什么呢？我们认为，有四个方面的学习可作为终身教育的努力方向，一是学会与人相处（learning to live together），即认识他人，接纳他人，适应他人，与他人和谐相处；二是学会追求知识（learning to know），即不但学习自然科学、社会科学和人文科学知识，还要探究获得知识的科学途径和方法，不断提高学习的效率、效果、质量和水平；三是学会做事（learning to do），即能够正确处理在不同情境中所发生的事情、事件，并能够不断反思，深化和改进自己分析问题、解决问题的方法和能力；四是学会发展（learning to be），即学会自我评价、自我肯定、自我批判、自我完善、自我提升，以适应未来社会发展的需要。

总之，要提倡和鼓励终身教育，我们需要为终身教育立法，为终身教育呐喊，为终身教育出招，为终身教育定向。只有这样，终身教育才能达到目的，才能收到实效。

名优教师的更大贡献

* * *

名优教师是学校的宝贵资源和财富。近年来全国各个地方涌现和培养出了大批名优教师，比如我们天津市就已经有三批未来教育家奠基工程学员，若干批全国、市级和区县级优秀教师以及特级教师等等。名优教师数量不少，蔚为大观。有的地方，这些教师作用发挥得很好，但有的地方这些教师只是招牌和门面，久而久之，一些名优教师不名不优了，很快泯然众人矣。这是非常可惜的事情。其实，名优教师得名变优后，应该有更大的作为，更大的贡献。

首先，提升实践水平。

名优教师之所以得名变优是因为其教育实践是有特质的，比如信念坚定，目标明确，过程扎实，自信执着，科学高效。但是，名优教师要提升实践水平，还需有更多的反思和研究。比如，要反思和研究自己的实践中还有哪些是可以再改进一下的，哪些还不如同行做得好，哪些方法还可以进一步优化，哪些模式还可以更加完美，哪些理念更符合教育教学规律。这些问题的反思和研究往往使得一个教师的实践水平提高一步，也往往使得一个教师的理论和实践更为成熟。反思和实践是创新的需要，也是提升的需要。一个教师就是再优秀，如果不反思，不研究，盲目自大，封闭自我，就会失去创新的机会。失去创新的机会无疑就失去了改进的机会、提高的机会、变得更为优秀的机会。名优教师在这方面应该做得更好，只有这样，他才能够成为教育领域内的常青树和不老松，才能让更多人仿效和学习。

其次，带出优秀团队。

一花独放不是春，百花盛开春满园。一个教师自己优秀作用甚微。他要发挥领导、引领、带动作用。在他的感召下，要形成一个人数众多的优秀团队。这个团队应该有共同的理想，共同的愿景，共同的追求，共同的目标。全国各地成立的名师工作室大都有这方面的考量。就是想以工作室为载体，为中心，为媒介，走出去，请进来，立典型，树榜样，给任务，压担子，做课题，出方案，千方百计促进更多年轻教师尽快成长。工作室发挥辐射作用，把优秀教师的先进教育理念，先进教育方法传播出去，传播开来，让一大批有志向的青年教师聚集在名优教师周围，逐渐地，学校风气变了，教师精神状态变了，一个优秀的教师团队形成了。在一所学校里，当一个学科团队形成时，这个学科就会变成优势学科。而当多个学科团队形成时，这个学校就势不可挡，一定会创辉煌了。

再次，扩大教育影响。

一个名优教师的影响大小取决于他的教育教学理念的传播范

围和教育教学方法的推广规模。我们看一看全国的名师，他们确实是师德的表率，育人的模范，教学的专家，教研的能手，教改的专家，理论和实践确有建树，加之媒体和个体的宣传和传播也确实到位，因此，他们在教育领域内的影响如日中天。比较看来，我们有些名优教师在一些方面做得也很好，但在业内却影响甚微，原因是多方面的，一是学校对他们的深度宣传不够，二是他们自己主动性较差，三是缺少一个让他们展示自己的平台。因此，我们需要积极做些工作。一方面，要积极鼓励名优教师主动展现自我，宣传自我。另一方面，要积极创造条件为名优教师搭建展现自我、宣传自我的平台。好酒也怕巷子深，好的理念和方法足不出户，束之高阁，对名优教师本人来说是一种浪费，对教育事业来讲，也是一种损失。所以，借助现代媒体的传播，对名优教师进行实事求是的宣传和推介，对于扩大名优教师的教育影响，对于打造一支德艺双馨的教师队伍，对于促进教育事业的长远发展意义重大。

最后，形成思想高地。

名优教师的最高境界是什么？恐怕不仅是上一节漂亮的公开课，带出一个优秀的班集体。对一个名优教师的要求要远远高于这些，即应该形成思想高地。名优教师的贡献在于思想，即教育思想，教学思想，管理思想等等。思想决定行为，思想引领行动。几千年的中国教育史乃至世界教育史是由无数个有着伟大理想和伟大实践的伟大教育思想家们创造的。翻开教育史册你会看到中国的孔子、孟子、蔡元培、陶行知，你也会看到外国的苏格拉底、柏拉图、夸美纽斯、赫尔巴特和杜威。我们耳熟能详的教育名家还有苏霍姆林斯基、霍懋征、吕型伟等，他们也是我们的楷模。这些名家的贡献不仅在于他们带出了多少弟子，更在于他们提出了自己的思想，如有教无类，民贵君轻，个性自由，教学做合一，和谐发展，顺应自然，明了、联想、系统、方法，从做中学等等。当我们今天在进行教育理论研究和教育实践探索的时候，我们不禁为这些先贤和前辈的思想高度而由衷赞叹。我们今天的名优教师们也在书写着创造着教育的历史，在这个过程中一定也要向先贤和前辈那样站得高，望得远，形成自己的教育思想高地。我们期待着。

总之，名优教师成名后，任重而道远，只要再接再厉，他们就能为教育做出更大的贡献。

教师的“三生有幸”

* * *

在教育工作中，我们会偶见超常生，常见学困生，也会遭遇问题生。长期的教育实践告诉我们，这是提高我们自身能力，发展我们自己的极好机会，是谓“三生有幸”。

一、如何对待超常生

超常生是指天资聪颖、智力超群的学生。据专家统计，智力超常者只占人类总数的1%—2%，所以学生人群中超常生为数不多。孟子曾经说过:“父母俱存，兄弟无故，一乐也。仰不愧于天，俯不怍于人，二乐也。得天下英才而教育之，三乐也。”我们认为，孟子所说的英才当指智力超常的人和未来的国家栋梁之材。

我们在学校教育过程中，偶尔会遇见智力超常的学生。比如2008年我们的区重点校——天铁二中招收了一名学生，小学和初中的校长以及老师们一致反映学生有如下表现:

1. 幼儿和小学阶段《十万个为什么》以及部分古典名著就能看个大概，有早慧特征。

2. 上课听10分钟左右就能掌握全课所讲内容，然后就开始玩耍，精力明显过剩。

3. 每次考试都会早于其他人完成答卷，然后要么睡觉，要么玩钢笔，要么耍手绢，而且从不检查试卷，明显具有个人英雄主义情结。

4. 与同学自测智商包括常识、理解、算术、类同、记忆、字词、图像、积木、排列、拼图、符号等 11 个项目，发现他的智商明显高于其他同学，每次不同量表测试智商数均在 140 以上。

这无疑是个智力超常的学生。这样的学生放在一个区重点校能否培养成才真的成为大家的一个研究课题。怎么对待这样一个天资聪慧、个性突出的学生呢?

学校采取了这样的态度和方法：一不偏爱，二不抬爱，三不溺爱，制定个性培养方案，因材施教。

不偏爱。大凡智力超常的学生智力水平均超出他的实龄，他们能够早于其他同学理解事物，因而作为成人的教师更有一种偏爱的倾向，久而久之，学生就有了一种优越感。这种优越感会使学生“鹤立鸡群”，孤立于集体之外。为了避免这种情况发生，老师们把他看作是学生集体中的普通一分子，别人参加的集体活动他必须参加，别人参加的课外活动他必须参加，机会均等，没有特别优待，逐步地，他融入了整个班级的大家庭中。

不抬爱。我们常说“承蒙抬爱……”，这是自谦用语。超常生自身优秀，常有清高之心，傲慢之举，所以不溢美，不拔高，实事求是评价学生具有特殊意义。“谦虚使人进步，骄傲使人落后”，“三人行，必有我师焉”，不抬爱免使学生骄傲，能够使其可以发现别人的长处，取长补短，有利自己不断取得进步。在特长发展和个别学科学习方面也常有其他同学超过他，我们就利用这个机会教育他向别人学习，使得他的特长发展和学科学习一直保持强劲的动力。

不溺爱。智力超常的学生因为还处于不断成长的过程中，他们也有一般学生身上所具有的弱点、缺点和不足。对于他们的弱点、缺点和不足，不能只看学业成绩优异而“一俊遮百丑”“一好代三好”，该批评批评，该表扬表扬，适时加以指导、引导和疏导。因此，老师们不因他是超常生就无原则地迁就、放纵他，也不因碍于他的母亲在学校做教师就疏于对他的批评和管理，因而学生懂是非，知善恶，辨美丑。

对于超常生，不偏爱是让他做个普通人，不抬爱是让他做个正常人，不溺爱是让他做个正派的人。学校做到了这几点，加上个性培养方案有效实施，这个超常生三年里发展顺利，学业优秀，音乐特长突出，全国学科竞赛荣获多项奖励，并被评为天津市十个优秀中学生之一，2011 年高考他取得了 698 分的好成绩，被清华大学录取。

二、如何对待学困生

学困生是指学习基础较差、学习经常遇到障碍和困难的学生。天铁二中作为一个区重点校，顶尖的学生已经进入市重点中学就读，招录进来的学生中优秀生占一定比例，某些学科的学困生也为数不少。

经过分析，我们发现学困生并不都是智力欠缺造成的，还有一些是由于知识基础欠缺，能力训练不足，学习习惯不好，学习纪律涣散，学习方法不当，综合素养不佳造成的。学困生的转化是提高学校教育质量的关键。因而，我们对学困生采取的态度是：

一不忽视,二不轻视,三不歧视。并且采取相应措施进行分类指导,提高学生学习成绩。

不忽视。与超常生不同,学困生是一个群体,忽视他们的存在,后果是严重的。一方面个别学生的学习水平难以提高，另一方面学生总体学习水平也会大受影响。一个优秀的教师，应该重视学困生的转化，应该成为学困生转化的行家里手。天铁二中的老师们这方面做得极好，因而学校的教育得到家长和学生的一致信任和好评。

不轻视。学困生学习产生障碍和困难是有着不同的原因的，不能用“不行”一言以蔽之，否定学生可能获得发展的潜质。教育就是一种唤醒，要通过教育，激活学生的学习动机、发展本能和成功欲望。这是一种态度，一种责任，也是一种能力。老师们对学生分析在先，然后分类型，定措施，下任务，明责任，转化工作始终成功高效。

不歧视。学困生需要得到老师的指导和帮助。作为教师，不能对学困生另眼相看，更不能让他们放任自流。要对他们取得的每一点进步都给予肯定，给予赞许，给予鼓励。

不忽视，不轻视，不歧视，并且对学困生分型指导，分类推进。我们按“基础型、能力型、学风型、学纪型、学法型、综合型”下大力气做学困生转化工作，促进了学生整体成绩的提高。2011年高考,天铁二中140名应届高中毕业生,83名学生考入重点大学,126名学生考入二本以上院校，全体学生考入专科以上院校。

三、如何对待问题生

问题生是指由于心理不健康而导致思想和行为出现问题的

学生。

问题生往往让老师很头疼，但是每个学校每届学生中都会遇到这样的学生，人数不多，但麻烦很多。由于心理问题成因复杂，难以驾驭，工作起来难度很大。我们不应回避这些学生的教育，一不抛弃，二不放弃，三不毁弃。对于问题严重的，应当在心理教师和医生的指导下，施以必要的心理干预和药物治疗。

不抛弃。由于家庭的原因、社会的原因和自身的原因，学生会产生严重的心理问题，而心理有问题的学生往往很痛苦，很矛盾，很纠结，有的甚至痛不欲生。面对这样的学生，我们不能当甩手掌柜，把学生抛给家长了事。而应主动施以援手，与家长一道做好学生的思想教育和心理疏导工作。

不放弃。每个学生都是一个鲜活的生命，我们的责任是要帮助他们健康、快乐地成长。当孩子成长过程中出现问题时，我们要不失时机地采取多种方式给孩子以帮助。家长交给我们一个孩子，我们交给家长一个人才。这个人才必须是人格完善的，内心幸福的，精神快乐的。我们教师肩上担着一份责任，对于每一个有问题学生的教育都应是永不言败，永不言弃。

不毁弃。心理有问题的学生心理很脆弱，师生、家长、邻里一个不经意的眼神，一句不经意的话都有可能导致他或她情绪失控、心理失常甚至精神崩溃，因此当老师的应该对问题学生百般呵护，千般爱护，万般关爱，把握时机，因势利导，做好工作。

天铁二中的老师们曾遭遇过一些心理有问题的学生，老师们悉心施教，不抛弃，不放弃，不毁弃，在心理教师和心理医生的指导下，配合家长对学生做了深入细致的心理引导工作，他们全部顺利完成学业，全部顺利升学，三年高中，他们的青春成长路上洒满了家长和老师辛勤的汗水。

总之，我们认为，超常生培养得如何是学校教育水平高低的标志，学困生转化得如何是学校教育质量高低的标志，问题生引导得如何是学校教育智慧高低的标志。作为教师，面对超常生、学困生、问题生，应该把这看作是一个机会，一方平台，一种幸运。只要我们抓住机遇，迎难而上，积极工作，就能获得发展，取得成功，创造奇迹。

读魏书生看教师幸福

最近，读了魏书生新著《我是这样做教师的》一书的部分章节，对教师幸福有了新的看法和新的认识。

第一，教师有双倍的收获。

魏书生指出，教育是一种可以给人以双倍精神幸福的劳动。教育的对象是人，是学生，是有思想、有语言、有感情的学生。教师劳动的收获，既有自己感觉到的成功的欢乐，更有学生感觉到的成功的欢乐，于是教师收获的是双倍的，乃至更多于其他劳动数倍的幸福。

教师以教书育人为己任，自己在成长，学生也在成长，这无疑是双倍的成长，双倍的进步，双倍的快乐，双倍的幸福。当一个教师看到学生有了进步，当一个教师在教育教学中取得显著成绩桃李满天下时，喜悦、幸福和收获确实是难以计数的。

第二，教师有境界的提升。

魏书生认为，人真正的幸福和愉快是有能战胜自己某些狭隘东西的感觉。当我们以高尚、昂扬、乐观的态度去看待生活时，我们就会生活在高尚、昂扬、乐观的生活之中。

教师以立德立功立言为自己的职业追求，他们的思想境界高于一般世俗的人。这不仅是教师个人修身的需要，更是教师以身作则、师范他人的需要。“富贵不能淫，贫贱不能移，威武不能屈”不仅是口号，也是道德操守。教师不狭隘，学生才大气。教师不低俗，学生才儒雅。教师不消极，学生才昂扬。教师不悲观，学生才乐观。教师是学生的镜子，学生是教师的影子。为了一份责任，为了一种使命，教师需要不断提升自己的思想境界。

第三，教师有仁爱的输出。

魏书生提出，人的幸福，主要不是取决于自己得到别人多少爱，而在于他输出给别人，输出给国家、民族多少爱。得到别人许多爱，却不知道爱别人的人，一定是一个欲壑永远填不满的失望者、牢骚者、病态者。自己全身心爱过别人、集体和国家的人，即使从别人、集体、国家那里得到的很少，在心理上也是安宁、满足、自豪、幸福的。

孔子说，“仁者爱人”。教师是仁者的化身，是爱的使者。可以毫不夸张地说，没有哪一个行业能够像教师一样无怨无悔地对待自己的工作，无私无隐地对待自己的学生。这种爱如春风化雨，润物无声，而且没有任何功利，不求任何回报。有教育家说，没有爱就没有教育。教育从某种意义上说，是教师爱的输出，爱的传播，爱的诠释，爱的宣示。自爱爱人使得教师变得崇高，变得快乐。

第四，教师有精神的享受。

魏书生说，幸福不是物质的，尽管它和物质紧紧相连。幸福是精神上的概念。我的体验是：幸福是欲望和需求之间得到了平衡。因此我们每个人应当培养一种社会上可以实现的欲望。比如说我的欲望是做实事，这可以实现，因此，这就容易获得平衡，每做一件实事，便是幸福。

教师的幸福多种多样，最重要的是精神上的充分享受。魏书生做教师、做校长、做局长，实现了自己的人生价值，在盘锦、在辽宁、在全国都影响很大，但读他的书，你会觉得他很平常，平常得感觉他就是我们当中的一员，因为他做过的事情就是我们正在做着的事情。但同时你又觉得他很不平常，你会觉得我们离魏书生很远，我们一生都需要不停地追赶他，才能缩短我们和他的距离。因为他对人生、对教育、对教学、对管理的思考是我们大多数教育工作者所缺乏的。差距在于思考的角度，在于精神的追求。我们确实应该向魏书生学习，淡泊名利，脚踏实地，快乐做人，幸福做事。

第五，教师有心灵的塑造。

魏书生说，教师应具备进入学生心灵世界的本领，不是站在这个世界的外面观望，更不是站在这个世界的对面牢骚、叹息、愤慨，而应该在这个心灵世界中耕耘、播种、培育、采摘，流连忘返。如果真能这样，那他将感觉到自己日夜生活在幸福之中。

教师是人类灵魂的工程师，是塑造自身和学生心灵的人。魏书生强调教师要守住精神家园，实际上就是守住自己的心灵家园。守住心灵家园就要不为外面的世界所惑，而是要专心致志地一心一意地在教育园地里耕耘和收获，不断地使得自己和学生的心灵得到塑造，得到美化，得到完善，得到升华。这是一种宗教般的修炼，是一种幸福的人生体验。

第六，教师有人生的导引。

魏书生强调，应想方设法使学生忙起来，更重要的是让学生体验到忙的乐趣，诱使学生感到忙是一种幸福，一种需要，一种心理上和生理上都离不开的需要，使学生的大脑皮层上产生这种需要的兴奋中心，然后不断加以强化。这是变懒惰的人为勤奋的人，变无用的人为有用的人，变寄生的人为劳动的人的有效办法。

教师承担着“传道授业解惑”的任务，是学生的人生导师。他对学生工作、生活、学习的指导和引领影响巨大。现实生活中，很多学生就是因为教师的一句鼓励、一个示范、一个暗示、一席谈话改变了态度、改变了一生、成就了学业、成就了事业。

魏书生做教师，有实践，有思考，有总结，有悟道，有理论提升，因此他成为拥有职业幸福感的优秀教师和优秀教育管理工作者，但愿我们这些做教师的和学校管理工作者也能从中有所反思，有所受益。

近观魏书生

* * *

与著名教育家魏书生结识有将近二十年了，他是我的老朋友，也是对我教育职业生涯影响比较大的一个人。多年来，魏书生让我感动的事情有很多。

记得第一次专程到盘锦邀请魏书生，提前也没打招呼，贸然前去，突然造访，魏书生不怒不愠，谦和有加，最后还赠我们几个不速之客一人一本书。他见到我名片上印制的名字，提笔写上：赠自鹏老师——自强不息，鹏程万里。当时心中一股暖流涌起。

后来，他如约来天铁做讲座，公司礼堂里座无虚席，让人吃惊的是，千人礼堂外面人头攒动，很多退了休的教师、公司里关心教育的家长们也搬来马扎坐在走廊里听课。掌声如潮，时间恨短。中午用餐，魏书生一碗稀饭，一个馒头，一盘青菜，让人看着寒酸，但也让人敬佩。

后来，我写了《解读魏书生》一文，网上广为流传。大家知道了我和魏书生的关系。一些大学、地方教育局、学校或个人想请魏书生做讲座或讲课就找到我的门上来。魏书生那时没有手机，我就通过他的夫人陈老师联系，陈老师告诉我，魏书生说了，只要是陈自鹏老师邀请，别的邀请可以暂时推掉。这让我非常感动。

魏书生老师名气越来越大，很多人觉得他离我们教师很远。

但听他讲课，却又觉得他就是我们教师当中的一分子，而且是最普通的一分子。但是他又与众不同。记得一次他在北京师范大学给博士课程班的老师们讲课，学校让我的导师王炳照先生出面接待他，王先生后来打电话告诉我：魏书生是个有自己思想的人。

前年，人民教育出版社特级教师文库计划出版我的《教师幸福追求之道》一书，指定两位教育家为我的书作序，其中一位就是魏书生。我电话打过去，魏书生正好在国外，说回国详谈。回国后他还在安徽，就把电话打过来，问清缘由，爽快答应：你下令，我干活，半月交稿。半个月后，稿子如期而至。魏书生手写的序言，洋洋洒洒数千言，他对我叙事作品的分析，对我教育观念的剖析，对我管理工作的肯定和鼓励，让我觉得他简直就是天天坐在我身边的一位同事。

魏书生退休后更忙了。他告诉我，他近三个月的讲课日程已经排满，现在是一天一个地儿，真的成了空中飞人。但他还是那样低调，那样谦虚，那样让人感到亲切。有媒体曾经载文赞扬魏书生：绚烂之极，归于淡泊。可我总在想，一个人只有淡泊，才有绚烂！

近观魏书生，他是这个样子的人。

读书的三重真实境界

* * *

读书有不同的作用、不同的层次、不同的境界，对此，古今中外不少名家都有精辟的论述。

最著名的当是英国哲学家培根的论述。他在其闻名遐迩的《论读书》一文中说："读书足以怡情，足以傅彩，足以长才。其怡情也，最见于独处幽居之时；其傅彩也，最见于高谈阔论之中；其长才也，最见于处事判事之际。"在培根先生看来，怡情、傅彩、长才是读书的三个作用，其实也是读书的三个层次和三重境界。但培根论读书把怡情放在读书作用、层次或境界的第一位，很多人想不通，不明白。究竟是为什么呢？思考来思考去，我们似乎弄明白了：他谈的那是贵族读书！一个人温饱之后无忧无虑，全不考虑生计，悠然自得地去读书，自然是怡情第一。我们不得不佩服的是，作为哲学家，培根论读书有他的起点和逻辑。他如此论读书有他的见地和哲思，他比我们普通人站得高，看得远，悟得透。

王国维也曾经谈过读书的境界。他在《人间词话》中说："古今之成大事业、大学问者，必须经过三种之境界：'昨夜西风凋碧树，独上高楼，望尽天涯路。'此第一境界也。'衣带渐宽终不悔，为伊消得人憔悴。'此第二境界也。'众里寻他千百度，蓦然回首，那人却在灯火阑珊处。'此第三境界也。"王国维三境界说在我们看来是隐喻，是诗话，是大师之语，是神来之笔。他的三境界说强调的是读书人的视角、视域和视野随着读书的变化而变化。毫无疑问，我们每一个读书人都需经历这三重境界。每一个读书有所求、有所得、有所悟的人对此都会有某种感受和体会。

由此，笔者想到读书其实应该有更加具体的三重真实的境界：求知、探理和悟道。

第一重真实境界：求知。

读书首先是为了求知。什么是知识？《中国大百科全书：教育卷》中有关“知识”条目是这样表述的：“所谓知识，就它反映的内容而言，是客观事物的属性与联系的反应，是客观世界在人脑中的主观印象。就它的反应活动形式而言，有时表现为主体对事物的感性知觉或表象，属于感性知识，有时表现为关于事物的概念或规律，属于理性知识。”这个定义显然是哲学层面的，比较晦涩。直白一些地讲，从不同角度划分，知识有显性知识也有隐性知识；知识有描述性知识，也有程序性知识；知识有理论性知识，也有应用性知识。我们认为这些知识都可通过读书获得和掌握。不可否认的是，“读书求知”所追求的不仅包含知识，还包含有与知识相关的技能等。从人的发展角度看，“读书求知”无疑是第一作用，第一层次，第一境界，这恐怕是大家所公认的。

第二重真实境界：探理。

探求真理是读书的另一个层次和境界。我们要探求的是什么真理？一个基本的认识是，在我们有了世间事物是与不是的基本判断（亦即知识）之后，我们需要对于客观事物发展变化的原理、机制及其规律进行研究和探索，这是发展了的知识，扩展了的知识，这便是对真理的探索。人们认为，真理具有永恒不变的性质和特点，但有相对和绝对之分。我们知道，相对真理与绝对真理是辩证统一的关系，相对真理孕育于绝对真理之中。我们人类的社会实践和思考就是要发现相对真理并逐步接近绝对真理。读书探理就是通过前人和今人的实践和思考来探索未知的真理。我们提出，读书探寻真理，一要坚持探寻客观存在的真理，二要坚持真理一元论，要通过比较、推理、判断、概括、归纳、演绎等不同思维方式探求前人和今人实践中的真理所在并通过实践验证真理。一代又一代的读书人皓首穷经，孜孜以求的正是这种客观真理。以信仰追求真理，以生命捍卫真理，是读书人的又一境界和品格。

第三重真实境界：悟道。

悟道是读书的最高境界，是读书人在生命之巅理想之脊“灯火阑珊处”的一种飞跃，一种跨越。悟道是读书人生命之绽放，精神之涅槃，灵魂之升华。读书人通过读书要悟出自然发展之道，懂得顺应自然，改造自然；读书人通过读书要悟出社会发展之道，懂得了解社会，适应社会，改造社会；读书人通过读书要悟出人的发展之道，学会理解人生，升华人生，绽放人生。能读书又能悟道的人会成为自然精灵，社会精英，人中俊杰。季羡林先生如此，周有光先生如此，他们的读书进入了悟道境界，才成为哲人、大师、楷模，他们具有科学精神，也有人文精神。他们从心灵深处表现出对自然、对社会、对人类的关切之情、悲悯之情、热爱之情。他们主张真善美，强调教育的基本任务就是要让学生在变化万端的世界中在纷繁复杂的事物中明辨是非，懂得善恶，知道美丑。读书能够如此悟道，才是一种大智慧，大成就，大境界。

总之，读书应有不同的境界。三重真实的境界当是求知、探理、悟道。读书人真正达到了这三重境界，才可称是真正的读书人，才可称是真正智慧和成功的读书人。

一种最难能可贵的品质

* * *

石中英教授在一次讲课中说，人最难能可贵的品质是在任何艰难困苦的情况下都不垂头丧气。当时听了不能够完全理解。然而日前读《中国教育报》，贵州一位普通的中学教师刘芳的故事深深地打动了我。

新华社记者的这篇文章说，刘芳被称为“中国大山里的海伦·凯勒”，在她平凡的人生中却有很多不平凡的故事。

刘芳因患罕见的眼疾失明时才 26 岁。当时她在贵阳市白云区第三中学刚工作四年，跟相爱的人结了婚，8 个月大的儿子在襁褓中咿呀学语……

夜深人静时，刘芳咬着被角，在黑暗中哭泣。

她曾是个快乐单纯的姑娘，苹果脸，身材娇小，人还没见先听到笑声，绘画、写诗、书法、唱歌、跳舞样样都行。

遭遇如此厄运，刘芳怎么办？

一、刘芳靠信念坚强地站在讲台上

刘芳失明后，有人建议她病退或休息，她婉拒了：“那样我的生命就真的终止了。”

一个盲人要想留在讲台上，无疑要付出超过常人几倍的努力。

她喜欢教书，而且教得别出心裁。批改作文，写评语前先画个卡通脸谱表明整体印象，笑容灿烂的、一般微笑的、嘴角紧绷的、瘪着脸的、痛苦扭曲的，有的还顶着鸡冠子、留着羊角辫……这样的轻松幽默，学生们看得笑逐颜开。

失明了，还怎样画出一个笑脸?

这难不住刘芳。刘芳专门去学了两年绘画，希望用画笔留住这个缤纷的世界。画得最用心的是一只猫头鹰：黄褐相间的羽毛，站在枯枝上，背景是湛蓝的天空，最动人的是那对眼睛——又圆又大，仿佛能看穿一切黑暗。

文章介绍说，2007 年，她完全被黑暗包围。更令人称奇的是，她的班级成绩不仅没有退步，反而出了两个语文单科中考状元，在白云三中至今无人超越。

一个盲人，如何能够创造这样的奇迹?我们深深知道，这奇迹的背后是刘芳的坚韧，刘芳的爱心，刘芳的魅力在影响、感动、感染着学生们。榜样的力量是无穷的，有这样一位老师天天站在他们面前，谁还有理由厌学逃学不努力学习呢?

二、刘芳靠智慧坚定地在黑暗中抓住光明

失去了光明的刘芳没有气馁，没有彷徨，她坚定地从命运的阴霾中走出来，扼住了命运的咽喉，成为一个阳光灿烂的人。

文章描述说，初见刘芳，很多人不相信这是个盲人。

在家，她扫地、洗衣服、倒开水、冲咖啡、炒菜、在跑步机上锻炼，动作熟练得几乎与常人无异。借助盲人软件，她发短信

比很多明眼人还快。

甚至在失明之后，她也常去逛书店。打开一本书，把脸埋进去，深深吸一口，当墨香弥漫胸腔，那字字句句就仿佛飞了出来，如萤火虫般环绕着她，让她沉醉不已。

遭遇到人生的厄运后，刘芳仍然热爱生活。对生活的热爱燃起了她生活下去、好好地生活下去的热情，历经心理淬炼和生活磨砺之后的刘芳脸上洋溢着笑容，她笑得比常人还灿烂。

遭遇到人生的厄运后，刘芳仍然热爱事业。作为一个盲人，她不仅教书，还坚持读书，且把这种生活当做扩展心灵光明的一种方式，令我们这些耳聪目明的健康人感到羞愧不已。

不能不说这是一种智慧，一种生活的智慧，一种职业的智慧，一种人生的智慧。

三、刘芳靠视野坚持比健康人看得更远

刘芳的坚持还不止如此，她比健康人看得更远。

文章提到，2011 年 7 月，她和一些年龄相仿的同事去外地参加培训，闲谈间，大家谈起了共同的青春岁月。有人随口建议："你也写写我们的青春呗。"

那一晚，她失眠了，十几年人生风雨如海啸般涌上心头。一张张远去、变老的面孔，一群群来了又走的学生，校园里每个角落，大山里的偏远村庄，那些欢笑，那些泪水……一桩桩，一件件，像是得到召唤一样浮现脑海，让她心潮澎湃，血脉偾张。

这让刘芳看到了她生活的另一帧美景。

回到家，她打开电脑，一口气写了两千多字。此后，在教课、

做家务、督促孩子写作业的间隙，她每天坚持写作，顺畅时一天能写 5000 字。

万籁俱寂的夜晚，她盘腿坐在小桌前，手指轻触贴着特殊标记的键盘，听着读字的机械之声，一路敲下去。黑暗里似乎打开了一个舞台，故事轮番上演，如河水般奔流不息。她要做的，就是把它们记录下来。

刘芳又创造了一个奇迹。她已先后完成了两部长篇小说，一部 17 万字，一部 28 万字，其中一部已经出版。

这部历时 8 个月写成的《石榴青青》，80% 以上的内容是真事——一群“70 后”年轻教师坚守西部农村的酸甜苦辣、悲欢离合。

文章评论说，刘芳写的这本书色彩明丽、幽默风趣，很多细微观察比其他作家更敏锐。

海伦·凯勒曾在《假如给我三天光明》中记述，一位明眼朋友在树林中穿行了一个小时，却说“没看到什么特别的”。而对她来说，一块树皮、一朵花、一只小鸟的跳跃、一股小溪的清凉，都那么美，像“一场极其动人而且演不完的戏剧”。是啊，刘芳虽是个盲人，但她比我们常人看得更远，不是靠视力，而是靠视野，心灵的视野。

我们说，心中有光明才是光明。心中有光明的人用心去看，用心去观察，用心去体验，用心去体悟，用心去鉴赏，刘芳所看到的是另一番美丽的自然和人生图景。

这确实是一种难能可贵的品质。刘芳在挫折面前，不低头，不后退，不怨天尤人，不自暴自弃。刘芳的信念、智慧、视野，刘芳的坚强、坚定、坚持确实值得我们教师和学生好好学习。

要善于抓住教育契机

* * *

《中国教育报》2014 年 6 月 23 日《从“学渣”到“学霸”的励志典范》一文报道了重庆大学毕业生陈吉的成长经历。陈吉，男，中共党员，重庆大学 2014 届优秀博士毕业生。获得 2013—2014 年重庆大学研究生国家奖学金，2014 年度重庆大学科技学术创新标兵，2013 年度教育部博士研究生学术新人奖，2011 年度重庆大学优秀研究生干部等奖励和荣誉。

陈吉并不是生来优秀。据报道，他考入重庆大学后，本科阶段含“电”字的专业课全部挂科，还被强制留级一年，他当年挂科、逃课和留级的记录目前仍未被打破。几年之后，他以第一名的成绩考上电气的博士，并且三年提前完成博士答辩。现在陈吉已经被国内一名校特别评聘为副教授、硕士生导师，到底是什么改变了陈吉，陈吉告诉我们是蒋兴良教授和他的一次谈话。

陈吉说当年大四时蒋老师的一门专业课他只考了 4 分，蒋老师和他做了一次语重心长的谈话，并让他重新做了一次试卷。这件事情彻底改变了陈吉的命运，陈吉当时没有想到那么知名的一个教授，居然愿意花时间来拯救和改变一个废材。他励志一定要读蒋老师的博士。怀着这个目标他不断努力，几年之后他终于成为蒋老师门下的弟子，博士期间他每天坚持学习研究 16 个小时，连春节都在实验室继续研究学术。功夫不负有心人，陈吉在高电压外绝缘领域的国际顶级期刊发表 SCI 核心期刊 3 篇，EI 核心期刊 7 篇，其他论文 10 篇。陈吉还参与了国家“973”项目、国家自然科学基金、青年基金等十余个项目来提高自己的学术能力，并多次在国际会议上做交流报告，目前担任多个国际学术期刊的审稿人，并拟于 2015 年出版输电线路覆冰的专著一本。

陈吉多才多艺，他还是国家二级登山运动员，攀登过十几座五六千米级别的高海拔雪山，在音乐方面颇有造诣，精通五种乐器，并获得过重庆市的多项艺术奖。在攻读博士学位期间还上过新闻头条，是个智斗骗子的励志名人。

我们认为陈吉的转变得益于蒋老师的爱心、耐心和责任心，也得益于蒋老师高超的育人艺术：善于抓住教育契机。

教育契机很重要。教育契机是教育和机会的契合，也就是什么时候该对学生进行教育。蒋老师的做法给我们启示。

第一，当学生遇到挫折时。学生在生活、工作和学习中会遇到这样或那样的挫折。每当学生遇到挫折，会有两种情况发生：一是一蹶不振，二是一跃而起。此时，需要抓住机会施以教育。对于一蹶不振者，要热情鼓励，帮助其振奋精神，利用优势，克服劣势，建立自信。对于一跃而起者，要因势利导，帮助其分析存在的问题，找到解决问题的途径和方法，最后夺取成功。

第二，当学生遇到困难时。学生无论是在校内还是在校外，都会遇到形形色色的困难。困难是常态，学生就是在克服各种困难中逐步成长起来的。因此，当学生遇到困难时，教师要施以援手，要给予学生及时的帮助。学生在未来的人生旅程中常常是鲜花伴着荆棘。学生遇到困难时，教师给予帮助和指导不仅是教师的责任和义务，也是教师爱心和道义的传递。这种爱心和道义会通过学生传递和延续下去。

第三，当学生自我羞愧时。学生遭到挫折，遇到困难，生活不顺，工作失利，学业无成时，往往羞愧难当。此时，需要教师的引导，需要教师的教导，需要教师的疏导。教师要教育学生从消极的情绪状态中走出来，勇于面对现实，勇于面对失败，敢于站在阳光下，敢于站在人群中，敢于树立一切从头再来，不达目的，誓不罢休的勇气和豪气。这种勇气和豪气不仅成就学生的现在，也会成就学生的未来。毕竟顺时警醒，逆时从容是我们一生都需要坚守的一种可贵品质。

第四，当学生自我奋发时。教师的谆谆教诲，学生的自我悟道往往使得学生产生跃跃欲试、发奋图强之感。此时的教育最为关键，最为有利，也最为有效。教师此时应瞄准时机，为学生搭建平台，给他们提供展现自我、超越自我、绽放自我、辉煌自我的机会。助飞学生理想，炫美学生人生是教师的追求，是教师的期待，是教师的快乐，也是教师的幸福。我们教师的责任就是帮助他们飞得更高，更强，更稳，更远。

第五，当学生取得成功时。学生会在不同的学段或时期取得一些成功。这或大或小的成功都是学生宝贵的人生体验。当学生取得成功时，一般会有两种表现：有的忘乎所以，小胜即满，从此停步不前；有的总结经验，以利再战，总有高歌凯旋。教师此时要教育学生学习没有止境，奋斗没有终点。胜不骄，败不馁，是古训良言。成功属于昨天，应该做好今天，还要奋斗明天。只有时时努力，处处努力，才能永远成功，才能为社会为国家为世界做出更大贡献。成功时的教育往往使得学生能够百尺竿头，更进一步，视野大开，目标更远。学生能够正确对待成功，能够正确看待成就，能够更加动力十足，能够更加积极向上是教育的成功。

综上，教育是有契机可寻的。只要我们抓住了契机，抓对了契机，抓好了契机，学生的教育就会出现奇迹，就会取得意想不到的效果。

为这样的英雄行为喊声赞

* * *

2014年6月10日上午9时许，60岁男子张泽清携带刀具、炸药、自制手枪、汽油等危险物品，潜入潜江市浩口镇第三小学二楼六（3）班教室，将42岁的语文老师秦开美控制，威胁若不答应要求就引爆炸弹。

被劫持老师秦开美得知该男子动机后，冷静地提出，让52名学生先走，自己留下做人质。张答应后，学生们得以迅速离开教室，全部转移到安全地带。同时，学校立即组织其他班级的学生撤离到安全的地方。

动人的一幕接着上演。秦开美主动要求做人质救出52名学生后，赶来的镇党委副书记王林华又挺身而出替换出女老师。警方接警后迅速到场，果断处置，全校千余名师生被及时疏散，无人受伤。

我们不禁要为秦开美老师和王林华书记的英雄行为喊声赞！

第一，他们的英雄行为是大爱之举。

爱是个美丽的字眼，是个神圣的字眼，是个伟大的字眼。爱不是拿来作说辞的，不是做做样子给人看的。国外一位专家曾经撰文说，作为母亲，爱孩子是写在基因里的，不用分析动机，不用找寻原因，这种爱是发自内心的，是无怨无悔的。然而，也有人说，爱自己的孩子是人的本能，爱别人的孩子则是大爱。在生死面前，在生死关头，我们的人民教师，我们的党员干部，不顾自己的生命安危，为了52名孩子，机智地与歹徒周旋，自愿充当人质。秦开美这样一个女性，王林华这样一个刚刚做完肾病手术身上还插着尿管的病人却挺身而出，这一英雄行为只能用“大爱”来诠释。他们把52名学生当作自己的孩子，毅然决然，义无反顾，感天动地，令人敬佩。他们无愧于人民教师和人民公仆这光荣称号。

第二，他们的英雄行为是担当之举。

做教师，要爱护学生，要呵护学生，要保护学生。做干部，要爱护民众，要呵护民众，要保护民众。这就是责任，是义务，是担当。有了这样的担当，家长才会放心地把孩子放在学校，有了这样的担当，百姓才会无忧无虑地生活。教师的担当，官员的担当，是学生之福，是家长之福，是学校之福，是百姓之福，是国家之福，是社会之福。我们赞成这种担当，我们需要这种担当，我们讴歌这种担当，我们弘扬这种担当。在敌人面前，在暴徒面前，在危险面前，在灾害面前也有贪生怕死、临阵脱逃之徒，他们逃避责任，逃避义务，没有道义，没有担当，成了“范跑跑”“李跑跑”，因而广受诟病，遭人耻笑。秦开美老师和王林华书记的英雄之举凸显了人民教师的英雄本色，凸显了党员干部的英雄本色。

第三，他们的英雄行为是浩然之举。

教师和干部需要内强素质，外树形象，关键是要有浩然之气。“吾善养吾浩然之气”，浩然之气从何而来？一是内修，二是外铄。浩然之气需要内修，要通过学习和修炼，多些大气，多些正气，多些豪气，多些凛然之气。当一个人遇到艰难困苦和生命危险时才能舍得出去，站得出来，也才能“路见不平一声吼，该出手时就出手”。浩然之气需要外铄，要通过教育和榜样作用积聚正能量，积聚巨能量，使得一个人在艰难时刻，在危险时刻，有足够的智慧，有足够的勇气，有足够的力量战胜困难，战胜险阻，战胜邪恶，战胜一切。秦开美老师和王林华书记的英雄壮举不是一时义气，一时动议，一时冲动，一时作秀，而是长期自我教育的结果，长期自我修炼的结果。“不积小流，无以成江海”。注重内修，重视外铄，平时的积淀最后终成英雄之举。

第四，他们的英雄行为是正义之举。

维护人间正道便是正义。正义于国家于人类有着特殊的意义。维护公平是正义，同情弱者是正义，保护弱者是正义，制压强暴是正义，打击暴徒是正义。当一个暴徒对 52 名未成年学生构成威胁时，当 52 条鲜活的生命受到侵害时，我们的老师，我们的公仆主动充当人质，毫不犹豫、毫不胆怯地站到了孩子和暴徒、老师和暴徒之间，形成了一道安全屏障，构筑了一道安全防线，唱响了正义之声，竖起了正义之旗，举起了正义之剑。正是秦开美老师和王林华书记的正义之举，才使得学生免遭暴徒伤害，使得 52 个家庭重新团聚，使得社会正义得到伸张，使得社会多了一份安宁。他们的正义之举可歌可泣，他们的英雄壮举值得褒奖。

第五，他们的英雄行为是模范之举。

“师者，模范也。”杨雄如是说。教师以教书育人为己任。既要教好书，又要育好人。育人既要言传，又要身教。要教学生真，要教学生善，要教学生美。而教师应该做真善美的化身。要坚持真理，敢于碰硬，敢于斗争，绝不退缩。要明辨是非，懂得善恶，谂知美丑，争做模范。在千钧一发之际，秦开美老师做得如此坦然，如此自若，如此冷静，如此智慧，是我们学习的榜样。邓小平教导我们说，领导就是服务。领导是公仆，应该全心全意为人民服务，为人民的利益服务，为人民的福祉服务。在人民的生命财产即将遭受损害时，他们会不顾个人生命安危，即使牺牲自己的生命也在所不惜。王林华书记经受住了政治考验，他是干部学习的楷模和典范。

总之，我们为秦老师和王书记的英雄行为而感到自豪，感到骄傲，感到无上荣光。要向他们学习，做优秀的人民教师，做优秀的人民勤务员。

我们应该向屠呦呦学习点什么

* * *

据报道，2015 年 10 月 5 日，瑞典卡罗琳医学院在斯德哥尔摩宣布，将 2015 年诺贝尔生理学或医学奖授予中国女药学家屠呦呦，以及另外两名科学家——爱尔兰医学研究者威廉·坎贝尔和日本的大村智，表彰他们在寄生虫疾病治疗研究方面取得的成就。

媒体评论，屠呦呦获诺奖，实至名归。四年前，她即获得被誉为诺贝尔奖“风向标”的拉斯克医学奖，获奖理由是“因为发现青蒿素——一种治疗疟疾的药物，挽救了全球数百万人生命”。当时，舆论冠之“离诺奖最近的中国女人”。四年匆匆而过，诺奖终究没有辜负这位勤恳而卓越的科学家。

屠呦呦获奖，是中国科学家因为在中国本土进行的科学研究而首次获诺贝尔科学奖，是中国医学界迄今为止获得的最高奖项，也是中医药成果获得的最高奖项。消息传来，全球华人无不振奋。我们科研工作者和教育工作者尤其感到振奋。

我们在思考：我们该向这位 85 岁的卓越科学家学习点什么？

一、埋头苦干，不慕浮华

作为共和国初期的医科大学毕业生，屠呦呦临危受命走上抗疟科研攻关岗位。一脚踏进去，没想再回头。

据报道，上世纪60年代，引发疟疾的寄生虫——疟原虫对当时常用的奎宁类药物已经产生了抗药性。1967年5月23日我国启动“523”项目，动员全国60多个单位的500名科研人员，同心协力，寻找新的抗疟疾的药物。由于“文化大革命”的原因，相关领域的学术权威统统靠边站，时年39岁的屠呦呦成为课题攻关的组长。

屠呦呦走上科研岗位后，不计名利，不慕浮华，脚踏实地，刻苦攻关，虽被戏称为三无科学家，但她以自己的实干苦干精神做出了不朽的业绩，拯救了数百万疟疾病人的生命，功德无量，永载史册。

二、创新创造，奉献进取

一个人要想做成一件事情，创新精神、创造精神、奉献精神、进取精神都是必不可少的。屠呦呦的成功即是证明。

据说，在很长一段时间里，中美两国的抗疟研究已经经历多次失败。屠呦呦说，后来，我想到可能是因为在加热的过程中，破坏了青蒿里面的有效成分，于是改为用乙醚提取。经过实验，用乙醚制取的提取物，对鼠疟猴疟的抑制率达到了100%。为了确保安全，我们试到自己身上，大家都愿意试毒。我们尝试用乙醚替代酒精，发现去除毒性很有效，我们又做化学结构，通过改变药物的结构克服原有的耐药性。后来我自己的肝脏也坏了，我的同事们也有很多得了病。

这是一种精神，一种态度，一种品格，更是一种境界。我想假使我们广大科研人员和教育工作者都具有屠呦呦的创新、创造、奉献、进取精神，我们的科研工作和教育工作将会是另一种新的局面。

三、坚持不懈，百折不挠

我们知道，屠呦呦开始攻关研究的时候，青蒿素的提取仍是一个世界公认的难题，从蒿族植物的品种选择到提取部位的去留存废，从浸泡液体的尝试筛选到提取方法的反复摸索，屠呦呦和她年轻的同事们熬过了无数个不眠之夜，体会过无数次碰壁和挫折。

实验开始并不顺利。屠呦呦介绍说，北京的青蒿质量非常不好，我尝试用叶子，事实证明叶子里才有，梗里没有。做完动物实验后发现 100% 有效，再在我们自己身上试验药的毒性。实验条件也很艰苦。“文革”期间，药厂都停工，我们攻关小组只能用土办法，把青蒿买来先泡，然后把叶子包起来用乙醚泡，直到第 191 次实验，我们才真正发现了有效成分。

成功往往就在一步步的坚持之中。没有这种坚持不懈的精神，没有这种百折不挠的精神，探索不可能取得进展，实验也不可能取得成功，屠呦呦也就绝不可能摘取诺贝尔奖的桂冠。

四、老骥伏枥，志在千里

尽管屠呦呦用了大半生时间研究青蒿素，她却依然痴迷于此，未曾停歇。她说，“荣誉多了，责任更大，我还有很多事要做”。

看到 85 岁老人这句话，我想到了我非常喜欢的塞缪尔·乌尔曼的一篇美文，这美文恰恰就是对这位卓越老科学家的写照：

年轻，并非人生旅程中一段时光，也并非粉颊红唇和体魄的矫健，它是心灵中的一种状态，是头脑中的一个意识，是理性思维中的创造潜力，是情感活动中的一股勃勃朝气，是人生春色深处的一缕清新。

年轻，意味着甘愿放弃温馨浪漫的爱情去闯荡生活，意味着超越羞涩、怯懦和欲望的胆识与气质。而六十岁的男人可能比二十岁的小伙子更多地拥有这种胆识与气质。没有人仅仅因为时光的流逝而变得衰老，只是随着理想的毁灭，人类才出现老人。

岁月可以在皮肤上留下皱纹，却无法为灵魂刻上一丝痕迹。忧虑、恐惧、缺乏自信才使人佝偻于时间的尘埃之中。

无论是六十岁还是十六岁，每个人都会被未来所吸引，都会对人生竞争中的欢乐怀着孩子般无穷无尽的渴望。在你我心灵的深处，同样有一个无线电台，只要他不停地从人群中、从无限的时空中接受美好、希望、欢欣、勇气和力量的信息，你我就永远年轻。

一旦这无线电台坍塌，你的心便会被玩世不恭和悲观绝望的寒冰酷雪所覆盖，你便衰老了——即使你只有二十岁；但如果这无线电台始终矗立你的心中，捕捉着每一个乐观向上的电波，你便有希望死于年轻的八十岁。

老骥伏枥，志在千里，生命不息，奋斗不止。屠呦呦，您是好样的，您是我们后生们学习的楷模。

成就事业需要四力齐备

* * *

若是有人问我一个人的专业成长需要哪些条件，那我一定会告诉他：至少需要智力、努力、毅力和神力。

第一，智力。

智力是遗传基础上的后天养成。智力包括注意力、观察能力、记忆能力、想象能力、思维能力等等。其中思维能力是智力的核心。

毋庸置疑，人与人之间的差异是很大的。根据专家的研究统计，天才占人群的1%—2%（智商数在140以上），白痴占1%—3%（智商数在25以下），中间的人（智商数90为合格）相互之间的差异也很大。人与人之间的智力差异是客观存在的。

我从小学读到博士，同学很多。遇到白痴不多，但真的也遇到两位天才。

一位是蒋新宇。蒋新宇同学是我学习科技英语翻译专业时的同学。他智力超常，又很细致。耳朵是留声机，眼睛是摄像机，大脑简直就是电脑。他是天津大学工科出身，但学习外语，语法可以考出100分的好成绩。学习中文，现代汉语可以考出96分的成绩，这常常让我们这些学文科的自愧不如。他的一双儿女都是我们天铁二中的毕业生。姐姐蒋晓丽考出了天津市理工科第二名的好成绩，进入北京大学，《今晚报》报道——《山窝窝里飞出个金凤凰》，弟弟蒋卓军考入清华大学，成为我们天铁二中建校史上的一段佳话。

另一位是周至发。周至发是浙江金华人，原来是个物理老师，后来考入华东师范大学读硕士，然后又考入中国科学院读核磁共振方向的博士，中间因为选题被外国人提前突破转而退学回家写小说，之后成为作家。后又经过若干年，同时考上浙大、北大、北师大等五所高校的教育学博士。作为北京师范大学的教育学博士，我知道考上一所学校的博士都不太容易，同时考上五所著名大学的博士那是相当的不容易！

聪明过人、智力超群当然好，因为这是一个人顺利成长的基础、前提和优势。但是聪明过人、智力超群也不能成为自己骄傲的资本。智力好，一生也不一定能够取得多大成就。智力不好，一生也不一定没有成就。不能否认，每个人的智力是有差异的。智力上的差异往往是可以通过勤奋来弥补的，这便是努力。

第二，努力。

努力是指工作生活学习上的投入以及方法的思考和研究。一方面，努力要早。学生读书求知正当时。我们要懂得“少壮不努力，老大徒伤悲”“勤能补拙”的道理。

北京师范大学心理学家林崇德教授特别推崇美国心理学会主席斯腾伯格。他撰文介绍说，小学和初中阶段斯腾伯格的智商都不及格。到高中的时候，不知哪位“快嘴”暴露了斯腾伯格智商偏低的事实，同学们议论说：“原来我们是跟白痴一起上学啊。”这让斯腾伯格非常气愤，但正是这种压力增强了他“只要好好学将来就会有出息”的动力。这就是一种创造性人格的体现。他问老师：“哪门学问研究智商？”老师告诉他：“心理学。”斯腾伯格就发誓要学好心理学，他说这辈子如果成功了，他就把自己将来有关智力的理论命名为“成功智力”。高中毕业，他以优异成绩考上耶鲁大学。耶鲁太美了，他想：“如果能在耶鲁工作该多好！”可惜，美国的学制不提倡近亲繁殖，提倡的是插花式的发展，任何一个学校的博士研究生都很难留校，除非提了正教授再回来，或者成为美国著名的专家再回来。斯腾伯格又问老师：“在美国，心理学排名第一的是哪个学校？”老师告诉他：“斯坦福。”于是，斯腾伯格决心考斯坦福大学的研究生。考上后，他师从元认知的提出者弗拉维尔。在斯坦福大学，他只用了3年就拿下了硕士加博士学位，而在美国拿一个硕士加博士学位一般得要5—8年。拿到博士学位后，他回到了耶鲁大学，成为一名心理学教师。一般从博士学位获得者到助理教授到副教授再到教授要经过3×5=15年，可是斯腾伯格仅用了5年时间就成为正教授。现在，他成为世界著名的心理学家，也是当代美国认知或智力心理学的权威人物，他果真把自己的智力理论称为“成功智力”。

另一方面，努力要巧。

我上师范时有个同学，也是个智力超常的那种人。我们师范毕业时，他在我的日记本上写下这么一段话：

聪与敏可恃而不可恃也，若自恃聪敏而不力学者，必自败也。

愚与钝可限而不可限也，若不限愚钝而力学者，必自胜也。

说得太好了。这句话我记了30年。为了克服自己智力上的愚钝我努力了 30 年。并且终生受益的是，在努力之中找到了治学的思路和方法。有了这种思路和方法，学习外语变得容易多了。

1987 年我和天津的一位学友孟昭祥相约同时参加日语自学考试。他在天津外院脱产学习一年，我在天铁自学。考试成绩出来，他正好考个及格，我却考了个 88 分。他写信问我："真不明白，我脱产学习一年，又有老师辅导。你工作那么忙，蹲在山沟里，又完全靠自学，你这书是怎么读的？"

我回信说：其实，坚持"四读"而已。一是痴读，即如痴如醉地读，专心致志，醉于其中，书没有读不好的。二是持读，即坚持不懈地读，没有啃骨头的精神，没有克服困难的勇气，是连一本书都读不好的。三是耻读。"一物不知，学者之耻。"怀有愧疚之心去读，觉耻才有苦读的动力。四是炽读，即怀有炽热的情感去读，书便越读越有激情，越读越有劲头，最后肯定会学有所得、学有所成。

第三，毅力。

毅力是指百折不挠的坚强意志。人的成长有智力因素，也有非智力因素。毅力属于非智力因素范畴。一个有毅力的人会长时期地付诸努力，坚定信念，坚持不懈，不达目的，誓不罢休。

毅力一般包括体力和心力的隐忍和坚持，毅力如何以心力为最终判定标准。

在我学习的过程中，有两个人值得我永远地纪念和感谢。

一是张海迪。海迪是 20 世纪中国树立起来的一个自强不息的典型。她是个高位截瘫的残疾人，靠百折不挠的毅力，学习了几门外语和针灸技术，翻译出版了几部小说，治好了无数病人，加入了作家协会，又担起了全国残联主席的重担。

二是赵永琢。赵永琢也是一位高位截瘫的残疾人，她靠顽强的毅力参加自学考试，成为翻译家。我至今还记得 1984 年我去天津外国语学院参加英语口试见到她，心灵受到震撼的情景。后来我以《身影》为题在《中国教育报》上发表了散文并获得优秀征文二等奖。

人做事是需要毅力的。古今中外都有我们的楷模。

大家知道，俞敏洪是中国最大的外语培训机构——新东方的 CEO。他自认为自己是个蜗牛似的人，很笨，很慢。但是他说自己有一个很好的品质：坚持不懈。他调侃说：你们五年做成的事我用十年，你们十年做成的事我用二十年，你们二十年做成的事我用四十年，再不行，我保持精神愉快，身体健康，等你们八十岁了，我把你们都送走，我再接着努力不迟。

英国首相丘吉尔谈到自己的成功秘诀时说：我的成功秘诀是三句话，一是决不放弃，二是决不决不放弃，三是决不决不决不放弃。（Never give up；Never never give up；Never never never give up.）

第四，神力。

神力是指机遇。一个人有了智力、努力、毅力，不一定就能成功。机遇对于人也十分重要。有个段子说，人生就是碰碰胡。

碰对了方向，光彩一辈子；碰对了爱好，充实一辈子；碰对了爱人，幸福一辈子；碰对了朋友，乐呵一辈子；碰对了师长，收获一辈子；碰上了神仙，还有下辈子。

机遇面前人人不平等，但机遇面前人人可以求平等，关键看你能不能抓住机遇。

以我自己为例。熟悉我的人都知道，我自己生活学习中有很多坎坷，算是个机遇并不好的人。但是小的时候背过白居易的《咏凌霄花》对我产生很大影响，我懂得自立精神对人的一生都很关键。

俗语说：自助者，天助之。这天其实不是别人就是你自己。我在校时间只有八年半，却抓住了每一个读书的机会，读了师范，读了电大，读了自考，读了硕士，读了博士，成了中学高级教师，特级教师，大学兼职教授，硕士导师。每一点成功和进步都是善抓机遇的结果。

俞敏洪并不是天才。考了三年才考到北京大学，语言没有天赋，却学了英语。他普通话说不好，入学时在班里介绍自己时用普通话说了半天，班长说，俞敏洪你能不能不讲日语？入学后根据高考成绩他被分配到 A 班，一周后又被调到 C 班，这是个“语音语调听力障碍班”。俞敏洪大学毕业后参加托福考试，考出了很好的成绩，但申请美国高校三年无果。懊恼之中发现外语培训很有市场，很有商机，于是干起了新东方，有了今天红红火火的事业。

“四力说”表明一个道理，这便是：智力之中有短长，努力之中有良方，毅力之中有志向，神力之中有眼光。

我们应该采取的态度是这个样子的：说智力，我们要带着心来；说努力，要沉下心来；说毅力，要横下心来；说神力，要留起心来。我们要运用智力，付诸努力，强化毅力，抓住神力，不断成就事业。

快乐一生需要五善并举

＊＊＊

《大学》中说：大学之道在明明德，在亲民，在止于至善。古人把达于至善作为教育的最高准则和最终目的。我认为达于至善可能还有一解，那便是要求我们自己并教育学生要做到五善，即善待社会，善待他人，善待学习，善待自己，善待自然。五善并举才能快乐一生。

第一，善待社会。

善待社会要多看社会的光明面，少看社会的阴暗面，要以乐观的心态对待社会。

我们在网上和现实生活中会遇到很多愤青，他们对社会上一些不好的现象悲观失望，有很多无奈的声音，埋怨的声音，不满的声音，指责的声音，批评的声音。怎么看待这些现象？我们知道，根据马克思主义的学说，人类社会有三个发展阶段：一是人的依赖阶段，二是物的依赖阶段，三是人的自由发展阶段。

幸运的是，我们国家政治清明，经济振兴，文化繁荣，尽管我们还有这样或那样的困难和问题，我们有理由相信未来的祖国将会更加强大，更加美好。

第二，善待他人。

善待他人要多想别人的好处，少想别人的坏处，要以感恩的心态对待他人。

国学大师季羡林先生十分善良，他关心民众，体恤民众，是我们的楷模。有一次，他的学生陪他去看季荷。望着那绿油油的一湖荷叶，学生说：季老，您看这季荷长得多好啊！季老若有所思地说：好是好啊，可做人不能这样，自己活，也得让别人活啊！原来荷叶长得茂盛的地方一切杂草都不能生存。作为人类灵魂的工程师，我们应该有季老这样的人文情怀。不然，我们就是学高八斗，满腹经纶，于社会、于国家、于黎民又有何用？

俞敏洪讲过人应该有良心。他的一个朋友是个企业家，上大学的时候有个同学家里很富有。每周一那个同学都会从家里带来六个苹果。大家想这会好了，宿舍里的每个同学都有一个苹果吃了。但遗憾的是，这位同学却从不把苹果分给其他同学，而是每天吃一个。大家有些愤恨，私下里议论：那个家伙太自私。大学毕业后，他的那个朋友企业做得很大很好很有影响，那个先前有苹果吃的来找他，想加盟这个企业。同学们一合计：拉倒，不要他！

俞敏洪从小学习不很出色，但劳动态度很好。他天天给教室做卫生，上了大学后天天给宿舍里的同学打热水。假使有一次他不打水，宿舍里的人就会说：俞敏洪怎么还不去打水啊？这水一打就是四年！在常人看来，这四年水算是白打了！俞敏洪的新东方办到一定规模时，他想起了自己的同学们。于是拿着大把美元到美国、加拿大请他的同学们回国创业。他是想让他的同学们看看，在咱们中国也能赚大钱。同学们都回来了，跟他办新东方，但是至于他们为什么回来帮他却给了他一个不是理由的理由：俞敏洪，我们回来全是冲着你给我们打了四年水！我们知道，你这人不自私，将来你有干的吃，绝对不会让我们喝稀粥！

你看这多有意思！

第三，善待学习。

善待学习，就要多想学习的乐趣，少想学习的烦恼，要以积极的心态对待学习。

学习为了求知，知识可以改变命运。

培根在他的 *Of Studies* 中说：

Studies serve for delight，for ornament，for ability. Their chief use for delight is in privateness and retiring；for ornament，is in discourse；and for ability，is in the judgment and disposition of business.

说得何等的精辟！这超出了求知的范畴。

中国人对读书有功名情结。比如“朝为田舍郎，暮登天子堂”，“十年寒窗无人问，一朝成名天下知”等说法明显带有功利色彩，这里面有精华，也有糟粕。但是中华民族是崇尚知识崇尚读书崇尚学习的民族，这是一个非常好的传统，我们读书人要努力做这个优良传统的捍卫者。

学习是责任、义务，更是一种权利。知识可以改变命运。无数事实证明一个人没有知识是不能够在这个社会上立足的，没有知识是不能在这个社会上有什么发展的，没有知识也不可能有什么能力来服务这个社会的。

第四，善待自己。

善待自己，就要多想自己的成功，少想自己的挫败，要以平和的心态对待自己。

魏书生说，人不要埋怨境遇。命运把你放在皇家花园，你应该长成参天大树。命运把你放在千山的石头缝中，你应该紧紧抓住大地，让自己生机勃勃，郁郁葱葱。

我平时喜欢看大家的作品，大家的访谈，因为那样可以站在巨人的肩膀上看得更远些。大家当中，我尤为喜欢语言学家、百岁老人周有光教授。

周有光教授原是复旦大学教授，20 世纪 50 年代就是一个很有名的经济学家了。除了研究经济，他对语言研究也很有兴趣。有一次，他参加一个语言研究的会议。会上发了一个言。领导一眼看上了他。说，周有光，留下来研究语言吧。周有光说，我语言研究是个业余爱好，这哪行？领导说，业余爱好水平不低，留下来吧！就这么定了。没想到，一句话让他研究了一辈子语言。

周教授研究语言很有成就。他经常到北京师范大学参加学术活动。105 岁的高龄，这本身就是个奇迹，就是个焦点，偏偏老先生还很幽默，常常让人们笑个不停，并在笑声中得到人生的启迪。

有一次在北师大参加学术活动，老先生笑眯眯地说，我还可以回答两个问题啊！于是，一个年轻人就问他，周老您长寿的秘诀是什么？周老说，哪有什么秘诀啊？老天爷糊涂了，把我的名字忘了勾了，所以我当了漏网之鱼。其实，五十年代我遁入空门研究语言，也曾得到过意想不到的好处。我的那些研究经济的同行们，政治运动一来，抓的抓，关的关，判的判……我便逃过一劫。你看，当了两次漏网之鱼，还不长寿吗？

周有光教授不怨天尤人，不意志消沉，做到了干一行，爱一行，专一行，精一行，成一行，在研究工作中不断享受着成长、成功、成就的快乐！

第五，善待自然。

善待自然，就要多想怎么保护自然，少想怎么去破坏自然，要以建设的心态对待自然。

看电视访谈节目，有一位企业家的经历让我思考良久。

这位企业家办企业很有思路，也很成功，赚了太多的钱。当一个人赚了太多钱的时候，钱就只是个数字了，完全失去了它的功利意义和世俗意义。所以你看，那么多富豪，都把钱投在慈善事业上，教育事业上。

这位企业家赚到钱后很苦恼，我办这企业干什么呢？赚这么多钱有什么用处呢？干脆，把企业关掉，把钱用到西部防沙工程上，不求回报，为民造福，落个欣慰，落个心静。

说干就干。几个亿投进去了。防沙工程成功了。绿油油的沙地灌木一片片长出来了。可问题出现了。原来，长得郁郁葱葱的灌木像毛竹一样必须每年砍下来才能长得更快。天啊，砍下来这么多灌木怎么运走呢？运到哪里去呢？

后来经过研究有了重大发现：这种灌木的热值比煤要高很多

倍，完全可以用来生物发电。于是，一座相当规模的生物发电厂诞生了！

愁啊！本来不想赚钱的企业家又赚了更多的钱！保护自然有了意外的回报！

其实，讲这样一个故事，目的还是要告诉大家，善待自然，就会得到丰厚的回报。

总之，我们要学会善待社会，善待他人，善待学习，善待自己，善待自然，以使自己能够在专业成长的过程中享受快乐，享受幸福。

教育家的特质

* * *

教育家是什么样子的人?

陶行知说:“常见的教育家有三种,一种是政客的教育家,他只会运动,把持,说官话;一种是书生的教育家,他只会读书,教书,做文章;一种是经验的教育家,他只会盲行,盲动,闷起头来,办办办。第一种不必说了,第二第三两种也都不是最高尚者。”“今日的教育家,必定要在下列两种要素当中得了一种,方才可以算为第一流的人物。一是敢探未发明的新理,二是敢入未开化的边疆。敢探未发明的新理,即是创造精神;敢入未开化的边疆,即是开辟精神。创造时,目光要深;开辟时,目光要远。……在教育界,有胆量创造的人,即是创造的教育家;有胆量开辟的人,即是开辟的教育家,都是第一流的人物。”

按照陶先生的说法,教育家有政客型教育家,有书生型教育家,有经验型教育家,有创造型教育家,有开辟型教育家。不论一流也好,二流、三流也罢,教育家都应该是有德行、有实践、有思想、有创新、有成果、有影响的教育工作者,这恐怕也是教育家的特质。

首先，有德行。

教育家的德行表现为大爱。要爱国家，爱事业，爱学生。要满怀对祖国的大爱做教育。增强使命感、责任感、荣誉感，为国家建设和发展培养卓越人才；要把对祖国的热爱之情融入到教育事业中。“一生只为一件大事而来”，忠实地履行自己的工作职责，坚定信念，办好人民满意的教育，为教育事业贡献终身；要热爱学生，帮助每一个学生形成正确的世界观、价值观、人生观。培养学生团结互助、诚实守信、遵纪守法、艰苦奋斗的良好品质。引导学生增强公民意识，树立社会主义民主法治、自由平等、公平正义理念，帮助学生顺利完成个体社会化任务，为学生一生的幸福奠基。

其次，有实践。

教育家的成长需要伟大的教育实践。他需要满腔热忱地投入到教育实践中。要在教育实践中不断改造自己，塑造自己，发展自己，成就自己。这是教育家成长的不二法门，也是唯一途径。当年孔子周游列国宣传学说，创办私学传道授业，培养弟子三千，贤人七十二名，成为一代宗师，万代师表。今人苏霍姆林斯基在帕夫雷什中学任教，担任这所农村中学的校长、教师和教育者长达 32 年。苏霍姆林斯基一生不长，不满 52 岁，但他却一边持之以恒地探索，一边孜孜不倦地写作，奇迹般地写出了 40 部专著、600 多篇论文、约 1200 篇儿童小故事。苏霍姆林斯基的作品闻名全世界，他也成为众多教师喜爱的人民教育家。可以肯定地说，没有伟大的教育实践，便不会有这两位伟大的教育家的诞生。

再次，有思想。

教育家最突出的特点是有思想，即教育思想。什么是教育思想？教育思想是教育工作者在长期的教育教学实践中总结出来的又反过来指导教育教学实践的系统化的理论。教育家的教育思想来自教育实践，是教育教学规律的总结。比如国外的苏格拉底的产婆术，夸美纽斯的普及教育思想，裴斯泰洛齐的劳动教育思想，卢梭的自然教育思想，赫尔巴特的阶段教学论，第斯多惠的全人教育思想，蒙台梭利的儿童教育思想，爱因斯坦的和谐教育思想，罗素的自由教育思想，皮亚杰的发生认识论，布鲁纳的发现法，加德纳的多元智力理论；再比如我国孔子的儒家学说，墨翟的墨家学说，老子的道家学说，以及朱熹等的理学，王守仁等的心学，蔡元培的五育学说，陶行知的生活教育理论等。几千年来，在教育的园地里，这些耳熟能详的中外教育家的思想无不闪烁着智慧的光芒，照耀着教育，照耀着教师，照耀着学生，照耀着我们前进的道路。

还有，有创新。

教育家的教育实践是创新性的。他们的教育实践是在实践、反思、改革创新中不断进步着的。教育家与一般教师的最大区别是有无教育反思和教育改革创新。教育反思即教师自觉地以自己的教育实践为思考对象，对自己所做出的行动、决策以及由此产生的结果进行审视、分析和总结。教育反思是一个内涵相当丰富的概念。有专家提出，单从教学上讲，它不仅指反思课堂教学行为，也指反思课前的教学计划与课后的教学评价；它不仅指教师自身教学行为的反思，也指对学生学习行为的反思；它不仅指反思总结教师自身的教学行为，也指反思总结其他教师的教学行为。一个优秀的教育工作者教育反思之后要坚持真理，修正错误，改革创新工作。所以，教育家应该成为改革创新的积极推动者。

另外，有成果。

教育家以立德、立功、立言为己任，以成长、成功、成就为目标，立德、立功、立言是成果，成长、成功、成就也是成果。我们看一个教育工作者是否取得成果的最显著的标志是他的教育实践、教学实践、科研实践、管理实践是否有效。教育中的主体包括学校、教师和学生，三位一体，不可分割。教师的成就体现在哪里？体现在学校、教师、学生是否得到有效发展上。而有效发展又体现在我们所办的教育是不是人民满意的教育，是不是满足了社会发展需求和学生发展需求上。无疑，教育家是教育成果的创造者。

最后，有影响。

教育家有德行，有实践，有思想，有创新，有成果，当然会在业界产生重大影响。他们德行出众，实践扎实，思想深邃，创新高效，成果显著，会逐渐成为人们仿效的表率，学习的榜样。

经过媒体的传播和个体的传播，其影响会更为深远，有的影响当代，有的流芳百世。教育家的教育思想也为社会的政治、经济、文化、科技思想的丰富做出贡献，是人类文化遗产的重要组成部分之一。教育家的影响非同小可，作用巨大。它首先是一种积淀，一种传承，同时也是一种文化，一种情怀，一种个性。

总之，教育家是以德行、实践、思想、创新、成果和影响安身立命的。我们认为，这些特质，也是千百万个教育工作者为此而努力奋斗的宏远目标。

学生成材篇

本篇荟萃了著者对科学施教、理想教育、生命教育、兴趣教育、责任教育、正面教育、感恩教育、健康教育、可持续发展教育等问题的理论探索成果。

100

／课

谈谈学生的科学发展

* * *

教育以促进学生的发展为己任，这一点早已经成为教育界的共识。但是学生该怎样发展、该朝着哪个方向发展恐怕是大家争议最多的事情，这恐怕也是诸多教育观点产生分歧的逻辑起点。我们认为，学生的发展应该是科学发展，应该遵循教育发展的规律和人的发展规律。具体说来应该实现个性发展和全面发展的统一、智力发展和非智力发展的统一、现实发展和长远发展的统一。

第一，学生发展应是个性发展和全面发展的统一。

谈到学生发展，我们往往会想到教育目的中的个体本位和社会本位要求。教育的个体本位要求强调教育要满足个体的发展需求，教育的社会本位要求则要求教育要满足社会的发展需求。回顾来看，在中外教育发展历史中的某一个或某几个时期里，我们往往顾此失彼，这造成了教育发展中的摇摆现象。为此，我们提出学生发展要实现个性发展和全面发展的统一。

有专家指出，个性发展是指人类个体出生后直到青少年期个性即人格的形成和发展过程。毋庸讳言，人的个性不是生来就有的，而是在个人的生理素质的基础上、在一定社会历史条件下通过实践活动逐渐形成和发展起来的。儿童个性的形成和发展要经过一个漫长的、复杂的过程。所谓全面发展，则是对为使受教育者多方面得到发展而实施的多种素质培养的教育活动的总称，是由多种相互联系而又各具特点的教育所组成。多数人通常把德育、智育、体育、美育作为全面发展教育的基本构成要素。

在传统的教育活动中，我们往往强调全面发展有余，强调个性发展不足。实际上，学生的科学发展应该是在全面发展基础上，不断促进其个性发展的过程。要通过学校教育让学生在德智体诸方面获得发展，又要使得学生在创新精神和实践能力方面有所进步和成长，真正使得学生成为德才兼备而又富有个性的社会主义建设者和接班人。

第二，学生发展是智力发展和非智力发展的统一。

学校教育使得学生知识有所增进、技能有所提升，这是智力增长的过程。但是一个人的发展不仅仅是单纯的智力增长的过程，它还包含有非智力发展的因素。因此学生的科学发展应该实现智力发展和非智力发展的统一。

一般认为，智力发展指个体其智力在社会生活条件和教育的影响下，随年龄的增长而发生的有规律的变化。儿童从出生到成熟的各个年龄阶段，智力发展是一个连续的、按一定顺序发展的过程，发展的顺序一般是确定的。非智力因素是指智力以外的对学习活动起着启动、导向、维持和强化作用的个性心理。大多数心理学家认为，非智力因素的主要内容有：兴趣与爱好；情绪与热情；忍受性与意志力；性格与胸怀；自信心与好强心；理想与目标；雄心与抱负等。

我们认为，教育过程中要关注智力发展，应遵循智力发展的一般规律。其一，要分析和把握发展速度。每一阶段的发展速度并不完全相同，不同个体的各阶段的发展速度也不相同。其二，发展要做到循序渐进。作为智力核心成分的思维能力，是按感知运动思维、具体形象思维、抽象逻辑思维的顺序发展的。其三，要抓住发展关键期。专家们认为，人的认识能力在十一二岁以前发展较快，以后较慢，到 20 岁左右达到高峰，随后又保持这个高峰，35 岁以后开始缓慢下降。关注智力的同时，还要关注非智力因素的培养。要教育学生确立理想和信念，培养兴趣和爱好，养成积极向上的心态，树立不畏艰难、百折不挠、不达目的誓不罢休的大无畏精神，使得学生通过学校教育成为智力与非智力因素协调发展的人。

第三，学生发展是现实发展和长远发展的统一。

学生的发展具有阶段性，科学的发展需要立足当前，又要兼顾长远。现实和长远是一对矛盾，有时还很尖锐。我们在讨论教育问题时，往往不能回避这对矛盾。学生科学的发展需要实现现实发展和长远发展的统一。

学生的现实发展需要关照现实发展目标和目标制定，需要关照现实发展过程和过程细节，需要关照现实发展方式和方式选择，需要关照现实发展效果和效果评价，这些是每一位学生现实发展必经的程序和流程。学生的长远发展则需要关照学生长远发展目标和愿景，需要关照学生长远发展理想和信念，需要关照学生长远发展动力和机制，需要关照学生长远发展高度和定位。

要实现学生现实发展和长远发展的统一，我们就该脚踏实地，真正地办好每一所学校，管好每一个班级，教好每一个学生，上好每一堂课。要关注学生现实学业成绩和学业表现，让每一个学生得到应有的发展。同时，要放眼远眺，真正做到立德树人，帮助和引导学生自我激励，自我奋发，不断地挑战自我，超越自我，获得终身持续发展的能力。

总之，实现学生科学的发展需要学生全面、协调、可持续地发展自己，最重要的是需要做到几个方面的有机统一。作为教育工作者，我们任重而道远。

要帮助学生“三成”

* * *

学校教育是以培养人才为目的的。学生不断成长、成功、成就的过程无疑是人才培养必需的几个重要阶段。其中，教师发挥着重要作用。

第一，教师要帮助学生成长。

学生每天都在成长中。身体在长高，心理在成熟，知识在增长，智慧在增加，这些都是成长的标志。学生的成长需要教师的领导、教导、引导、指导和疏导。

教师的领导作用不可或缺。学校要重视发挥教师在学生成长中的领导作用。学生大都是未成年人，需要身为成年人教师的领导。教师要领导教育工作，领导教学工作，要保证孩子发展的方向不能偏离。

教师的教导作用不可忽视。教师应该在学生的德智体美劳各个方面的发展上起主导作用。教师的教导是学生发展的基础。可以说，学生从幼稚到成熟、从无知到有知，教师的教导作用是需要高度重视的。

教师的引导作用十分重要。教师的引导主要体现在学生思想的引导和学业的引导上。教师要严格自律，以身作则，要“学为人师，行为世范”，要用自己的模范行为引导学生做人、做事、做学问。

教师的指导作用非常关键。教师要指导学生如何作息，如何锻炼，如何待人，如何接物，如何预习，如何听课，如何作业，如何练习，如何复习，如何考试，如何思考，等等。教师的指导对于学生的成长起着关键的作用。

教师的疏导作用尤为需要。这里所说的疏导是指心理疏导。当学生诸事不顺心情苦闷时，当学生遇到难题感到困惑时，当学生学业停步不前感到无助时，当学生养成不良习惯不能自拔时，当学生心灰意冷感到无望时，教师的心理疏导和帮助对学生无疑就是及时雨。

第二，教师要帮助学生成功。

学生的成功表现各异，不限一途，有大有小。但无论如何，学生的成功离不开教师的期待、鼓励、激励、鞭策和督促。

教师的期待可以帮助学生确立目标。期待中有积极的暗示，有正向的指引，有美好的愿景，有殷切的希望。其实，这就是皮格马利翁效应。

教师的鼓励可以帮助学生获得动力。鼓励中有对学生理想的赞许，有对学生行动的支持，有对学生创新思路的评价，有对学生取得成绩的肯定。

教师的激励可以帮助学生再接再厉。对于想做事有激情的学生，对于能做事有能力的学生，对于能够做成事取得成绩的学生，一定要适时适地适度地给予激励。

教师的鞭策可以帮助学生后来居上。有些学生思想暂时落后，学习暂时落后，我们称之为后进生。后进生通过努力也能够取得进步，取得成功，这些学生需要教师的鞭策。

教师的督促可以帮助学生早日成功。在学生成长的过程中，教师需要督促学生制订计划，落实计划，完成计划，教师的督促重在学生成长关键阶段和关键环节的提示和提醒。

第三，教师要帮助学生成就。

成就的取得以成长和成功为基础。一般来说，学生的成就多表现在他们离开校园进入社会以后所做出的成绩和贡献，强调的是一个人成长和成功之后对社会的影响。学生可能在社会科学研究领域做出成绩，也可能在自然科学领域研究做出贡献，这些成绩和贡献无疑都是成就。学生未来成就大小取决于教师给学生打下的智力因素和非智力因素的基础。

学生的智力因素包括六个方面：注意力，观察力，想象力，记忆力，思维力，创造力。智力因素是一个人成长、成功、成就的基础。在学校里，我们需要培养学生的智力，增长学生的智慧，让学生学会如何注意、如何观察、如何想象、如何记忆、如何思考、如何创造。特别是要培养学生分析问题和解决问题的能力，培养他们创新、创造的能力。这是学校教育的最终目的之一，也是决定学生未来是否能够有所成就的关键。培养学生的智力因素一要靠课堂教学，二要靠课外活动，课堂教学和课外活动是智力因素培养的主渠道。

学生的非智力因素是指与认识没有直接关系的情感、意志、兴趣、性格、需要、动机、目标、抱负、信念、世界观等方面。这些非智力因素，在人的成长过程中，有着不可忽视的作用。一个智力水平较高的人，如果他的非智力因素没有得到很好的发展，往往不会有太多的成就。相反，一个智力水平一般的人，如果他的非智力因素得到很好的发展，就可能取得事业上的成功，做出较大的贡献。中外很多的科学家取得成就的例子说明了这一点。比如，我国著名的数学家张广厚说他在小学、中学读书时智力水平并不出众，他的成功与良好的非智力因素有关。他曾说："搞数学不需太聪明，中等天分就可以，主要是毅力和钻劲。"进化论的提出者达尔文也曾说过："我之所以能在科学上成功，最重要的就是我对科学的热爱，对长期探索的坚韧，对观察的搜索，加上对事业的勤奋。"所以在教育教学活动中，教师应该在培养学生智力因素基础上，注重培养学生的非智力因素，要从情感、意志、兴趣、性格、需要、目标、抱负、世界观等方面教育学生、发展学生、提升学生、完善学生，使得他们真正做到刻苦钻研、品学兼优、信念坚定、意志顽强、全面发展、和谐发展、健康发展。

教师帮助学生成长、成功、成就，应该是教育的本义，是教育的任务，也是教育的价值所在，我们教师应该为此而竭智尽力。

生命教育：学校第一必修课

＊＊＊

雅安地震，李克强总理在第一时间赶到灾区。他说，当前的第一要务是救人，人是最为宝贵的。

生命于人、于自然甚至于宇宙都意义重大，重大到我们就是如何强调、如何重视都不为过。然而我们国家过去的教育中却恰恰对这最重要的东西有所忽视。

生命教育应该成为学校教育必修课。世界上许多国家和地区都很重视生命教育。早在1968年，美国的一位学者出版了《生命教育》一书，探讨必须关注人的生长发育与生命健康的教育真谛。日本、英国等国家和地区也竭力倡导生命教育，各种学术团体纷纷建立起来。

现在，我国的生命教育刚刚起步，有了一个比较良好的开端。《教育改革和发展规划纲要》指出："坚持全面发展。全面加强和改进德育、智育、体育、美育。坚持文化知识学习与思想品德修养的统一、理论学习与社会实践的统一、全面发展与个性发展的统一。加强体育，牢固树立健康第一的思想，确保学生体育课程和课余活动时间，提高体育教学质量，加强心理健康教育，促进学生身心健康、体魄强健、意志坚强。加强美育，培养学生良好的审美情趣和人文素养。加强劳动教育，培养学生热爱劳动、热爱劳动人民的情感。重视安全教育、生命教育、国防教育、可持续发展教育。促进德育、智育、体育、美育有机融合，提高学生综合素质，使学生成为德智体美全面发展的社会主义建设者和接班人。”这为我们进行生命教育指出了方向。

那么，什么是生命教育呢？一般来讲，生命教育有广义与狭义之分。狭义的生命教育指的是对生命本身的关注，包括个人与他人的生命，进而扩展到一切自然生命。广义的生命教育不仅包括对生命的关注，而且包括对生存能力的培养和生命价值的提升。

我们认为，生命教育就是要帮助学生认识生命、珍爱生命、尊重生命、绽放生命。

首先，要认识生命。

生命科学认为生物是有生命的物体，进行生命教育的首要问题就是要教会青少年如何科学合理地理解生命。化学进化产生原始生命后，接着就开始了生物进化，人类的生命正是这一进化的结果。宏观上说生命是蛋白质和核酸物质的运动形式，是一种特殊的、高级的、复杂的物质运动形式。

有专家认为，人的生命具有多重属性，其中最主要的是自然属性和社会属性，而社会属性是人最主要、最根本的属性，它是决定人之所以是人的最根本的东西。生命的自然活动主要包括：新陈代谢、生长、发育、遗传、变异、感应、运动等。生命的社会活动主要包括：感知社会、角色扮演、人际交往、求学择业、社会竞争等。在帮助学生认识生命的同时，就要通过生命的自然活动了解、理解生命，同时又要通过生命的社会活动来体验、体认生命。

其次，要珍爱生命。

生命只有一次，每个人都只有一次出生，一次死亡，不论贫富，概莫能外。所以，生命高于一切，大于一切，重于一切，弥足珍贵。

对于弥足珍贵的生命，我们应该倍加珍惜。每个人都要培养自我保护的意识，要学习安全和健康知识，培养健康生活习惯，注重心理健康教育，确保情绪健康向上。要不断丰富自己，提升自己，完善自己，发展自己，以此不断提高生存质量和生活质量。工作、生活和学习要有明确的目标，要让自己的一生活得幸福快乐而有尊严，以此提升生命质量。

再有，要尊重生命。

每个人的生命都是平等的，因此都应该受到尊重。我们每个人不仅需要尊重自己的生命，还要学会尊重他人乃至其他物种的生命。

我们知道，地处青藏高原腹地的可可西里，平均海拔在4600米以上，被称为“世界第三极”，气候恶劣，至今仍是中国最大的无人区。但是，这里的野生动物多达230多种，其中，20多种是国家一级保护动物。高原精灵——藏羚羊现在已得到有效的保护。全长11.7公里的清水河特大桥是为确保藏羚羊迁徙时能顺利通过青藏铁路而特别设计和修建的。这种人性化的设计理念充分体现了人类对其他物种生命的尊重。四川两次大地震，一个个动人的事例，两届政府对生命的“不抛弃，不放弃”，提升了我们所有人对生命尊重的意识。有人深情地写道：你看，为了一个深井中的幼小生命，几百个人拼搏十几个小时；为了一个丧失生活自理能力的孤寡老人，多少志愿者伸出了他们温暖的双手；为了上不起学的贫困儿童，“希望工程”的捐助一直在继续着。我们没有理由不感动！

最后，最重要的是，要绽放生命。

有人提出，人的生命可以分为三种形态：首先是人的生物性生命，其次是人的精神性生命，最后是人的价值性生命。生物性生命是基础，精神性生命是实质，价值性生命是鹄的。

每个人都是生物性生命的客观存在，所以要珍惜生命。但人的生命又不同于其他物种的生命，人会独立思考，会创新，会创造，有精神，有想象，有活力。不仅如此，人有价值诉求，有价值追求，有价值实现。因此，每个人都希望绽放自己的生命，希望自己能够成长、成功、成就，希望自己能够立德、立功、立言而不朽于世。应该说，这是生命的根本价值所在，也是生命的根本意义所在，更是生命教育的重点所在。

说说智力与努力

* * *

读《历史上那些牛人们》一书，受益不小。其中曾国藩和小偷的故事让人深受启发。

曾国藩是晚清真正“睁眼看世界”并积极实践的第一人。在他的指导下，中国建造了第一艘轮船，开启了近代制造业；建立了第一所兵工学堂，是中国近代高等教育的肇始；第一次组织翻译、印刷西方书籍，不仅奠定了近代中国科技的基础，而且极大地开阔了中国人的眼界。

然而，作为中国历史上最有影响的人物之一，曾国藩小时候的天赋却并不高。据曾国藩回忆，小时候他曾遭遇过这样一件尴尬事：有一天晚上，夜深人静之时，万籁俱寂，少年曾国藩在家读书，对一篇文章重复朗读很多遍了，还是背不下来。背不下来就不能睡觉，他只好一直诵读此文。这时候，家里来了一个小偷，潜伏在屋檐下，希望等读书人睡觉之后捞点好处。可是等啊等，就是不见曾国藩去睡觉，只听他还是翻来覆去地读那篇文章。贼人大怒，实在忍不住了，跳出来大声说：“这种水平读什么书？”接下来发生的事情让曾国藩目瞪口呆：只听那贼人将那文章很流畅地背诵了一遍，然后轻蔑地看了曾国藩一眼，扬长而去。

这件事对曾国藩触动很深。这个小偷是很聪明，至少其天赋要比曾国藩高许多，但是他却荒废了天赋，沦落为“梁上君子”；而曾国藩从此知耻而后勇，刻苦治学，奋发图强，通过后天的不懈努力，终于成为晚清风云人物。

曾国藩与小偷的故事很好地说明了智力与努力的关系问题。恰如清代雍正年间进士彭端淑所说：“是故聪与敏，可恃而不可恃也；自恃其聪与敏而不学者，自败者也。昏与庸，可限而不可限也；不自限其昏与庸而力学不倦者，自力者也。”毋庸讳言，良好的智力是人发展的基础，刻苦的努力则是人发展的关键。

教学中智力与努力的关系也是如此。

首先，智力是基础，教学中要重视智力的作用。我们知道，没有智力即观察能力、记忆能力、想象能力、思维能力等作基础，一个人想谋取发展或者发展到一定高度会很难。没有观察能力，不善于观察社会、观察自然就不会有敏锐的洞察力。没有对知识的记忆和积累，就没有对能力的培养。没有丰富的想象力，就不会有创新力和创造力。没有思维能力，就缺失了基本的概括、归纳、演绎和判断的能力，高质量和高水平的心理活动能力就会缺失。教学本身是一种智力的唤醒、训练和培养。重视智力在一个人发展中的作用，是教育的出发点。正确的做法是保持优势，克服劣势，使得每一个学生的发展各有所依，各有所长，各有所进，各得其所。

其次，智力有差异，教学中要做到因材施教。人的智力结构是不同的。按照美国心理学家加德纳的多元智力学说，人的智力框架中相对独立地存在着七种智力，即言语—语言智力、音乐—节奏智力、逻辑—数理智力、视觉—空间智力、身体—动觉智力、自知—自省智力、交往—交流智力。专家们指出，言语—语言智力主要是指听、说、读、写的能力，表现为个人能够顺利而高效地利用语言描述事件、表达思想并与人交流的能力。音乐—节奏智力是指感受、辨别、记忆、改变和表达音乐的能力，表现为个人对音乐包括节奏、音调、音色和旋律的敏感以及通过作曲、演奏和歌唱等表达音乐的能力。逻辑—数理智力是指运算和推理的能力，表现为对事物间各种关系如类比、对比、因果和逻辑等关系的敏感以及通过数理运算和逻辑推理等进行思维的能力。视觉—空间智力是指感受、辨别、记忆、改变物体的空间关系并借此表达思想和情感的能力，表现为对线条、形状、结构、色彩和空间关系的敏感以及通过平面图形和立体造型将它们表现出来的能力。身体—动觉智力是指运用四肢和躯干的能力，表现为能够较好地控制自己的身体、对事件能够做出恰当的身体反应以及善于利用身体语言来表达自己的思想和情感的能力。自知—自省智力是指认识、洞察和反省自身的能力，表现为能够正确地意识和评价自身的情绪、动机、欲望、个性、意志，并在正确的自我意识和自我评价的基础上形成自尊、自律和自制的能力。交往—交流智力是指与人相处和交往的能力，表现为觉察、体验他人情绪、情感和意图并据此作出适宜反应的能力。

最后，努力是关键。教师要鼓励学生做到百折不挠、不断进取。学生有了良好的智力做基础，还要奋发努力，要勇于面对困难，勇于克服困难，勇于战胜困难。学业上的一帆风顺、一劳永逸是不可能的。遭遇挫折，遭遇问题，遭遇瓶颈是常态，是学生在学习中不可回避的。咬紧牙关，全力以赴，坚持不懈是学业取得成功的不二法门。戒骄戒躁，目标常新，不断创新是学业取得更大成功的基本途径。教学中，我们应该鼓励学生努力努力再努力，坚持坚持再坚持，创新创新再创新。据我们观察，任何一个学业上和事业上取得成功的人都是勤勉的典型，都是毅力的化身，都是勇于开拓的闯将。我们应该鼓励学生做这样的人。

总之，智力与努力相辅相成，互为因果。教学中要重视智力，利用智力。同时，注意智力差异，做到因材施教。最为关键的是，要鼓励学生付出努力，强化毅力。只有这样，学生才能真正得到应有的发展和进步。

要帮助学生确立人生目标

* * *

帮助学生确立人生目标非常重要。有多重要呢?

生命教育工作者边疆先生在《唤醒心目中的巨人》一文里讲哈佛大学曾经做过一次令人震撼的人生目标调查：有一年，一群哈佛大学的毕业生在走出校门时，学校对他们做了一个调查，结果发现：27% 的人，没有目标；60% 的人，目标模糊；10% 的人，有清晰但比较短期的目标；3% 的人有清晰且长远的目标。

以后的岁月里，他们行进在各自的人生旅途中。25 年以后，哈佛大学再次对这群学生进行了跟踪调查。

跟踪调查发现：那 3% 的人，25 年间朝着一个方向不懈努力，几乎都成为社会各界的成功人士，其中不乏商业领袖和社会精英；那 10% 的人，他们的短期目标不断地实现，成为各个领域中的专业人才，大都生活在社会的中上层；那 60% 的人，他们安稳地工作与生活着，但都没有什么特别的成绩，几乎都生活在社会的中下层；余下的那 27% 的人，他们的生活没有目标，过得很不如意，并且常常在抱怨他人和社会，抱怨这个“不肯给他们机会的世界”，当然，也抱怨他们自己。

边疆先生分析说，其实他们之间的差距仅仅在于：25 年前，他们中的一些人就已经知道自己最想要做的是什么，而另外一些人则不清楚或不是很清楚。这个调查生动地说明了拥有人生目标对于人生成功的重要意义。

那么，怎样才能帮助我们的学生确立人生目标呢？

第一，人生目标要和学生特质结合起来。

学生特质是指由于遗传和后天训练形成的在学生身上最终所表现出来的区别于他人的个性素质。特质在一个人的成长和发展中很重要。就智能特质来说，人的特质是千差万别的。比如美国教育家、心理学家霍华德·加德纳在1983年出版的《智力的结构》一书中提出，每个人都至少具备语言智力、数理逻辑智力、音乐智力、空间智力、身体智力、人际交往智力和自我认知智力，这些智力都可称为特质。此外，人的某种特质之中还有不同的表现。因此，我们在帮助学生确立人生目标时就要指导他们认真了解、认真分析、认真把握自己的特质，以便他们在以后的发展中能够扬长避短，顺势成才。

第二，人生目标要和学生理想结合起来。

理想是人们在实践中形成的并有可能实现的对未来社会和自身发展的向往与追求，是人们的世界观、人生观和价值观在奋斗目标上的集中体现。理想虽是一种或然，但远大的理想会让人目标明确、方向坚定。一个人有了远大的理想，就会遇百挫而不馁，遇百折而不挠，就会不畏艰难，勇往直前，不达目的，誓不罢休。因此，帮学生制定人生目标时，要了解学生的向往和追求，继而引导他们把自己的向往和追求与自己的人生目标结合起来。这样，学生就能做好短安排，定好长计划，就能信念坚定，义无反顾，稳扎稳打，步步为营，有计划、有目的地一步一步迈向自己的人生目标，实现自己的人生理想。引导学生确立人生目标与理想相结合，一要远离功利，二要志向远大。“计利应计天下利，求名应求万世名”,周总理很小的时候就曾立下“为中华之崛起而读书”的远大理想，应该是我们的理想楷模。

第三，人生目标要和学生兴趣结合起来。

兴趣指兴致，是人们对某种事物喜好或关切的情绪。它通常表现为人们对某件事物、某项活动的选择性态度和积极的情绪反应。兴趣在人的实践活动中具有重要的意义，可以使人集中注意力，产生愉快紧张的心理状态。学生的兴趣千差万别，有人喜欢自然科学，有人喜欢社会科学，有人喜欢动物，有人喜欢植物，有人喜欢物理，有人喜欢化学，有人喜欢思辨，有人喜欢实验，有人喜欢唱歌，有人喜欢跳舞，有人喜欢运动，有人喜欢艺术，等等。兴趣是最好的老师。学生有了兴趣，便会朝着自己既定的目标快乐幸福地不断努力，不断拼搏，不断前进，不断得到成长，不断获得成功，不断取得成就。帮助学生将人生目标与兴趣结合在一起，学生学习就会高成效，工作就会高效率，研究就会高回报。

第四，人生目标要和社会需求结合起来。

社会需求分为物质需求和精神需求两大类，是指社会的发展情况对道德、知识、技能、能力、品质等方面某种趋势发展的期望或要求。社会需求决定着人才培养的数量、质量和水平。帮助学生确立人生目标时，要充分考虑现今和未来社会对人才的数量、质量和水平的要求。社会发展需要专才，也需要通才，需要文史哲也需要理工农医，学生自己的人生定位一定要符合社会发展对人的需要。在这一方面，要摒除两种错误观念。一是要反对“两耳不闻窗外事，一心只读圣贤书”的观念，引导学生客观、理性地分析社会状况，了解社会真正的需求；二是要反对“万般皆下品，唯有读书高”的观念，鼓励学生适当参加社会实践活动，要让学生明白“三百六十行，行行出状元”，继而使他们最终懂得，作为社会人，社会需求就是人生的需要，就是人生的终极发展目标。

精神教育不可缺失

* * *

人是要有一点精神的。学校教育中精神教育尤其不可缺失。

首先是求实精神。

求实即求真。要教育我们的学生能够真心说话，真实做事，真诚做人。一方面，学生作为未来世界的主宰者和改造者，要敢于探究真理，敢于坚持真理，敢于捍卫真理。另一方面，学生作为国家未来的建设者和接班人，要既能仰望星空，又能脚踏实地；既能胸怀长远，又能立足当前；既能解放思想，又能实事求是。求实精神使得学生能够稳住心神，淡泊明志，学得真知识，获得真技能，掌握真本领。

其次是仁爱精神。

仁爱即向善。教育归根到底是培养人的善端。在本性论上，古人有善恶之辩，有人主张性本善，有人主张性本恶，也有人主张有善有恶。我们发现，尽管他们在人性论性本善还是性本恶问题上有比较大的意见分歧，但他们都承认教育的重要作用：若教育对象性本善，教育的作用是保持善端；若教育对象性本恶，教育的作用是转恶为善；若教育对象有善有恶，教育的作用则是抑恶扬善。仁爱精神教育是和谐社会的需要。我们教育学生不仅要仁爱他人，也要仁爱自己，使他们能够终生享受仁爱精神带给别人和自己的幸福和快乐。

再次是尚美精神。

尚美即崇美。学校教育要培养和提升学生发现美、鉴赏美、创造美的能力。我们知道，事物之中，人群之中，制度之中，社会之中有美有丑。能够辨别美丑无疑是一种态度，一种能力，一种精神。在美丑之间能够作出选择，作出取舍，需要学生具备正确的态度，卓越的能力和批判的精神。在此基础上，能够鉴赏和创造美，如美德、美言、美行、美服、美食、美景、美文、美工，这无疑也是教育的主要任务之一。

还有是创业精神。

要重视创业精神教育。创业精神有利于社会发展，也有利于学生个体的发展。创业教育涉及择业、爱业、敬业、竞业、精业、立业等教育。要让学生了解社会不同行业的要求，找到自己的努力方向，在学校打下坚实的专业知识基础。鼓励学生积极参与社会实践活动和创业实践活动，待学生进入社会后，他们才有可能利用所学专长，顺应市场规律，自我创业，自我发展，做实做大，做强做精，成为行业翘楚，成为业界精英。创业精神教育过程中，要给学生搭建平台，提供机会，创造机遇，要给学生以适当的引导和指导。

另外是创新精神。

创新精神是素质教育的重点之一。没有创新，教育就没有发展，没有活力，没有灵魂。没有创新，国家就没有振兴，没有希望，没有未来。培养创新精神是教育自身发展的需要，也是国家未来发展的需要。培养创新精神，需要创新人才培养思维，创新人才培养模式，创新人才培养方法。在培养思维上，确实要使我们的教育面向现代化，面向世界，面向未来。在培养模式上，要变一元模式培养为多元模式培养，以满足社会的不同人才需求。在培养方法上，要把学校教育与社会需要结合起来，培养社会真正需要的创新人才。

最后是乐观精神。

我们的教育培养的人应该是乐观积极的人。有专家说，一个人最难能可贵的品质是，在任何艰难困苦的时候都不悲观失望。我们的学生无论是在学校里，还是在社会上，都会遇到各种各样的困难或危机，我们应该教育学生做到顺时警醒，逆时从容，能够做到不以物喜，不以己悲，能够做到坚韧不拔，百折不挠。要使他们相信努力会有希望，努力会有收获，努力会有成果。乐观精神的培养会让学生快乐幸福，会让社会充满正能量。这也是我们的教育要达到的目的之一。

总之，学校教育中学生的精神教育不可或缺。培养学生求实精神、仁爱精神、尚美精神、创业精神、创新精神、乐观精神应是现代教育中的应有之义，我们当抓实、抓出成效。

论学习兴趣培养

* * *

"知之者不如好之者，好之者不如乐之者。"兴趣是最好的老师。那什么是兴趣呢?

兴趣是一种带有情感色彩的认识倾向，它以认识和探索某种事物的需要为基础，是推动一个人去认识事物、探求真理的重要动机，是一个人学习和生活中最活跃的因素。

我国著名的心理学家、北京师范大学教授林崇德说过，天才的秘密在于强烈的兴趣与爱好。我们观察到一个现象，凡是在学业和事业上取得成功的人，无不是对学业和事业有着浓厚兴趣的人。可以说兴趣决定着一个人的努力方向、奋斗精神、执着程度、效率效果和持久动力。

据报载，金一南将军就是靠着浓厚的兴趣走上军事理论研究道路的。金一南初中毕业，自学成才，但他勤奋钻研，著作颇丰。自 2009 年以来,金一南出版了《苦难辉煌》《浴血荣光》《金一南讲:世界大格局，中国有态度》《心胜》《心胜 2》等多部作品。几乎每一部作品都引起轰动，特别是《苦难辉煌》，发行了近 200 万册，金一南还因此登上"中国作家富豪榜"。特别有意思的是，有一次，金一南去国家发改委讲课，主持人是国家发改委的机关党委书记，他在介绍金一南时讲了个故事："有位同志在机场读《苦难辉煌》，结果读得太入迷，把飞机误了，于是索性在机场休息室里看了7个小时，一口气把书看完。这个同志，就是敝人。"我们认为，没有对军事理论的热爱和研究兴趣的支撑，金一南不可能如此专注于军事理论研究，不可能在研究中做出如此大的成绩，不可能产生这么大的学术影响。

我们都熟悉的著名教育改革家魏书生也是靠着浓厚的兴趣走上教育工作岗位的。他热爱教育，钻研教育，思考教育，传播教育。当时在工厂里工作的魏书生申请了上百次，才成功地进了学校当上了教师，靠的是兴趣给他带来的动力。他从辽宁盘山县中学走出来，走到盘锦，走出辽宁，走向全国，成为辽宁省功勋教师、特级教师，成为全国优秀班主任、全国劳动模范，靠的是兴趣给他带来的干劲。退休以后的魏书生更忙了，忙着做研究、搞讲座、办学校，责任更多，影响更大。有很多朋友不解：魏书生是靠什么做到的？我想答案很简单：兴趣给他带来了持久的动力。

既然兴趣如此重要，我们在教学中该如何培养学生学习的兴趣呢？我们认为，应该做好这么几件事情：

第一，要明确学习的目的和意义。

学生的学习需要有一定的动机。学习动机的激发要明确学习的目的和意义。有经验的校长在学校开学之日就要告诉学生一个学年乃至一个学段的学习的目的和意义；有经验的专业教师在开学第一课时就要讲清学习这门课的目的和旨趣；有经验的任课教师在一节课开头就要明确本课时的目的和任务。这样，学生就会明确学习目的，知晓学习意义，形成学习动机，产生学习动力。

明确学习目的和意义，需要特别重视学习过程的始端。教师要精心设计，晓以大义，使得学生在学习一开始就心怀期待，充满好奇，跃跃欲试，动力十足。

第二，要逐步提高兴趣水平。

学生学习兴趣的形成不是一蹴而就的，是由低级到高级，由感性到理性，由短暂到持久逐步发展而来的。根据专家介绍，从一个人个性心理发展的角度看，兴趣大致可分为三类：一是直观兴趣，这是一个人的一种本能的兴趣。色彩鲜明、形象生动、语言动作幽默等可以引起这种本能的兴趣。这种兴趣虽然肤浅且不稳定，但早期诱发这种兴趣，不仅有助于提高学习效率，而且有利于培养更高层次的学习兴趣。二是自觉兴趣，这种兴趣伴随着情感、思维活动而产生，是有着明确的追求目的的心理因素。这种兴趣比较稳定，具有自觉性。三是潜在兴趣，是一种较高层次的心理表现。这种兴趣表现为有强烈的追求、经久不衰的爱好。它不再为偶然因素所改变，亦不为艰苦挫折而退缩，相反地，能够以苦为乐，在单调平凡中找到无穷的乐趣。

逐步提高学生的兴趣水平意义深远。教师要抓住学生的学习过程，通过提高学生的兴趣水平使得学生变得更加自觉，更加理性，更加持久，更加稳定。这是培养兴趣的需要，也是提高学习质量、提升学习水平、培养学习品质的需要。

第三，要懂得享受成功的乐趣。

兴趣的养成跟很多因素有关，最为关键的是与成功与否有着很大的关系。一个在学业上和事业上经常遭遇失败的人往往就会失去对学业和事业追求的兴趣。所以，在教学中教师应该引导学生不断改进学习方法，从而不断取得进步和成功。让学生学会在成功中自我肯定，自我欣赏，自我总结，自我完善，自我提高，并在成功中享受乐趣，保持兴趣。

学生能否懂得享受成功的乐趣是学生学习生活是否快乐幸福的标志之一。一个优秀的教师会教导、指导、引导学生不断发现并享受学业上每一个成功带来的喜悦和乐趣，从而使得学生能够一如既往，不改初衷，追求卓越，精益求精。

第四，要找到生命的价值所在。

学生的学习是为未来生活做准备的。他们的学习是一个个体社会化的过程，是一个正如柏拉图所说的“将其从低处引向高处，从黑暗处引向光明处”的过程。学生学习的乐趣在于从懵懂无知到顿开茅塞，从混沌一片到无限光明。这是生命成长的过程，是生命提升的过程，是生命涅槃的过程，也是发现生命价值的过程。学习的意义在于此，教育的意义也在于此。

帮助学生找到生命的价值，是教育的理想之一。只有学生发现了生命的价值，他们的学习生活才会如诗如画，如舞如歌。他们才会在自己的成长中，在自己的成功中，在自己的成就中心甘情愿、如痴如醉、快乐幸福地不断为这个伟大的国家创新创造，贡献才智和力量。

综上，兴趣培养十分重要。教师在教学中应该帮助学生明确学习目的和意义，逐步提高兴趣水平，教育学生学会享受成功乐趣，找到生命价值所在。这样，学生的学习生活就会兴趣盎然，乐趣常有，幸福常在。

要真正变阅读为“悦”读

* * *

1995 年，联合国教科文组织宣布每年的 4 月 23 日为“世界读书日”。这一天是西班牙作家塞万提斯和英国著名作家莎士比亚的辞世纪念日。另据《图书馆》杂志报道，世界读书日来源于西班牙加泰罗尼亚地区的一个传说：美丽的公主被恶龙困于深山，勇士乔治只身战胜恶龙，解救了公主，公主回赠给乔治的礼物是一本书。从此书便成为胆识和力量的象征，4 月 23 日成为“圣乔治节”。

设立世界阅读日，目的只有一个：鼓励大家读书。那么，世界各地的读书现状是怎样的呢？据《中国青年报》报道，联合国教科文组织的一项调查显示：全世界每年阅读书籍数量排名第一的是犹太人，平均每人一年读书 64 本。上海在中国排名第一，只有 8 本。中国 13 亿人口，扣除教科书，平均每人一年读书都不到一本。这个报道引人深思。

众所周知，犹太人很聪明，爱因斯坦及马克思是杰出代表。此外还有哲学家斯宾诺莎、心理学家弗洛伊德、诺贝尔物理学奖获得者盖尔曼等人。20 世纪 80 年代的一项统计表明，只占美国人口 3%的犹太人获得了 27%的诺贝尔奖，国际象棋冠军中犹太人过半。据《犹太人的礼物》一书统计，犹太人中“盛产”自然科学家。首先是物理学家人才济济：相对论创始者爱因斯坦、量子力学开创者波尔和波恩、原子物理学开拓者费米、创立电守恒定律的李普曼、测定光速的迈克尔逊、提出量子电动力学公式的施温格、反质子发现者之一的西格晋。其次是化学家也颇不乏人：首次离析出纯氟并建立高温化学的莫瓦桑、染料合成研究的拓荒者拜多、氨合成法的创始人之一哈柏。生物医学家也星光闪耀：近代化学疗法创始人之一埃尔利希，提出人类ABO血型系统的兰茨泰纳等。另外数学家中还有最著名的控制论的提出者维纳。

有这样一句话：智慧掌握在犹太人的脑子里。为什么会是这样呢？因为犹太人是最爱读书的民族！

其实，我国也是一个倡导读书的国度。古人说：一等人忠臣孝子，两件事读书耕田。古人总是把读书放在第一位的。

读书若不能理解读书的意义，发现不了读书的真谛，体会不到读书的幸福，读书便永远是苦海无边。那么我们如何变阅读为“悦”读呢？重温培根的《论读书》，我们会有一些新的体会：

首先，做到读而有知。

培根说，读书使人充实，讨论使人机智，笔记使人准确。因此不常作笔记者须记忆特强，不常讨论者须天生聪颖，不常读书者须欺世有术，始能无知而显有知。读书能够使人增长知识、开阔视野，这应该是读书的第一要义。

其次，做到读而有思。

培根说，读书足以怡情，足以傅彩，足以长才。其怡情也，最见于独处幽居之时；其傅彩也，最见于高谈阔论之中；其长才也，最见于处世判事之际。练达之士虽能分别处理细事或一一判别枝节，然纵观统筹、全局策划，则舍好学深思者莫属。学中有思、学思结合常常使人顿开茅塞、豁然开朗，这是读书的另一种境界。

再次，做到读而有悟。

培根说，人之才智但有滞碍，无不可读适当之书使之顺畅，一如身体百病，皆可借相宜之运动除之。滚球利睾肾，射箭利胸肺，慢步利肠胃，骑术利头脑，诸如此类。如智力不集中，可令读数学，盖演题须全神贯注，稍有分散即须重演；如不能辨异，可令读经院哲学，盖是辈皆吹毛求疵之人；如不善求同，不善以一物阐证另一物，可令读律师之案卷。如此头脑中凡有缺陷，皆有特药可医。读书的过程是克服自身缺陷的过程，也是自我悟道的过程。读而有悟是一种智慧的增进和提升，悟道常常使人飘飘欲仙，欲罢不能。

还有，做到读而有用。

培根说，读书费时过多易惰，文采藻饰太盛则矫，全凭条文断事乃学究故态。读书补天然之不足，经验又补读书之不足，盖天生才干犹如自然花草，读书然后知如何修剪移接；而书中所示，如不以经验范之，则又大而无当。有一技之长者鄙读书，无知者羡读书，唯明智之士用读书，然书并不以用处告人，用书之智不在书中，而在书外，全凭观察得之。学习的目的全在于应用。读书与观察相结合，理论与实际相结合，读书与经世致用相结合，方是读书的目的所在。

最后，做到读而有成。

培根说，读史使人明智，读诗使人灵秀，数学使人周密，科学使人深刻,伦理学使人庄重,逻辑修辞之学使人善辩。凡有所学，皆成性格。读书的好处有很多，最重要的是读书塑造个性，完善个性，愉悦个性。当你通过读书变成一个知识渊博的人、一个风度儒雅的人、一个洞察世事的人，你离成功也就不远了。

综上，阅读变“悦”读有更为积极的意义。只要我们做到读而有知、读而有思、读而有悟、读而有用、读而有成，我们就能从阅读中得到更多的乐趣和收获。

让学生学会主动学习

＊ ＊ ＊

有一次，陶行知先生在武汉大学演讲。他走向讲台，不慌不忙地从箱子里拿出一只大公鸡。台下的听众全愣住了，不知陶先生要干什么。陶先生又从容不迫地掏出一把米放在桌上，然后按住公鸡的头，强迫它吃米。可是大公鸡只叫不吃。怎么才能让公鸡吃米呢？他掰开公鸡的嘴，把米硬往鸡的嘴里塞。大公鸡拼命挣扎，还是不肯吃。陶先生轻轻地松开手，把鸡放在桌子上，自己后退了几步，大公鸡自己就开始吃起米来。这时陶先生开始演讲："我认为，教育就像喂鸡一样。先生强迫学生去学习，把知识硬灌给他，他是不情愿学的。即使学也是食而不化，过不了多久，他还是会把知识还给先生的。但是如果让他自由地学习，充分发挥他的主观能动性，那效果一定好得多！"台下一时间掌声雷动，为陶先生形象的演讲开场白叫好。

陶先生的话给我们以启发。如何才能让学生主动学习确实是一个现实的课题。我们认为，要帮助学生学会主动学习，需要让学生明白学习的意义，激发他们浓厚的学习兴趣，唤起他们深入探究的动力，让他们体验成长的快乐。

第一，要让学生明白学习的意义。

学习的意义是什么？一是生存所需，二是成长所需，三是竞争所需。作为一个社会人，我们每个人在享受社会文明给我们带来的红利时，自己也需要为社会添砖加瓦，创造财富。不然我们将无法生存，或无法有尊严地生存。这时就需要读书学习，增长知识，提升本领。在此期间，我们要不断地成长。而要全面和谐健康地成长，则需要不断地从理论学习甚至实践学习中汲取精华和营养。另外，我们面临的是一个经济飞速发展的社会，是一个知识和信息爆炸的社会，是一个竞争异常激烈的社会，每一个想要在这个社会上站稳脚跟的人，每一个想在社会竞争中取得优胜的人，都需要认真学习、努力学习、刻苦学习。学生明白了学习的意义，学习才会更加自觉，更加主动。

第二，激发学生浓厚的学习兴趣。

兴趣是最好的老师。那么，兴趣从何而来？就学生而言，他们之所以对学习有浓厚的兴趣，至少有三方面的原因：一是有学科爱好，二是期待获得成功，三是因为进步时常能得到肯定和鼓励。激发学生学习的兴趣，首先要分析学生学科爱好和知识兴奋点，因势利导，顺势而为，把他们的爱好与学习任务有机地统一在一起。这样，学生才会自发地进行学习。其次，学生对学习有兴趣，跟他们对成功的预期也是有密切关系的。因此，我们要帮助学生不断克服学习中的困难，教会学生勇于面对挫折，勇于面对失败，做到不达目的，誓不罢休，不断超越自己，不断取得成功。还有,我们对学生在学业上取得的一点点进步,都要给予肯定,给予褒奖，给予鼓励，给予激励，这样学生学习的成就感就会不断增强，学习的兴趣就会愈加浓厚。

第三，唤起学生深入探究的动力。

学生能够主动学习，还在于他们是否具有深入探究的动力。深入探究的动力来自哪里？大致有三个来源：一是学生学习的信念坚定，二是学生学习的目标远大，三是学生在学习中做到不断创新。学生能够深入探究，主动学习，需要坚定理想信念。要有终身学习、终身受教育的意识，要为追求真理、探索真理、发现真理而奋斗终身。要立下宏图远志，为中华之崛起而读书，为中华民族的伟大复兴而读书，为人类社会长远幸福而读书。宏图远志使得学生读有目标，读有方向，读有力量。他们在学习中能够不断发现新的问题，不断解决新的问题，不断创新思路，不断创新方法，就会增加主动学习和深入探究的动力，就会促进自己的可持续发展。

第四，要让学生体验成长的快乐。

学习应该是快乐的。怎么才能快乐呢？需要做好三件事：一是学思结合，二是切己体察，三是享受过程。孔子说：学而不思则罔，思而不学则殆。迷惘状态中的学习不是快乐状态的学习。学习需要思考，思考常常让我们顿开茅塞，心情舒畅，所以在学习中思考往往让我们的学习变得更加主动。学习中还要做到切己体察。朱子读书六法中强调，读书要“切己体察”，即读书必须与自己的思想实际、生活经验等结合起来。要求读书时不能只在纸面上下功夫，还必须将书中道理与自己的生活结合起来。他说：“读书穷理，当体之于身。”他又说：“读书须要切己体验，不可只作文字看。读书不可只专就纸上求理义，须反来就自家身上推究。”切己体察，方知读书之妙，读书之用，读书之乐。学习的过程是享受的过程，不论是辛苦付出、克难攻坚，抑或是学有所获，学有所成，都是值得玩味、值得体会、值得享受的过程。享受过程使得学生学习更加富有积极的意义。

总之，教是为了不教。只要教师正确引导并施以科学正确的方法，学生主动学习的局面就会逐步形成，学生的学习效率、学习水平、学习质量就会得到提高。

教育要和社会实际相结合

* * *

一天，有个女孩子来到我的办公室，她那一口漂亮流利的英语和一段记忆准确的古文引起了我的注意。她和我并不熟悉，说知道我爱读书，就想和我聊一聊。她自我介绍说已经大学毕业，分到一家公司，工作特别不如意，感觉简直就是一种折磨。参加工作才三个月，已经住院三次了。她抱怨社会，抱怨环境，抱怨领导……看样子精神几近崩溃。

这个女孩子怎么了？听着她的抱怨，我渐渐意识到，她激烈的情绪似乎是由于走出校门、进入社会以后的心理落差造成的。

教育学上讲，学校教育是个体社会化、社会个性化的过程。显而易见，这个女孩子在学校里没有完成社会化的过程，由于没有做好心理上的准备，一进入社会，不免感到迷茫、困惑、彷徨、痛苦，甚至绝望起来。

由此，我想到一个问题：我们的教育真的应该和社会实际相结合。学生特别是大学生，应该在学好书本知识的同时，适当地参加一些社会实践。要引导他们了解社会、适应社会，这样他们才有机会去融入社会、改造社会。

要引导学生了解社会。重要的是要让学生了解社会发展之道。按照马克思的观点，发展着的社会要经历人的依赖阶段、物的依赖阶段和人的个性的自由发展阶段。可是，作为社会人，目前这个历史阶段我们是无论如何也不可能跨越的。了解社会是学生社会化的第一步。

引导学生适应社会。要让学生懂得这样一个道理：社会是由一个个人组成的，茫茫人海，“物竞天择，适者生存”。适应社会要求学生用正确的心态，正确的立场，正确的思维来看待社会现象和社会问题。要教育我们的学生走上社会后不能浑浑噩噩、随波逐流，要洁身自好、保持清醒。应以“富贵不能淫，贫贱不能移，威武不能屈”这一大丈夫精神为理想人生目标。

引导学生主动地融入社会。学生要自觉主动地让自己成为社会的一分子，学会善待社会、善待他人、善待工作、善待生活、善待学习、善待自然，真正做个内心幸福、精神快乐的人。

引导学生积极地去改造社会。了解社会、适应社会、融入社会，为的是有能力、有机会去改造社会。“穷则独善其身，达则兼济天下”，以此教育和引导学生抓住每个机遇，奋发努力，积极地为国家、为民族、为人类社会作出贡献。

教育和社会实际相结合是教育现代化的特征之一，引导学生了解社会、适应社会、融入社会并积极地改造社会也应是教育的目的和本义，是实现“格物，致知，正心，诚意，修身，齐家，治国，平天下”的必由之路。

学生社会化几个阶段

* * *

看《非你莫属》节目，观察应聘者的表现，分析老板们的心理，我们发现：学生能否社会化是应聘能否成功的重要因素之一。

我们知道，教育是个体社会化、社会个性化的过程。教育具有个体和社会两个本位的要求。如何处理好个体和社会的关系并实现个体的社会化是教育面临的现实课题。当然，学生社会化不是一蹴而就的，是要经历一段时间或一段历程的。我们认为，个体实现社会化至少应该经历四个阶段。

第一阶段：要让社会认识你。

社会是一个客观存在。这种客观存在不以人的意志为转移，你承认它也好，不承认它也罢，它都会对你的存在、能力、表现作出客观评价。有人埋怨自己的机会少、命运差，埋怨社会不给自己施展才华的机会。实际上，并非如此。魏书生说，人不应该埋怨境遇。命运把你放在皇家花园，应该长成参天大树；命运把你甩到千山的石头缝儿中，你应该紧紧抓住大地，让自己生机勃勃，郁郁葱葱。事实也是这样。是金子到哪里都会发光。社会不会埋没一个人。关键是自己是否努力，是否有毅力，是否善于发现和抓住机遇。魏书生从辽宁盘山县的一个农村中学的代课教师做起，靠勤奋和努力以及百折不挠的精神，取得了很多教师难以企及的成就：著作等身，斐声全国。所以我们认为，要让社会认识你，你要有存在的特质、能力的特质和行为表现的特质。

第二阶段：要让社会接受你。

社会能否接受你，要看你的情感态度价值观。我们在新课改中提出了三维目标，即知识与技能、过程与方法、情感态度与价值观。有人对此提出质疑。他们认为教学目标中知识与技能、过程与方法就足够了，还要情感态度与价值观做什么？殊不知，只有当一个人热爱国家、热爱人民、热爱学习、热爱事业、热爱生命、热爱自然时，他才会热诚地为国家服务，为人民服务，才会刻苦学习，努力工作，才会珍惜生命，珍爱自然，他也才有与社会理想、社会道义、社会诉求、社会目标相一致的价值观。一个人有了这样的情感态度价值观，他才能顺利地进入社会，融入社会，才能为社会所认可、所接纳。很多优秀的大学生、研究生毕业后一进入社会，由于情感态度与价值观尚未完全形成或者与社会期待相差太远，郁闷的有之，痛苦的有之，甚至轻生的也有之，令人非常遗憾、非常痛心。所以，让社会能够接受你的秘诀就是你要按照社会的正当要求，逐步校正自己的情感态度与价值观。

第三阶段：要让社会欣赏你。

一个人要让社会欣赏，他必须有高尚的情操、可贵的精神和突出的贡献。高尚的情操和可贵的精神在于高尚的境界。冯友兰先生说，人有四种境界：一是自然境界，二是功利境界，三是道德境界，四是天地境界。他说，自然境界和功利境界是我们现在的境界，而道德境界和天地境界需要修炼才能达到。因此，我们倡导境界提升和精神修炼，目的都是为了使人具备高尚的情操。情操于人看似虚无，看似飘渺，其实实在，其实重要。一个人如若没有情操或者品格低下，为官者必定蝇营狗苟，朋党结网，贪污受贿，中饱私囊；为民者必定鼠目寸光，私欲膨胀，生为钱死，命为财亡。而一个人有了高尚的情操，就会站得高，望得远；就能行得端，走得正；就能成为一个大写的人，成为一个社会欣赏的人。

第四阶段：要让社会青睐你。

很多人感叹，怎么有人总是那么幸运，社会好像特别青睐他们，机遇总是选择他们。其实，得到社会的青睐不完全是被选择，重要的是你应该积极为即将到来的各种机遇做好准备，积极地响应社会发展的召唤，积极地向社会展现自己。我们常说，机遇总是青睐那些有准备的人。我们作为社会人，总是面临各种各样的机遇。机遇是机会，是境遇，能否抓住要看努力，要看积淀，要看能力，要看素养，这就是准备。有了充足的准备，还要敏锐地观察社会发展变化，了解社会发展需求，把握社会发展大势，迎接社会发展挑战，时刻准备着为社会发展服务。只有在为社会服务的过程中，一个人才能展现自己的知识、自己的能力、自己的素质、自己的风采、自己的才华。展现自我，是自我肯定的过程，是自我奋发的过程，是自我加压的过程，是自我激励的过程，是自我提高的过程，也是自我成长的过程，当然也是得到社会关注和青睐的过程。

总之，学生个体社会化的教育要重视如上所述四个阶段。只有让社会认识你、接受你、欣赏你、青睐你，你才能在未来的社会生活中大显身手，成就事业。

要教给孩子一些正能量

＊ ＊ ＊

我们的教育应该给孩子一些什么有价值的东西呢？有人说知识，有人说技能，有人说能力，有人说智慧。确实，这些都很重要。但当我们读了一篇有关生命教育的文章后，似乎觉得我们的教育还应该给学生一些更为重要的东西。

《生命教育》专刊刊载：近年来，有关青少年自杀及杀死同学或亲人的恶性事件屡屡曝光。有媒体报道，近 30% 的中学生在走进校门的那一刻，感到心情郁闷、紧张、厌烦、焦虑甚至恐惧，而卫生部在 2006 年“世界预防自杀日”当天公布的一项调查数据显示，自杀在中国人死亡原因中居第五位，15 岁至 35 岁年龄段的青壮年中，自杀列死亡首位。《新闻晨报》援引《北京青年报》消息：在过去 12 个月内，有 20.4% 的学生（男生为 17.0%、女生 23.7%）曾经考虑过自杀；6.5% 的学生（男生为 5.7%、女生为 7.4%）为自杀作过计划。据悉，该调查从 2004 年开始启动，涉及中国 13 个省约 1.5 万名学生，其中女生略高于男生，平均年龄为 16.3 岁。“这些数据总的结果可能还会有变动，因为我们的数据库还在进一步整理。”该项目负责老师说，“但是，从这个初步统计的结果我们发现，比我们在 2002 年所做的另外一项调查结果有一个增长的趋势。中学生的自杀意念、自杀计划、自杀未遂等情况都比原来的结果增长了几个百分点。”

教育是面向生命的事业。文中这样一组数字，让人心情沉重。我们教育工作者在教书育人的过程中，教给学生一些正能量是非常必要的。

什么是正能量呢？“正能量”原是物理学名词。“正能量”一词的流行源于英国心理学家理查德·怀斯曼的专著《正能量》，书中将人体比作一个能量场，通过激发内在潜能，可以使人表现出一个新的自我，从而更加自信、更加充满活力。生活中，“正能量”指的是一种健康乐观、积极向上的动力和情感。作为中小学生，他们正处在修德行、学知识、长身体的关键时期，正能量对于他们的成长起到积极作用。我们认为，除了知识、技能、能力智慧外，教师教给学生的正能量至少应该包括：仁爱、快乐、向上。

第一，仁爱。

古人云：“仁者，爱人。”仁爱，是一种品德，一种善端，更是一种胸怀。教育孩子仁爱，至少应该做到两点：一方面，要仁爱他人。仁爱他人，就要宽厚待人，爱心对人。另一方面，要仁爱自己。仁爱自己，就要守住心灵，善待自己。做好仁爱教育，家庭、学校、社会要三位一体，各负其责。首先，仁爱教育要从娃娃抓起，从父母做起。父母做好榜样，孩子就会认真仿效。其次，仁爱教育在学校要得到延续。教师要引导教育孩子自尊自爱，尊敬师长，团结同学，亲近民众，热爱民众。最后，社会要为孩子们营造一个和谐的氛围，使得我们的孩子能够在和谐中成长、在和谐中进步，使得他们能够远离冲突和仇恨，能够感恩生命、感恩父母、感恩社会，进而能够热爱生命，热爱父母，热爱这个他们生于斯长于斯的文明社会。

第二，快乐。

快乐是一种体验，一种满足，更是一种幸福。我们看到有的学校在长期的办学实践中形成了一种幸福教学理念，这无疑是抓住了教学的关键。我们说，学习是痛苦并快乐着的。因为学习需要付出努力，需要付出汗水，需要付出时间，但学习的过程也是自身成长并且得到快乐的过程。魏书生说得好：读书是享受，学习是享受，锻炼是享受，运动是享受……一切都是享受。当学生把自己的生活、学习都看作是享受的时候，还会有痛苦、烦闷么？当学生把一切一切都看作是享受的时候，他们自然而然地就会从中享受到成长、成功、成就的乐趣。

第三，向上。

人只是快乐还是不行的，他还得为这个社会作出贡献。向上是一种努力，一种态度，更是一种精神。要教育我们的孩子懂得，人要永远保持向上的精神和势头是不容易的。一需要立志。要树立理想，目标坚定。要有不达目的誓不罢休的勇气。二需要付出。“不花气力，不能成事。”唾手可得、一蹴而就的事情是不存在的，做成做好一件事情，常常需要十二分的投入。三需要坚持。要让我们的学生懂得，一个人的一生常常是鲜花伴着荆棘，成功与失败交替，勇敢地面对困难，勇敢地克服困难，坚持就有希望，坚持就会胜利。我们应该持有这样的态度：顺时警醒，逆时从容。胜不骄，败不馁。四需要激励。自励励人，善于从他人和自己的成长、成功、成就中汲取奋进的动力，不断地激励自己，不断地激励他人。学会喝彩，既要善于为实现一个既定的目标呐喊助威，也要善于为自己已经取得的进步和成绩叫好喝彩。只有这样，我们和我们的学生才能永远保持一种蓬勃的劲头，永远保持一种昂扬的朝气，永远保持一种奋发的态势。

仁爱、快乐、向上是一种正能量。教给学生一些正能量是现代教育中的应有之义。毋庸置疑的是，正能量是学生发展所需，自然也是社会发展所需。

要重视感恩教育

* * *

一个人一生能否快乐幸福，与很多因素有关，其中一个重要因素就是看他是否知道感恩。知道感恩，才能心存感激；知道感恩，才有回报情怀；知道感恩，才有大善大爱。我们的教育是要培养心地善良、身心幸福的人。因此，感恩教育不可缺失。

要感恩父母。

父母给了我们生命，给了我们展现生命的机会，父母是我们最该感恩的人。对于父母，我们如何报答都不为过。有的父母为了孩子，含辛茹苦，累弯了身板，累坏了双手，仍然不改初衷；有的父母为了孩子，呕心沥血，累白了双鬓，累皱了额头，仍然一如既往；有的父母为了孩子，割肝救命，残缺了身体，失去了完整，仍然无怨无悔。感恩父母，不仅要孝敬父母，还要不辜负父母的期待，自立自强，让父母欣慰，让父母放心，让父母骄傲，让父母自豪。

要感恩时代。

我们生活在一个伟大的时代。这个时代是一个政治清明、经济振兴、文化繁荣的时代。在这个伟大的时代里，每一位学子都可以“海阔凭鱼跃，天高任鸟飞”。每一个有理想抱负的人都可以一显身手，大展宏图。我们感恩时代，就不能辜负这个时代，就要无愧于这个时代，就要作出无愧于这个时代的业绩和贡献。

要感恩国家。

每一个人都有自己的国家。国家是我们的根，是我们的魂，是我们的精神家园。我们生在一个有着几千年文明史的伟大国度里，她的繁荣，她的昌盛，她的腾飞都与我们的命运休戚相关。我们感恩国家，就要扎好根，守住魂，努力建设好我们的精神家园。要树立理想，发奋图强，为中华之崛起而读书，为中华之伟大复兴而读书，为中华之立于世界民族之林而读书。

要感恩师长。

老师是学生人生的指导者和引路人，老师的一言一行都会对学生产生重大而深远的影响。如果说父母给了孩子展现生命的机会，老师则给了学生绽放生命的可能性。因为生命的绽放是以知识、技能和能力为基础的，而知识的获取、技能的提升、能力的提高都要靠教师的谆谆教诲。感恩师长就要尊敬师长，不辜负师长的期望，学会做人，做事，做学问，做勤奋务实的现代中国人。做到这些，是对师长最好的回馈。

要感恩生活。

生活是最好的体验，最好的经历，最好的学习，最好的收益。我们从生活中体验酸甜苦辣，经历成功与失败。我们要学习如何善待社会，善待他人，善待学习和工作，善待自己，善待自然。在此过程中收获思想，收获方法，收获艺术，收获成果，收获幸福，收获快乐。这些都是生活给我们的馈赠，我们应当万分珍惜。感恩生活，就要把生活当作一个平台，一个舞台，一个阶梯，一个桥梁，展现自我，放飞自我，发展自我，完善自我，使得自己的美丽人生能够在平平常常的生活中大放异彩！

感恩教育是学校德育教育中的一个重要组成部分。重视感恩教育，学生的幸福指数就会得到提高，我们为学生奠基幸福的教育目标才能达到。

要激励学生抱有宏图远志

* * *

报载清华一位“学神”的故事：2014 年 11 月 2 日下午，在清华大学 2014 年本科生申请特等奖学金的答辩会上，一位大四学生向评委展示了自己的考试成绩单。顿时，在场所有人都惊呆了：20 门学科，除了 1 门 98 分、4 门 99 分之外，其他学科都是满分。这张成绩单被在场的学生翻拍传到了网上引起轰动，《人民日报》官方微博也发布了这张成绩单，盛赞其是“清华学神”。

这位“清华学神”来自潜山，毕业于安庆一中，是安徽省 2011 年高考理科第一名的韩衍隽。后来，有位记者采访了安庆一中原副校长以及韩衍隽的母亲。根据采访的情况分析，我们确实应该对这位学神另眼相看了。

第一，他能够自主自立。

安庆一中原副校长谷寿平介绍说：“当年韩衍隽中考成绩既能上合肥一中，也能上安庆一中，他先去了合肥一中参加军训，听说安庆一中也很好，最终放弃了合肥一中，通过了理科实验班考试，进了安庆一中。”

“韩衍隽刚进一中时成绩不是很出色，一个学期后直线上升。

2011年高考的最后一天，凭借数学奥赛国家一等奖和物理奥赛国家二等奖，他收到了清华大学的录取通知书。”谷校长回忆说，“这个学生比同届学生年龄小一岁，但生活自立，有个人主见，人缘不错。”

第二，他学习效率极高。

2011年9月，韩衍隽入读清华大学电子工程系，同时就读经济学第二学位。记者采访中获悉，进入清华大学后，韩衍隽同样出类拔萃，在班级连年保持成绩第一。此外，他还担任电子系TMS协会副会长、清华大学腰鼓队副队长，曾获得第七届“挑战杯”首都大学生课外学术科技作品竞赛特等奖。斯坦福大学的一位教授这样评价韩衍隽：他已经超出了至今为止我对斯坦福大学最优秀的高年级博士生的预期。韩衍隽在清华的同学曾评价他说：“高智商在他的身上转化成了极高的学习效率。他对自己有非常清晰的规划和认识，并能严格地执行自己的规划。”

第三，他人生理想远大。

即将毕业，韩衍隽下一步的抉择是什么？韩衍隽的母亲熊根林女士表示，儿子韩衍隽从小到大，对待学习都比较严谨，独立性也比较强，家人也一直尊重他的选择。“我会用自己有限的精力去攻克人类未解的问题。为文明做贡献，为人类谋幸福。”这是11月2日韩衍隽在申请奖学金答辩时所说的一句话。记者评价：在一份份无比出色的成绩单的映衬下，我们有理由对这个孩子有更多期待。

我们认为，韩衍隽自主自立、高效学习本就值得人们称道，然而，最值得称道的则是孩子抱有宏图远志。宏图远志对人的成长意义重大，影响深远，要比一份出色的成绩单更有价值。

首先，宏图远志带给人梦想。

宏图远志是什么？其实就是远大的理想。青少年是国家的未来。他们有了远大理想，就会有目标，有愿景，有梦想。青少年的梦想是可贵的。梦想可以给人想象，给人憧憬，给人激情，给人引领，给人精气神。我们倡导青少年要有宏图远志，就是要帮助他们拥有一个个五光十色的梦想，并在实现梦想的路上使得每一刻、每一天、每一月、每一年的生活和工作及学习都如诗如画、如舞如歌。

其次，宏图远志带给人动力。

伟大的理想产生伟大的行动。青少年强，则国家强。青少年有了理想，就会为实现理想而不懈努力，我们这个国家发展就会有后劲、有希望。当青少年立下宏愿要为攻克世界难题、为文明做贡献、为人类谋幸福而奋斗时，他就会站得高、看得远，就会有一股取之不尽、用之不竭的原动力。这样的动力是自发的，自动的，持续的，强劲的，不可阻挡的。帮助学生不断增强成长的动力，这也是教育取得成功的标志之一。

再次，宏图远志带给人毅力。

俗语说："不花气力，不能成事。"实现宏图远志，需要百折不挠的精神，需要战则必胜的信心，需要舍我其谁的勇气，需要不达目的誓不罢休的豪迈之气。我们要帮助我们的学生懂得世界上任何目标的实现都需要努力，任何一件事情的完成都需要努力，任何一份事业的成功都需要努力。还要让他们懂得只是一时的努力或短时期的努力还远远不够，还需要付出几年、十几年、几十年的持久的努力才可以，这就是毅力。

最后，宏图远志带给人成就。

抱有宏图远志的人远离了目光短浅，远离了小胜即满，远离了蝇营狗苟，远离了胆怯懦弱，他会志向远大，不懈追求，不断进取，意志如磐。我们常说，无志之人常立志，有志之人立志长。无志之人志向不坚，所以总是犹豫，总是徘徊，总是摇摆，总是慨叹，总是患得患失，总是庸庸碌碌，总是无所作为。而抱有宏图远志的人始终是在奋斗的路上，始终是在拼搏的路上，始终是在收获的路上，始终是在成就的路上。我们读过很多励志的故事，故事的主人公们无一不是抱有远大理想、并为了理想敢于奋斗、敢于拼搏，而后获得巨大成就的人。

综上，教育是一种唤醒，是一种引导，更是一种激励。我们的教育要激励学生抱有宏图远志。

也要对学生进行责任教育

* * *

教育学告诉我们，教育就是个体社会化、社会个性化的过程。学生个体如何通过教育达到社会化的目的呢？其实，每一个个体都是社会的一分子，都扮演着一定的社会角色，因而都承担着一定的社会责任。以责任为纽带，对学生进行责任教育，是个体社会化的有效途径之一。为此，应该让我们的学生明确责任，乐于承担责任，履行责任，享受责任。

第一，明确责任。

社会中的每个人无论男女老幼，都有一定的责任。学生未成年也好，成年了也罢，在学校里，有学习的责任，有尊敬师长的责任；在家庭里，有尊老爱幼的责任，有自我打理的责任，有帮家长做家务的责任；在社会中，有遵守国家法律的责任，有遵守社会公德的责任，有维护社会公共秩序的责任，有主动维护社会和谐的责任。我们的教育应该要让学生明确自己的责任，找准自己的位置。

第二，乐担责任。

明确责任是为了更好地承担责任。然而非常遗憾的是，我们看到很多不能或不愿承担责任的现象，如有的学生在校不珍惜读书的机会，整天浑浑噩噩，无所事事，最终成为“学渣”一族，令人痛心；有的在家娇生惯养，霸气十足，衣来伸手，饭来张口，即使大学毕业后也可能成为啃老一族，令人遗憾；有的在社会上与不三不四的人混在一起，里勾外连，沆瀣一气，狼狈为奸，最终堕落成犯罪一族，令人心寒。我们的教育就是要让学生真正愿意担起责任，成为学校、家庭、社会所期待的人。

第三，履行责任。

学生还要切实担起责任，履行好自己应尽的责任。履行好责任，只有意愿、决心、热情是不够的，还需要培养履行责任的能力。学生在校学习期间要学会学习、生活和工作，特别要学会做人、做事、做学问的方法，此外，要培养独立学习的能力、独立生活的能力和独立工作以及与人合作的能力。要履行好责任，掌握分析问题和解决问题的能力是关键。要有问题意识，要通过分析和解决问题，不断积累经验，吸取教训，改进方法，增进智慧，从而提高能力，更好地履行责任。

第四，享受责任。

责任是道义，是义务，是担当，但责任也是机遇，是平台，是阶梯。要教育我们的学生在明确责任、乐担责任、履行责任的同时，学会享受责任。要教导学生学会享受责任给自己带来的机遇，把履行责任当作是发展自己、提升自己、丰富自己、完善自己的平台和阶梯，并引导学生能够从自己的进步、成长、成功、成就中享受到快乐和幸福。有学生向我抱怨，学习有困难，生活有苦难，工作有艰难，付出不老少，责任还挺大，人这一生到底为了啥？我说：其实这就是人生。人生的意义也就在于此。试想，如果我们不来到人世，想承担责任也不可能。假使来到人世无缘或无力承担责任，那将是非常惨淡失败的人生。所以一个智慧的人会把积极承担且履行责任当作是一种人生享受。

整个社会是一台大的机器。每一个组织每一个公民尽职尽责，这台机器才能顺畅运转。学生是社会的未来和希望，因此，学生的责任教育不可或缺，应该落实到位，注重实效。

再谈如何抓好责任教育

* * *

学校教育在某种程度上讲也是一种责任教育。就是要通过教育使得学生对国家、对社会、对家庭、对自己都要有一种义务和担当。

曾经读过这么几个小故事，笔者由此感觉在学校教育中责任教育如何强调都不为过。

故事一　在生命的最后一分钟。一名公交车司机行车途中突发心脏病，在生命的最后一分钟里，做了三件事：一是把车缓缓地停在马路边，并用生命的最后力气拉下了手动刹车闸；二是把车门打开，让乘客安全地下了车；三是将发动机熄火，确保了车和乘客、行人的安全。他做完这三件事后，趴在方向盘上停止了呼吸。这名司机叫黄志全，所有的大连人都记住了他的名字。

黄志全的故事惊天地，泣鬼神，他的责任担当真正让我们为之动容。

故事二　真正的财富。20 世纪初一位美国的意大利移民曾为人类精神历史写下灿烂光辉的一笔，他叫弗兰克。弗兰克用若干年艰苦奋斗得来的积蓄开办了一家小银行。但一次银行遭抢劫，他破了产，储户失去了存款。当他带着妻子和四个儿女从头开始，他决定偿还那笔天文数字般的存款。所有的人都劝他："你为什么要这样做呢？这件事你是没有责任的。”但他回答：“是的，在法律上也许我没有责任，但在道义上，我有责任，我应该还钱。”偿还的代价是三十年的艰苦生活，寄出最后一笔“债务”时，他轻叹：“现在我终于无债一身轻了。”他用一生的辛酸和汗水完成了他的责任，而给世界留下了一笔真正的财富。

弗兰克的故事看似普通，但让我们看到了责任的力量和人性的光辉。

故事三　历经 80 年的责任。武汉市鄱阳街有一座建于 1917 年的 6 层楼房，该楼的设计者是英国的一家建筑设计事务所。20 世纪末，也即那座叫作“景明大楼”的楼宇在漫漫岁月中度过了 80 个春秋后的某一天，它的设计者远隔万里，给这一大楼的业主寄来一份函件。函件告知：景明大楼为本事务所在 1917 年所设计，设计年限为 80 年，现已超期服役，敬请业主注意。80 年前盖的楼房，不要说设计者，连当年施工的人，也不会有人在世了吧？然而，至今竟然还有人为它的安危操心！操这份心的，竟然是它的最初设计者，一个异国的建筑设计事务所！

景明大楼的故事虽是个例，却足以让我们对那家建筑设计事务所的责任担当刮目相看。

众所周知，我们的学校教育是要培养“格物、致知、诚意、正心、修身、齐家、治国、平天下”的人，这尤其需要责任心的培养。在责任教育方面，学校该做些什么？

第一，教师要以身作则。

作为公民，教师要率先垂范，做遵守社会公德和国家法律的模范，成为有责任感的现代公民；作为教育工作者，教师要立德树人，认真履行工作职责，在平凡的工作岗位上做出不平凡的业绩，成为令学生满意、家长满意、社会满意的人民教师；作为家庭的一分子，教师要有所担当，要赡养孝敬父母，养护教育孩子，使得孩子成为国家未来的合格建设者；作为一介知识分子，教师要有高洁之气，要努力成为“富贵不能淫，贫贱不能移，威武不能屈”的大丈夫，使得学生能够仰其师、信其道。

第二，教师要引导家长。

教师是知识的化身，是道德的引路人。教师要通过家校联合、家校联系、家校交流,密切与家长的关系。家长要尽到应尽的责任，但对孩子的教育不能越俎代庖。要督导孩子做好自己分内的事情，完成分内的任务。我们注意到，现在不少教师通过现代媒体或通信工具与学生家长建立了密切联系，使得学生能够按时参加公益活动，按时完成家庭作业，使得教师能够及时掌握孩子在家庭中的表现，也让家长能够及时了解学生在学校中的表现，这些措施使得学生责任感大大增强。

第三，教师要借力社会。

社会是个大课堂，也是责任教育的资源库。很多孩子都能从社会上发生的种种事情中学到很多东西。他们从中会学到智慧，学到经验，学到教训，当然也学会承担义务和担当。比如当一个孩子在马路上看到一位盲人过马路大家伸出援手时，当一个孩子在街上看到一位老人被车子撞倒有人相助时，当一个孩子看到有人路见不平挺身而出时，鲜活的责任担当事例会使得学生受到潜移默化的教育，而且这种教育比任何说教都来得深刻和长远。

第四，教师要训导学生。

责任教育的主体是学生。学生是未来社会的主宰，是我们未来事业的接班人。他们是否有责任感，是否有责任担当是我们这个国家能否繁荣富强的关键。我们对学生进行责任教育，应该从大处着眼，从小处入手。从大处着眼就是要教育他们关注国家未来，要为中华民族崛起而刻苦读书。从小处入手就是要引导他们从具体的小事做起。要教育学生学会自立、自强、自主、自理，该坚韧的要坚韧，该靠自己的要靠自己，该自己决定的事情要自己决定，该自己打理的事要自己打理，这也是他们在未来社会生活中安身立命的基础。

综上，在学校教育中责任教育不可或缺。责任教育需要教师以身作则，需要教师对家长进行引导，需要教师借力社会教育资源，当然最为关键的是，需要教师重视培养学生责任担当的意识和能力。

引导学生走好人生之路

* * *

我小时候的一个发小心灵手巧，但人很懒散，并十分好赌。一日我见到他，开玩笑问他还赌不赌，他说戒了，学好了。我说何以为证？他说自己开了十几家手机店，还开了一个电机维修店，效益很好，比以前的生活好多了，还赌什么？

应我的要求，他给我表演了一番类似于魔术的东西。我让人从街上买了两副扑克牌。这家伙随便从扑克中抽出几张牌，他说是几就是几，说牌来牌就来，说牌去牌就去，说什么花色就是什么花色。我清楚，他的赌技已经达到了“老千”的水平。他告诉我说，以前玩牌玩麻将入了迷、上了瘾，顺便也学点其他的“把戏”。打牌打麻将从天津打到了石家庄，有赢的时候，也有输的时候，但债主追、警察堵，整天东躲西藏，惶惶不可终日。有时和朋友逛街上市场，朋友拿着篮子在他后面跟着，几十步走下来，凡是他摸过的东西就神不知鬼不觉地入了篮子，鸡蛋、水果拿回去往往几个人几天吃不了。后来有人引导他走上了正路，他的几家店现在办得都很成功。

20 世纪 80 年代末体育评论员宋世雄的老师在一次讲座中给我们讲了一个故事，令人记忆犹新。宋世雄的老师是北京大学哲学系毕业的，毕业后分配到宋世雄所在的班级任班主任。宋世雄的老师是河南人，说话河南口音很重。有一天，他到班里巡查，突然听到一个学生在班里模仿他讲话，仔细一听，惟妙惟肖。走进教室一看，原来是宋世雄在那里模仿。看到老师，宋世雄红着脸愣在那里。令宋世雄惊讶的是，老师没有发火，也没有怪罪他，反倒表扬了他一番，说：这样，我推荐你到学校广播站负责播音工作，人才难得啊！

就这样，宋世雄当上了学校的播音员，工作干得有声有色。他特别感激自己的老师，发誓毕业后一定要像老师那样考北大，学哲学，做个老师，做个哲学家。但命运弄人，毕业那年宋世雄患上了结核病，当年考大学的梦想破灭了。上不了大学，就去找工作呗！他来到中央人民广播电台找工作。那里的工作人员了解他当时只是个高中毕业生后，很诧异地问："你一个高中毕业生会什么呢？"他说自己会模仿体育评论员的评论，工作人员乐了："那你来一段？"没想到，宋世雄讲了一段后，那里的领导也呆住了："好家伙，人才难得！别等了，明天你就来这里上班吧。"于是，班主任当年的慧眼识珠，使得我们自此有了一个时代特有的中国体育声音！

这两个人的成长经历让我们想到人的教育问题，想到了学生的人生引导问题。

我们认为，作为教师，引导学生走好人生之路是我们教育中最为重要的事情。我们应该做到以下两点。

第一，要引导学生走正路。走正路，就是不能误入歧途。引导学生走人生正路，要防患于未然，要纠偏于已然，这不仅是对学生本人负责，更是对其家庭负责，还是对社会和国家负责。

第二，要引导学生走对路。俗语说："人的一生选对了方向，就会精彩一辈子。”人和人是有差异的，比如家庭背景、成长经历、知识基础，智力潜力等都有很大差异。作为教师，如果我们能够善于发现这些差异，引导学生走对人生路，并能够做到顺其自然，发挥优势，那么，无疑对学生的发展将是一件幸事。

引导学生走正路需要责任和道义，引导学生走对路需要眼光和智慧。引导学生走好人生之路，我们教师任重而道远。

永远都是健康第一

* * *

微信上有个寓言故事引人思考：有一天，一名妇女发现三位蓄着花白胡子的老者坐在家门口。她不认识他们，就说："我不知道你们是什么人，但各位也许饿了，请进来吃些东西吧。"三位老者问道："男主人在家么？"她回答："不在，他出去了。"老者们答道："那我们不能进去。"

傍晚时分，妻子在丈夫到家后向他叙述了所发生的事。丈夫说："快去告诉他们我在家，请他们进来。"妻子出去请三位老者进屋。但他们说："我们不一起进屋。"其中一位老者指着身旁的两位解释："这位的名字是财富，那位叫成功，而我的名字叫健康。"接着他又说："现在回去和你丈夫讨论一下，看你们愿意我们当中的哪一位进去。"

妻子回去将此话告诉了丈夫。丈夫说："我们让财富进来吧，这样我们就可以黄金满屋啦。"妻子却不同意："亲爱的，我们还是请成功进来为妙。"他们的女儿在一旁倾听。她建议："请健康进来不好么？这样一来我们一家人身体健康，就可以幸福地享受生活、享受人生了！"丈夫对妻子说："听我们女儿的吧。去请健康进屋做客。"

妻子出去问三位老者："敢问哪位是健康？请您进来做客。"

健康起身向他家走去，另外两人也站起身来，紧随其后。妻子吃惊地问财富和成功：“我只邀请了健康，为什么两位也随同而来？”

两位老者道：“健康走到什么地方我们就会陪伴他走到什么地方，因为我们根本离不开他。如果你没请他进来，我们两个无论是谁进来，很快就会失去活力和生命，所以，我们在哪里都会和他在一起的！”

这个寓言故事让我想到了孩子的教育问题。就孩子的教育而言，品德、知识、技能都是非常重要的，而最重要的则是健康。这里所说的健康包括身体健康、心理健康。

一、要重视学生的身体健康

学生要幸福地生活和学习，身体是基础，是本钱。为此，应该做到健康饮食、健康运动、健康作息。

首先，要做到健康饮食，即饮食要有利于健康。健康饮食需要科学饮食、合理饮食、卫生饮食。一日三餐，定时定量，忌暴饮暴食。注重营养，荤素搭配。专家建议，正常成年人每天三餐，早餐占 30%，中餐占 40%，晚餐占 30% 为宜；学生每天三餐，早餐占 30%，中晚餐各占 35% 为宜。还要讲求饮食卫生，不食用霉变、腐烂、被污染、不干净的食物和饮料。

其次，要做到健康运动，即运动要有利于健康。要让运动有利于健康，我们的运动就要坚持经常、坚持适当、坚持长远。要根据自己的年龄、身体状况以及兴趣爱好，经常性地进行体育锻炼活动，不能三天打鱼，两天晒网。要利用适当的时间和适当的场地，进行适当的身体锻炼。要养成终生锻炼身体的习惯，始终保持旺盛的身体活力。

再次，要做到健康作息，即作息要有利于健康。健康作息要做到两点：一是调整好身体生物钟，二是养成良好的生活方式。每个人身上都有一个隐秘的、表面上并不存在而实际上真正存在并且很有规律的生物钟。这个生物钟准不准、稳不稳，决定着一个人的身体状况和精神状态。因此要制定一个适合于自己的作息时间表，使得生物钟不紊乱。同时要养成良好的生活方式，做到早睡早起，精力充沛。

二、要重视学生的心理健康

重视学生的心理健康，目的是让学生积极向上，快乐幸福。为此，要做好人生引导、成功体验、正向激励等工作。

第一，做好人生引导。要做好学生的人生导师。引导学生始终充满人生正能量。让学生正确认识社会、认识他人、认识学习和工作、认识自己、认识自然；让他们多些志气、多些浩气、多些豪气、多些正气；让学生能够仰望星空，也能脚踏实地；培养学生做到有理想、有道德、有文化、有纪律。

第二，做好成功体验。我们观察，有不少人之所以有颓丧的心态，大都与自己的一些挫败或者失误有关。然而，一个人一生中虽然有不少不如意的事情，但成功的事情也有很多。比如成功地来到这个世上，成功地长大成人，成功地完成小学、中学学业，成功地完成了课题研究通过了论文答辩，成功地取得大学学历和学位，想一想这是何等精彩、何等成功啊！但遗憾的是，我们的学生很少有人把这当作成功，也很少有人从中获得快乐。因此，我们应该引导学生不断认识自己，不断体验成功，不断收获幸福。

第三，做好正向激励。外国一位专家曾经做过一个实验，他把学生分成几个小组，一个是受表扬组，一个是受批评组，一个是受忽略组。实验结果表明，就学生的学业成绩而言，受表扬组优于受批评组，受批评组优于受忽略组。受表扬组为最优，受忽略组为最差。所以，表扬是正向激励的一种。正向激励侧重于对学生的首肯、表彰和鼓励。不吝啬激励，特别是不吝啬正向激励，学生学习目标就会更明确，动力就会更强大，精神就会更焕发，这也是心理健康教育的一种更高的境界。

综上，注重学生的身体健康和心理健康是我们教育工作者义不容辞的责任。学生成长，健康永远第一。但愿我们的教育同仁都能明白这个道理。

要重视学生的可持续发展

* * *

许多年前，我们高中的一位女同学高考时进了河北省的一所专科学校，毕业后又考上本科学习，本科毕业后，又考入国内一所知名高校读硕士，再后来又考入一所知名大学，师从一位知名数学家读博士。老师们感叹：这孩子进步真是太快了！

如果说这只是个例的话，最近笔者整理资料时发现的一个情况就绝不是个例了。

我们在编辑《天铁教育 40 年》时，收集了 12 位博士的材料。有趣的是，这 12 位博士中仅有 3 位在当年高考时是学校的文、理科状元，而其余 9 位同学不但不是状元，有的当时高考还曾经复读过，考研究生也不是一次成功。然而，到后来，他们中有不少变成了名校的博士，有的同学论文特别出色，甚至得到国外科学家的关注。

这就有些意思了。

我们知道，一个学生的学业是否成功不能单纯靠硕士、博士学位来判断，但就学习能力来看，这也是一个标尺，一个标志。可以毫不夸张地说，一个人的学习力停止了，发展力也就停止了，其中学生的可持续发展能力非常重要。

如何才能促进学生的可持续发展？

首先，要正确对待暂时的落后。学生在学习过程中某个学科、某个学段可能暂时处于落后状态，这时，就需要有正确的态度。不能破罐子破摔，不能妄自菲薄，不能甘于落后。应该自我激励，自我鞭策，自我奋发，自我超越。

其次，要有勤勉学习的习惯。有人说：教育就是培养好的习惯。落后的学生一般学习习惯不好，应该自我剖析、自我反思、自我矫正、自我强化，直至形成稳固的良好的学习习惯。

再次，要有热爱学习的兴趣。兴趣是最好的老师。兴趣来自性格差异、个体需要、成功激励、他人评价。我们培养学生学习的兴趣，要以正向激励为主，批评鞭策为辅。有兴趣，才会有一心向学的动力和专心致志的投入。

最后，要有刻苦学习的毅力。“不花气力，不能成事。”这也是成功学习的不二法则。不怕困难，锲而不舍，不达目的，誓不罢休，坚强的意志，非凡的毅力能够扫除学习道路上的一切障碍，这种意志会影响人的一生。

“不思进取，即使你有辉煌的过去，成功的现在，却没有充满希望的未来；奋发进取，即使你没有辉煌的昨天，成功的今天，却永远拥有充满希望的明天。”这是笔者每年送给高三毕业班同学的一段话，真的希望我们的孩子们努力不止步，发展可持续。

学校发展篇

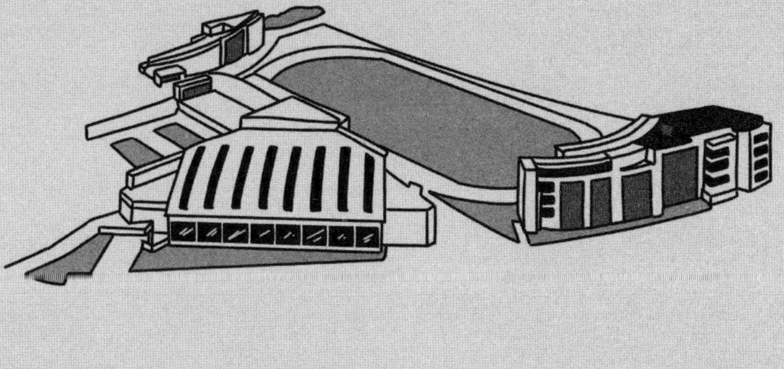

本篇收录了著者对学校总体愿景、理想目标、境界水平、规范标准、特色发展等问题的理念和观念。

100

／课

学校教育如何全面协调可持续发展

＊＊＊

深入贯彻和落实科学发展观，全面贯彻党的教育方针，全面实施素质教育，全面提高教育教学质量，学校教育应该做到全面、协调、可持续发展。

一、全面发展

就学校教育而言，全面发展大致有两层含义，一是学校、教师、学生全面发展；二是队伍、设施、机制全面发展。

1. 学校、教师、学生全面发展。

学校、教师、学生全面发展一要三方共同发展，不仅学校有发展，教师、学生也要有发展。在发展中，学校、教师、学生能够相互促进、相互激励、相互影响、相互提高。二要各自全面发展。学校要办成精神的乐园、人才的摇篮，在发展过程中形成自己的文化、自己的品位、自己的特色、自己的声誉；教师要以教书育人为己任，努力成为师德的表率、育人的模范、教学的专家、教研的能手、教改的先锋；学生应以学为主，德、智、体、美全面和谐发展，努力成为品学兼优的社会主义建设者和接班人。

2. 队伍、设施、机制全面发展。

学校要有大师、大楼、大气，就要重视在发展过程中抓好队伍、设施和机制建设。队伍建设是学校办学质量的根本保证，极其重要，设施建设是学校办学的硬件，不可或缺，机制则是学校办学的软件，十分关键。抓好队伍建设要注意引领、学习、实践、反思、研究；抓好设施建设要注意体现现代性、实用性、经济性、简易性、效益性等特点，设施建设要为教育、教学和师生服务；抓好机制建设要突出科学性、激励性、公平性、公正性等特点，要鼓励先进、鞭策后进。

二、协调发展

学校教育的协调发展有多重含义。概括说来，应该包括多方协调、多面协调、多环协调、多元协调。

1. 多方协调。

学校教育不是单兵作战，而是多方共同在起作用。因此，学校教育应协调社会教育、家庭教育的力量共同把教育办好。要通过家校联系、家长学校、社区学校等不同途径形成一种真心重教、热心支教、倾心助教的良好氛围，使得教育在和谐的环境中得以健康发展。

2. 多面协调。

学校教育工作虽然千头万绪，但基本上可以分为德育、教学、教研、服务（管理）等四个方面。学校要发展不能协调好这几个方面就是一句空话。其中，德育是保障，教学是基础，教研是条件，服务（管理）是关键。保障方向，夯实双基，注重方法，从严治校，学校就会有进步，就会有发展。

3. 多环协调。

学校教育工作是由目标、实施、检查、总结等多个环节构成的。协调好各个环节的工作要注意克服几种现象：一是漫无目的，方向盲目、目标模糊，师生感到无所适从，难有动力；二是纸上谈兵，虽然定了目标，但并不落实，并不考核，目标仍如空中楼阁，难有成效；三是虎头蛇尾，工作起初轰轰烈烈，后来则偃旗息鼓，实施不到位，总结也不到位，于是，改进工作，提高效益就落了空。因此，多方协调要求做到目标明确、实施到位、检查严格、总结全面、环环相扣。

4. 多元协调。

学校教育是由多个元素组成的一个系统。从教育目的上看有社会本位、个体本位和学科本位之分。社会本位重社会发展需要，个体本位重个人发展需要，学科本位重学科发展需要。教育其实是一个统一体，只重社会发展需要，个体发展、学科发展就会受影响；只重个体发展需要，社会发展、学科发展就会打折扣；只重学科发展需要，社会发展、个体发展也难以满足要求。因此，协调发展需要社会本位、个体本位和学科本位辩证统一，既要注意满足社会发展需要，培养符合规格的人才，又要注意发展学生的个性，照顾学生的兴趣，还要注意遵循学科发展的规律，保证学科知识技能的传授和掌握。多元协调要求我们处理好知能关系、知行关系、知情关系，这是个难题，也是现实教育改革和发展中的难题，需要我们研究和破解。

三、可持续发展

可持续发展是指我们在学校教育中应注重现实发展和长远发展的统一，引导发展和自主发展的统一，继承发展和创新发展的统一。

1. 现实发展和长远发展的统一

学校、教师、学生发展不仅要重目标指标，关注现在，更要重目的价值，关注未来。教育不关注现在，没有现实发展，就没有存在的基础；教育不关注未来，没有长远发展，就没有发展的平台。教育的可持续发展在于功利和理想相统一，目标指标和目的价值相统一，计划安排和规划愿景相统一。教育要多一份理想，多一份价值，多一份愿景，这样的教育才是可持续发展的教育。

2. 引导发展和自主发展的统一

教育是师生双边的社会实践活动。在这一活动中，需要教师的引导发展和学生的自主发展二者相互作用，相互影响。其中引导发展是基础，是前提，学生的自主发展是目的，是归宿。引导是为了自主，自主是最终诉求，但需要注意的是，学校教育中不能放弃教师的主导作用，更不可忽视学生的主体作用，引导发展中需要教师的引领和指导，自主发展中需要学生的自立和自觉。教育的目的是要通过教师的引导和指导，使学生自立和自觉，这是可持续发展教育的应有之义。

3. 继承发展和创新发展的统一

教育需要继承过去，更需要创新未来。继承是一种传统基础上的发展，创新是创造基础上的发展，教育只有继承过去，才能有发展的基础、发展的原点、发展的源泉；教育只有创新未来，才能有发展的动机、发展的动力、发展的希望。继承发展和创新发展相统一，才能使得我们的教育历史地不割裂地获得可持续发展。

综上，21 世纪的教育需要全面、协调、可持续发展。只要我们解放思想、开拓创新、尊重传统、注重改革，我们就一定能够办成令人民满意的教育。

学校发展中的“三大”

* * *

长期的办学经验表明，不论小学、中学还是大学，这学要办得有声有色、有成绩、有作为、有影响，似乎都与三个因素有关，一是硬件，二是软件，三是价值追求，因此，我们说学校办学需要大楼、大师，还有大气。

一、要有大楼。

毋庸置疑，学校办学应该具备必要的条件，第一个就是大楼。这里所说的大楼不是具象的楼房，而是指教育教学所需要的空间设施。空间设施是师生在其中活动的场地和媒介，这是办好学校不可或缺的硬件条件，在某种程度上它决定着学校办学的规模和教育教学层次水平。

办好现代教育，大楼的作用不可小觑。有了它，一是有利于学校快速发展；二是可以筑巢引凤，吸引更多的优秀人才。我们认为学校大楼应该体现大空间、大设计、大格局三个特点。大空间是指师生活动的空间要足够大，比如学校要有足够大的操场、足够大的实验室、足够大的专用教室、足够大的活动场地，有条件的学校还要有适度大的能够赏心悦目的花园绿地。大设计是指教育教学空间设施的设计应该体现“面向现代化，面向世界，面向未来”的要求，要有国际视野、未来眼光和现代化元素。大格局是指教育教学空间设施要兼顾教育活动与教学活动、教师活动与学生活动、校内交流与校际交流、课堂活动与课外活动、知识教学与动手实践等各方面的需要。

二、要有大师。

著名教育家梅贻琦说：“所谓大学，非有‘大楼’之谓也，乃有‘大师’之谓也。”什么是大师呢？《资治通鉴》说，“经师易遇，人师难遭”，我们要求的大师应该是经师和人师的统一。

大师应该是有大道德、大学问、大思维的人。首先，他应该有大道德。有大道德的人有博爱之心、人文情怀。他要热爱社会，热爱国家，热爱人民，热爱事业，尤其是热爱学生。其次，应该有大学问。能够刻苦钻研，孜孜以求，博学睿智，令同行钦服。再有，应该有大思维。能够做到高瞻远瞩、眼界开阔，在人才培养和教育研究方面善于开拓、善于创新，能够居高望远、引领后学。霍懋征先生、魏书生先生、季羡林先生等分别在小学、中学、大学的教育岗位上做到了，因此他们成了我们学习的楷模。

三、要有大气。

什么是大气？就是大胸怀、大目标、大境界。当年蔡元培先生主持北京大学时曾倡导“思想自由”“兼容并包”，他说，“大学者，囊括大典、网罗众家之学府也”。毫无疑问，蔡元培先生办北大是学校办学大气的典范。

首先，大胸怀应该有宽容之气。要有学术自由、教学民主的环境和氛围，能够容忍个性，鼓励创新，奖掖创造。其次，大目标要有高远之气。在学校发展、教师发展、学生发展和人才培养上要体现现实目标和理想目标的结合，立足现在，瞄准未来，志存高远。再有，大境界要有圣洁之气。要教育我们的师生努力超越自然境界、功利境界，追求道德境界和天地境界。思想境界的提升应该是学校一以贯之的神圣追求。

学校成功办学，大楼是硬件，大师是软件，大气则是一种文化价值追求。我们在学校建设发展中要求抓好设施建设、队伍建设和文化机制建设，理所当然的较高要求就是大楼、大师和大气。而要建好大楼、培养大师、打造大气，需要我们艰苦卓绝持续不断的努力才能做到。倘若我们未来的教育园地里真正有了大楼、大师和大气，我们的教育将是另一番新天地，人民将会对我们的教育更满意。

我们要建设一个什么样的校园

* * *

校园是师生工作、生活、学习的地方。师生期待自己的校园是什么样子呢？在最近与教师和学生的座谈中，笔者了解到他们心目中的校园应该是确保平安的、溢满书香的、高度文明的、环境绿色的、处处和谐的、人人幸福的。

平安校园

建设平安校园，是师生人身安全的需要，也是维护教育教学良好秩序的需要。要保证校园安全，首先校园周边要综合治理，以保证校园不受来自校外的不法侵害。为此，学校要加强与公安、消防、街道办等单位的联系，疏导求援，形成第一道防护线。其次校内要管理有方，要形成道道安全防线。一是要制度健全，教育到位。比如，要做到安全八必讲：开学必讲，集会必讲，施工必讲，运动必讲，实验必讲，实习必讲，出行必讲，放假必讲。二是要责任到人，落实到位。校长是安全第一责任人，为做好安全工作，学校还要指定一位校领导协助校长具体负责安全制度的实施，安全隐患的排查、分析和排除。年级和班级要设安全监督员，要保证制度落实不留死角，情况沟通准确及时，隐患排除迅速彻底。三是做好评估,奖惩到位。随时对校园安全工作进行检查、验收和评估，总结经验，吸取教训，鼓励先进，鞭策后进，不断改进安全措施和手段，人防、物防、技防要探索新思路，采用新方法。

书香校园

学校是人类文化传承的场所，书籍则是人类文化传承的媒介之一。教师在校园里教书，学生在校园里读书。校园里应该书香四溢、书声朗朗。因此，学校要建好图书馆、阅览室，要有一定量的涉及社会科学、自然科学、人文科学等的藏书，让师生有书可读，有好书可读。鼓励和引导教师和学生明确读书的意义，养成读书的习惯，形成适合自己的读书方法。“读史使人明智，读诗使人灵秀，数学使人周密，科学使人深刻，伦理学使人庄重，逻辑修辞之学使人善辩：凡有所学，皆成性格。”读书滋养人、改变人、塑造人、提高人。关键的一点是，在校园里养成的良好的读书习惯和学会读书的方法会伴随人的一生，会让人一生受益无穷。

三、文明校园

学校是文明建设的窗口。文明校园有物质文明和精神文明两个方面的要求。其中，精神文明是校园文明的重点。一是要抓好科学文化教育，目前我们的教育在这方面做得较有成效；二是要抓好思想道德教育，特别是社会主义核心价值观教育要深入人心。

我们办的是社会主义教育，教育过程中应该充分体现社会主义核心价值观，即“倡导富强、民主、文明、和谐，倡导自由、平等、公正、法治，倡导爱国、敬业、诚信、友善”。师生应该加强思想道德方面的教育，以养成正确的世界观、人生观和价值观。

绿色校园

绿色校园的标志是绿化、环保、健康。一要做好园林绿化工作。把自然美和艺术美融于校园环境之中，创造赏心悦目的绿色空间，美化环境、陶冶情操，同时也能在遮光、滞尘、降噪、制氧、调节温湿度、维护生态平衡、改善环境质量等方面起到作用。二要培养环保意识。在绿色校园的创建过程中，师生亲自动手栽花、种树、浇水、施肥、打理枝条，可以亲近自然、亲近绿色，了解植物，掌握习性，可以培养师生爱护自然环境的意识。三要倡导健康的生活方式、工作方式和学习方式。绿色象征着生命，因此健康也是绿色校园中的应有之义。要注意引导师生适当增加户外有氧运动锻炼，注意食品卫生。学生要学会自我心理调节，教师要减轻学生过重的课业负担。

和谐校园

和谐是对立事物之间在一定的条件下具体、动态、相对、辩证的统一，是不同事物之间相辅相成、互利互惠、互促互补、共同发展的关系。和谐校园是指校园建设中要注意学校中人与人、人与己、人与物、物与物之间的有机统一。首先，人与人要和谐。

不仅要求教师与学生、教师与教师、学生与学生要和谐，还要求学校与社会、家庭保持和谐的关系，以赢得社会、家庭对学校工作的支持。其次，人与己要和谐。教师德才兼备，学生德智体全面发展，师生身心和谐统一。再次，人与物要和谐。一方面师资和设施要根据需要合理配置，另一方面师生与自然环境要协调一致。还有，物与物要和谐。设施建设、自然环境要有利于教育教学及其各项活动的需要，有利于提升学校办学水平，有利于提高学校教育教学质量。

幸福校园

学校教育是为人生幸福奠基的事业。要建设幸福校园，应该做到：师生互敬、师生互爱、师生互勉、师生互进。首先，教师要尊重学生，学生要尊敬教师，尊重是教育取得成效的前提，只有被尊重，教师才会敬业，学生才会敬学，尊重与被尊重产生幸福感。其次，教师要热爱学生，学生要热爱教师，热爱是教育开展的基础。有了爱，教师才会关心、关怀学生，学生才会亲近教师，他们只有“亲其师”，才能“信其道”，教育教学才能取得良好效果，热爱与被热爱产生幸福感。再次，师生互勉是要引导师生为了一个共同的教育教学目标而共同呐喊、加油、努力。师生相互勉励是教育取得成功的动力。因为只有师生做到互勉，他们才能目标一致，不达目的，誓不罢休。给予勉励与得到勉励产生幸福感。最后，师生相互学习、相互促进，教学相长，共同提高。师生互进是学校教育的最终目的，成长进步是师生快乐幸福的源泉。

学校教学生做什么

* * *

学校是培养人的场所。教育是培养人的社会实践活动。对于学校教育目的的讨论，古今中外、业内业外都很关注，其焦点往往是放在学校应该教学生做什么上。

学校教学生做什么呢？我们的回答很简单：三“做”而已，即做人、做事、做学问。

学校要教学生做人。

如何做人？我们认为，做人标准百千条，真善美三条最紧要。

第一教人“真”。什么是真？就是做真人、说真话。陶行知说：“千教万教，教人求真；千学万学，学做真人。”一方面，我们要教学生诚实。要教育学生真诚地对待自己的老师、同学、玩伴、朋友、家长、邻里。可以毫不夸张地说，学生要在未来社会安身立命，诚实是必备的品德素养。另一方面，要培养学生实事求是的精神。学生要养成科学的态度，树立科学的精神，培养科学的习惯，具有科学的道德，讲求科学的方法。毋庸置疑，求实是学生未来发展必备的思想基础，也可以说是一种重要的能力。

第二教人“善”。什么是善？“己所不欲，勿施于人”是一种善，“己所有欲，勿损他人”也是一种善。这些算是小善。我们教育学生更要强调一种大善，即善待社会，善待他人，善待工作，善待自己，善待自然。具体说就是要多看社会的光明面，少看社会的阴暗面，主动和谐，做个幸福的人；要多想别人的好处，少想别人的坏处，心怀感恩，做个快乐的人；要多想工作的乐趣，少想工作的烦恼，努力进取，做个积极的人；要多想自己的奉献，少想自己的索取，永远向上，做个奋发的人；要多想去保护自然，少想去破坏自然，敬畏生命，做个有人文情怀的人。

第三教人“美”。什么是美？人们常说，美是漂亮的容颜，美是婀娜的身姿，美是健康的心理，美是强健的体魄；美是爱心，美是舒心，美是精心，美是倾心，美是信心；美是知识，美是创造，美是智慧，美是魅力。美就是人类各种审美观、价值观的交集。我们教育学生是要让学生能够发现美，知道什么是美的人、美的事物、美的观念、美的思想；能够鉴赏美，能够就美的人、事物、观念、思想等运用自己的视觉感知、过去已有的生活经验和文化知识进行感受、理解、体验、联想、分析和判断，获得审美享受；能够创造美，在发现美、鉴赏美的基础上，创造更美的事物、更美的形象、更美的心灵、更美的环境、更美的世界。

学校要教学生做事。

学生归根到底是要进入社会从事认识世界、改造世界的实践的。做事教育是最重要的教育之一。

首先，应该教育学生想做事，即有为社会、为他人服务的思想。要让学生懂得我们在这个世界上是要劳动的，是要创造的。任何好逸恶劳、不劳而获的想法都是要不得的。

其次，要教育学生会做事。要让学生掌握描述性知识和程序性知识，掌握观察、想象、记忆、思维的基本方法，熟习分析问题、解决问题的技能，学会接人待物、与人合作的技巧，为他们将来步入社会打下基础。

最后，还要教育学生能成事。要帮助学生认真剖析自己的长处和不足，发挥优势，克服劣势。不仅要运用好自己的智力因素，还要运用好自己的非智力因素。一个人能否成事，是智力水平的较量，也是努力和毅力程度的最终较量。因此，我们教育学生在学习中不仅要学好书本知识，还要学好书本以外的东西。要善抓机遇，百折不挠，不达目的，誓不罢休。

学校要教学生做学问。

学生以学为主，教学生做学问是学校教育任务中的应有之义。中国的教育注重系统的知识教育，而西方教育更注重学生的学问研究教育。学问研究教育是我国教育的薄弱点。

教育学生做学问应该引导学生进行研究性学习，研究性学习是一种知识和技能的获取方式，也是学生学会学问研究的一种方式。在学习中，要帮助他们树立研究意识，掌握研究原则。

首先，树立研究意识。第一要有问题意识，即善于发现问题、提出问题、分析问题、解决问题。问题意识是研究性学习的关键所在。第二要有创新意识，即思想创新、模式创新、方法创新、手段创新。创新意识是研究性学习的意义所在。第三要有效能意识，即注重效率、注重效果、注重效益、注重效应。效能意识是研究性学习的目的所在。第四要有规范意识，即事出有典、言之有据、精益求精、实事求是。规范意识包括文德规范和文本规范，是研究性学习的态度所在。

此外，掌握研究原则。一是坚持客观性原则，做到不主观臆测，不无中生有；二是坚持系统性原则，不以偏概全，不一叶障目；三是坚持导向性原则，不偏离方向，不游离主题；四是坚持不平衡性原则，不盲目调和，不掩藏个性；五是坚持需要性原则，不无病呻吟，不无效劳动；六是坚持针对性原则，不漫无边际，不面面俱到；七是坚持量力性原则，不强力而为，不揠苗助长；八是坚持创造性原则，不因循守旧，不故步自封。

总之，学校教育的主要目的是教学生做人、做事、做学问，“三做”做到了，学生的现实发展和长远发展的目的就达到了，学生个性发展和全面发展的任务才有希望完成。

学校要重视人生境界教育

* * *

境界，《新华词典》有两种释义：①土地的界限；②事物所达到的程度或表现出的情况。人生境界，顾名思义，就是人生所要达到的某种程度。它大都指精神领域，有高低之分。

对于人生境界，中外不同的学派，不同学派的代表人物都有过不同的精辟阐述，对于我们了解和把握人生境界有所帮助。中国的儒、释、道三个学派对人生境界都有阐述。儒家认为人分为君子和小人，而君子分为圣人和贤人，圣人是最高境界。冯友兰认为，人生境界有四：一是自然境界，二是功利境界，三是道德境界，四是天地境界。他认为自然境界、功利境界是多数人当下的境界，而道德境界和天地境界则是人需要努力达到的境界。佛家认为人的苦难在于“欲”，去欲要过“八正道”，最后达到涅槃，而涅槃是最高境界。道家主张大道自然、返璞归真，认为真人是最高境界。可见，儒家强调积极进取，佛家强调清心修炼，道家取乎自然。去掉其唯心和消极的一面，我们得到的启示是，人要想提升自己的人生境界，须顺其自然，内炼素质，不断进取。

国外对人生境界的提法和研究也有很多。如古希腊的亚里士多德认为人有三种灵魂：植物灵魂、动物灵魂和理性灵魂，有理性灵魂的人适合于做国家的统治者。丹麦的克尔凯郭尔认为，人生境界分为三个阶段，一是审美阶段，二是伦理阶段，三是信仰阶段。信仰阶段是最高境界阶段。尼采认为，人的一生需要几次变形，即从骆驼到狮子再到婴儿。他认为骆驼忍辱负重，狮子攫取自由，婴儿创造自由的新我。创造新我是最高境界。去掉其偏颇和糟粕的一面，我们认为，人要提升自己的人生境界，需要不断增强自己的理性，培养自己的信仰，提高创新的能力。

学校是培养人的专门机构和场所，教育是培养人的社会活动。我们的学校是社会主义的学校，我们所办的教育是社会主义的现代教育，我们在培养学生全面发展的同时，也要注意培养学生崇高的人生境界。崇高的人生境界不仅是学生现实发展的必需，也是学生未来发展的必需，更是学生道德人生和快乐人生的必需，因为只有有了崇高的人生境界，学生才能有道德人生的养成，才会在其存在、生活、发展、成就中悟出人生真谛，感受到人生的愉悦。

学校教育学生提升人生境界要从世界观、价值观、人生观入手，具体要做到以下几点。

1. **志存高远**。古代圣贤如孔孟都重视“立志乐道”“持志养气”。如孔子说：“三军可夺帅也，匹夫不可夺志也。”孟子说：“吾善养吾浩然之气。”人只有有了志气，才能有“富贵不能淫，贫贱不能移，威武不能屈”的大丈夫精神，也才能达到“生当做人杰，死亦为鬼雄”的顶天立地的人生境界。我们要教育学生树立共产主义的远大理想，向英雄人物学习，立远志，谋大业，排万难，矢志不渝，不达目的，誓不罢休。

2. **心怀大众**。学校教育只有面向社会、心怀大众才会有发展的活力和勃勃生机。《大学》开篇语道：“大学之道，在明明德，在亲民，在止于至善。”学校的任务就是彰显德性，弃旧图新，去恶从善，达于至善。古人说：“道之以政，齐之以刑，民免而无耻。道之以德，齐之以礼，有耻且格。”对学生的教育首先是仁德的教育。孔子说“仁者爱人”，我们教育出来的学生是未来社会的建设者和革命事业的接班人，必须是热爱民众、心怀大众，愿意为大众服务的人。因此他们必须具有全心全意为民服务的意识和为民服务的才能。心怀大众对于创造和谐社会尤其具有重要意义。

3. **求真务实**。柳宗元曾说过：“圣人之道，不穷异以为神，不引天以为高，利于人，备于事，如斯而已矣。”陶行知说：“千教万教教人求真，千学万学学做真人。”这些都在描绘一种境界：求真务实。求真务实便是脚踏实地、实事求是。我们培养的学生如若没有求真务实的精神，便难以面对现实和未来的政治、经济、文化、科技挑战。只有掌握了“格物、致知、正心、诚意，修身、齐家、治国、平天下”的真实本领，学生才能做到居安思危、临危不乱、迎接挑战、争取胜利。

4. **笑对人生**。我们每个人一生大都会有几个不同的阶段。每个阶段都有每个阶段的喜悦和幸福，困苦和哀愁。人的一生常常是顺逆交替、胜败难测，真正地做到“顺时儆省、逆时从容”，“胜不骄，败不馁”，就要做到笑对人生。这是一个人提升生活质量，提升发展、成就水平，明确生活意义、生命价值的一种崇高的人生境界。在社会生活中，我们常见到一些人虽然体面地存在着，富裕地生活着，顺利地发展着，辉煌地成功着，但内心里并不幸福。原因大概就在于没有能够做到笑对人生。我们要教育学生无论何时何地都要清楚地知道生命的尊严、生活的意义、发展的价值、成就的目的，这样他们就能够在现实生活和未来生活中珍爱父母赐予的生命，热爱每一天火热的生活，珍视每一次小小的进步，珍惜取得的点点滴滴的成就，当学习、工作、生活遇到艰难困苦时，也能以积极的心态勇于面对。

重视人生境界教育是学校教育特别是德育中的应有之义。重视人生境界教育才能使学生不仅有科学的头脑，更有人文的精神。学生真正做到志存高远、心怀大众、求真务实、笑对人生，也才能成为一个高尚的人，一个纯粹的人，一个脱离了低级趣味的人，一个有益于人民的人，一个真正快乐幸福的人。

学校教育要引导学生做到“三个合一”

＊＊＊

学校教育是为学生的成长服务的。学生成长不仅要德智体全面发展，还应是德智体和谐发展。怎么做到和谐发展呢？我们认为，教育不仅要传授知识，培养技能，增进智慧，还应引导学生做到“三个合一”：身心合一，人我合一，天人合一。

首先是身心合一。身心合一是指身体和心理、肉体和精神的高度统一。做到身心合一不是一件容易的事情。身心合一需要学生做到身心一致，身心契合，身心融为一体。在教育过程中，我们一要指导学生做到学思结合，思行统一，这是求知过程的要求；二要教育学生表里如一，言行一致，这是德行修炼的要求；三要引导学生身心兼修，形神兼备，这是精神训练的要求；四要帮助学生快乐学习，追求幸福，这是教育的最本质要求，也是身心合一的最高境界要求。学生要做到身心合一，需要教师的细心指导、教育、引导和帮助。

其次是人我合一。人我合一是指要与他人及社会和谐，这也是和谐社会的客观要求。我们常常讲和谐社会建设，很多人认为和谐社会，你就得重视跟我和谐，但就是没有想我自己应该怎么跟别人以及跟这个生于斯长于斯的社会和谐，因此他往往很矛盾，很痛苦，很纠结，很愤愤不平。其实，我们讲和谐，一定是相互的和谐，是相互的融合。记得魏书生曾经讲过“人”字的含义。他说，你看这个“人”字，两笔一上一下，表示人的一生有高潮有低谷，人处于高潮时应该不自傲，处于低谷时应该不自卑；两笔一长一短，说明人各有长处，各有短处，应该相互借鉴，相互学习；两笔相互交叉，说明人与人需要相互帮助，相互支撑。所以我们的教育一定要教会学生学会做人。要正确评价自己，正确对待他人，这也是个体社会化的基本要求。在受教育的过程中，学生要学会与人合作，与人共处，与人分享。

再次是天人合一。有人指出，天人合一有两层意思：一是天人一致。宇宙自然是大天地，人则是一个小天地。二是天人相应，或天人相通。是说人和自然在本质上是相通的，故一切人事均应顺乎自然规律，达到人与自然和谐。老子说：“人法地，地法天，天法道，道法自然。”即表明人与自然的一致与相通。先秦儒家亦主张“天人合一”，《礼记·中庸》说：“诚者天之道也，诚之者，人之道也。”认为人只要发扬“诚”的德性，即可与天一致。汉儒董仲舒则明确提出：“天人之际，合而为一。”成为两千年来儒家思想的一个重要观点。教育中的天人合一，一是要求我们的教育要道术结合，学生要钻研读书治学之术，求知求能之术，也要探究天地自然之道，社会发展之道；二是要求我们的教育要学养结合，学生要学知识，学技能，增智慧，更要养浩然正气，他们要在未来的社会生活中真正做个“富贵不能淫，贫贱不能移，威武不能屈”的大丈夫，并养蓄一种士大夫“立德、立功、立言”三不朽的豪迈气概和宏图远志。

总之，身心合一、人我合一、天人合一是对教育的基本目标要求，也是较高目标要求。若真正做到了这三个合一，我们的教育就一定是成功的教育。

也谈学校教育中的科学精神培养

* * *

2015年10月,连续几天公布的诺贝尔奖再一次引起全球瞩目。10月5日，瑞典卡罗琳医学院在斯德哥尔摩宣布将2015年诺贝尔生理学或医学奖授予中国女药学家屠呦呦，以及另两名科学家威廉·坎贝尔和大村智，表彰他们在寄生虫疾病治疗研究方面取得的成就；6日，瑞典皇家科学院宣布将2015年诺贝尔物理学奖授予日本科学家梶田隆章和加拿大科学家阿瑟·麦克唐纳，表彰他们在发现中微子振荡方面所作的贡献；7日，2015诺贝尔化学奖揭晓，瑞典科学家托马斯·林达尔、美国科学家保罗·莫德里奇和土耳其科学家阿齐兹·桑贾尔获奖，因为他们在DNA修复的细胞机制方面的突破性研究。

诺贝尔奖对世界的科学发展起到了极为重要的作用。人们好奇，是哪些因素对这些世界级的科学家产生了影响？张雷生先生在《中国教育报》上撰文指出，是科学精神成就了这些获得诺奖的科学家。科学精神的形成需要兴趣和热情、坚持与钻研、严谨和认真。他说，兴趣和热情，是点燃科学梦想的火种；坚持与钻研，是对科学精神的敬畏与崇拜；严谨和认真，是通向成功的科研态度。

那么我们怎么才能在学校教育中培养学生的科学精神呢？

首先，要用理想激发学生的兴趣和热情。兴趣是最好的老师，热情是最有效的催化剂。学生有了兴趣和热情，就会乐在其中，欲罢不能，就会不达目的，决不收兵。我们注意到，凡是在学习上、科研上、事业上取得成就的人，大都是对自己所从事的事情有着浓厚兴趣和高涨热情的人。2007 年诺贝尔生理学或医学奖获得者、美国人奥利弗·史密斯教授说："7 岁那年我看了一本关于超人的漫画，从那时候起我就立志要当一名科学家，虽然那时候的我连科学家的确切定义是什么都不知道。"一幅小小的漫画，激发了奥利弗立志从事科学研究的兴趣和热情，这兴趣和热情成就了他自己，也成就了世界的科学事业。

我们认为，在教育教学中激发学生学习的兴趣和热情最起码要做到：一是帮助他们树立远大志向，强化学习和研究动机。动机能够给学生提供不竭的动力。二是尊重学生，尊重他们的爱好和选择。尊重使得学生能够最大限度地发挥主观能动性和创造性。三是在他们的志向出现摇摆时要做好心理引导和疏导，以保护他们的学习和研究热情。

其次，要用信念鼓励学生的坚持和钻研。毋庸置疑的是，凡是在科研上有所突破、有所建树的人都是能够坚持和钻研的人。不怕困苦，不怕失败，坚持到底，钻研到底是他们的共同特点。《界面》在北卡罗来纳州大学（UNC）医学院采访了 2015 年诺贝尔化学奖得主阿齐兹·桑贾尔。他表示生化研究并不是一件轻松的事情，他的这项研究已经做了 35 年，其中经历了无数次的失败和挫折，失败率高达 80% 至 90%。他觉得，生化研究成功的关键要挑选重要、有意义的研究领域，努力工作，并持之以恒。

我们提出，在教育教学中培养学生的坚持精神和钻研精神要做到：一要引导学生坚定信念，明确目标。信念和目标使得学生有使命感和责任感。二要帮助学生找到科学的研究方法，取得最好的研究效益，以振奋精神，保持持久动力。三是在学生学习和研究出现困难和挫折时老师要伸出援手，鼓励他们坚持下去，直至取得成功。

再次，要用榜样强化学生的严谨与认真。科学研究中严谨与认真即求实精神十分关键。1976年诺贝尔物理学奖得主丁肇中先生要求在科学实验中一切都要“最精准可靠”。丁肇中具有严谨、认真、求实的态度，研究中如此，平时也是如此。凡是他自己不了解的事情，他就实话实说：“不知道。”据说，丁肇中先生经常面对记者的各种提问，他最多的回答是三个字：“不知道。”所以被称为“不知道先生”。“不知道”三个字虽然很简单，但是在公众场合说出这三个字又需要很大的勇气。“不知道”三个字的背后，正是反映了他作为一位自然科学家的严谨、认真、实事求实的科学态度。他说：“像我这种人，能力是很有限的。拿诺贝尔奖在科学上是最高荣誉，对世界、对科学有很大贡献。但是拿物理奖的，只限于对物理有贡献，绝不代表对任何事都有贡献、对任何事都有能力。”因为不了解，只能回答“不知道”，因为没有经历过这件事情，所以回答“不知道”。在丁肇中看来，这是很自然的事情。“知之为知之，不知为不知，是知也。”一是一，二是二，不做作，不忽悠，丁肇中是绝好的榜样。

我们建议，在教育教学中培养学生严谨认真的态度应该做好几件事情：一是教师以身作则，实事求是。教师的表率作用会影响学生一生。二是鼓励学生严谨治学，认真读书钻研，掌握真知识，学到真技能。三是善于利用学生中严谨认真的典型教育学生，以形成良好的班风和学风。

总之，兴趣和热情、坚持和钻研、严谨与认真是科学精神培养之必需。培养学生的科学精神，使得科学事业兴旺发达，不断为人类造福是教育中的应有之义，也是我们教育工作者义不容辞的责任。

学校现代化建设“后达标”时期应该做好三件事

＊＊＊

2008年9月25日天津市人民政府转发了《市教委关于实施天津市义务教育学校现代化建设标准（2008—2012年）意见的通知》，自此，全市义务教育学校现代化建设达标工作拉开序幕。至2011年底，已经有数百所中小学达到建设要求，并通过了专家组验收。达标验收阶段过后，学校进入了“后达标”时期，但是，通过了达标验收并不是学校现代化建设的终点，而是学校现代化建设的一个起点，我们今后至少还应该做好三件事情。

一、巩固成果

实施义务教育现代化建设是按照“均衡发展、统一要求、重在建设”的原则，在全市高水平、高质量普及九年义务教育取得阶段性成果的基础上，进一步改善办学条件，强化内涵发展，用现代化理念配置教育资源，用好教育资源，建设教师队伍，搞好学校管理，推进课程改革，落实素质教育，切实办好每一所义务教育学校，充分体现义务教育的公平性、公益性和普惠性，巩固我市义务教育继续保持全国前列的优势地位的一项重要举措。

政府重视，社会关注，财政支持，学校努力，师生协作，一座座漂亮的教学楼拔地而起，一个个规整的塑胶操场如期建成，一间间现代化的专用教室、信息技术教室、图书室、资料室、实验室、卫生室等投入使用，一堂堂体现现代化教育教学理念的课展现在人们面前，一场场富有学校个性、令学生喜笑颜开的课外活动让人身心愉悦、耳目一新。这些是各级领导、老师、学生们日复一日、呕心沥血、共同建设所取得的成果，来之不易。

面对这样的成果，我们要思考的问题是，如何才能巩固这一建设成果。大家一致的看法是，宏观上，实施素质教育过程中已经克服了的种种弊端不能反弹；微观上，学校的教育、教学、教研、管理工作中已经解决了的种种问题不能重现。要巩固成果，我们要做的工作还有很多。

二、运用成果

按照标准要求，学校在现代化建设中首先保障了教育经费，完备了校舍场地，完善了教学装备，提升了信息技术，健全了生活设施，美化了校园环境。此外，总结了办学思想，强化了班子建设，优化了运行机制，加强了教育科研，促进了交流合作，学校开始注重办学特色。还有，学校队伍结构趋于合理，教师素质得以提高，教师教育得到加强。再有，课程管理不断完善，德育工作得以创新，教学工作、体育卫生工作、艺术教育工作、劳动教育、课外活动、社会实践等在一定程度上得到加强，教育质量有了提高。

重要的是，我们要学会运用成果。队伍优化了，不能只为炫耀，要让队伍起到更大的作用；设施建好了，不能束之高阁，要让设施发挥更大的效能；机制完善了，不能当作摆设，要让机制真正为学校建设和发展服务。一个智慧的学校管理者应该是善于运用现有成果创造更多办学业绩的能手。

三、扩大成果

学校现代化建设使得学校在办学条件、学校管理、教师队伍、素质教育等方面有了很大的进步，取得了一系列的成果。我们在巩固成果、运用成果的同时还要不断扩大建设的成果，以不断提升学校教育教学质量。

首先，让优者更优。通过前一段的努力，有的学校在队伍建设、设施建设、机制建设、文化建设方面已经取得了非常卓越的成绩；有的学校在教育、教学、教研和管理上已经开创了自己的特色。这无疑是学校进一步建设和发展的潜力和后劲所在，也是进一步提高办学水平和质量已经具备的优势。进入到“后达标”时期，学校还要在教育思想现代化、教育手段现代化、教育方法现代化、教育管理现代化、教育评价现代化等方面更进一步，鼓足干劲，争创一流。

其次，使弱者赶上。在学校现代化建设过程中，可能还会有一些薄弱环节，使得学校的工作有软肋，有缺点，有不足，需要学校深入分析，找出症结，采取对策，克服弱点；也可能有一些制约因素，使得学校的教育工作开展受到牵制，教学工作有些掣肘，教研工作难以开展，管理工作不很顺畅。为此，学校需要理清头绪，拓宽思路，排除干扰，改革创新。有些建校时间较长的学校由于客观的一些原因也可能存在这样或那样的不好解决的问题，使得学校、师生不能轻装上阵，自主发展。因此，需要上下协同，集思广益，争取支持，破解难题。其实，建设过程中变弱为强的过程既是学校发展的过程，也是扩大建设成果的过程。

综上，在义务教育学校现代化建设“后达标”时期，注重巩固成果、运用成果、扩大成果是学校现代化建设的需要，更是学校教育全面、协调、可持续发展的需要。

学校校舍应该成为百年工程

＊ ＊ ＊

2008 年 5 月 12 日，四川汶川地震，8.0 级；2013 年 4 月 20 日，四川雅安地震，7.0 级。

《中国教育报》报道，先后经历两次大地震，一所 20 年前修建、地处重灾区的学校却依然屹立不倒，无一名师生死亡、重伤。这所“传奇”的学校就是 1993 年由芦山县已故企业家竹国张捐资 600 余万元兴建的国张中学。

在学校兴建过程中，竹国张自任校董，全面指挥校舍建设。他专门“委任”自己的女婿担任“监工”，对校舍建筑质量进行把关。那段时间，竹国张几乎天天守在工地，对钢筋、水泥、沙石等原材料亲自过问，严格把控建筑流程。“他就是把学校当作自己的房子来修，经常跟我们念叨‘里面住的都是我们的子孙后代，在质量上开不得半点儿玩笑’。”群众张再文说。

1994 年 9 月，国张中学正式开学。新学校有一栋教学楼、一栋学生公寓、一栋教师公寓、一栋办公楼以及一个食堂，学生 400 余名、教师 20 余名。

汶川特大地震，芦山县受灾严重，被确定为省定 51 个重灾县、国定 39 个重灾县之一。但国张中学无一校舍倒塌，仅部分楼外墙出现裂缝，师生无一伤亡。

由政府出资对校舍进行加固维修后，国张中学很快恢复正常教学秩序。此后几年，国张中学师生不负众人的期盼，在雅安市同类学校中办学成绩一直名列前茅。

仅仅过了 5 年，又一场大地震发生。四川雅安地震，国张中学地处震中，遭受了更为剧烈的冲击。但已有 20 年历史的校舍依然屹立不倒，保护了在校师生的生命安全。教师中只有田霞一人因救护学生受伤；学生则只有数人轻伤。国张中学创造了同一学校经历两次大地震屹立不倒、无一师生死亡的奇迹。

这所经历了两次大地震的学校校舍可谓是真正的校安工程、标杆工程、奇迹工程、百年工程。

生命是最宝贵的，我们的校舍都应该建成百年工程。怎么才能把校舍建设成为百年工程呢？根据国务院办公厅《关于印发全国中小学校舍安全工程实施方案的通知》（国办发〔2009〕34 号）的精神以及住房和城乡建设部《关于切实做好全国中小学校舍安全工程有关问题的通知》（建质〔2009〕77 号）的精神，我们至少应该做到如下三点：

第一，要在思想上高度重视校舍安全。校舍安全直接关系到广大师生的生命安全，关系到社会的和谐稳定。实施校舍安全工程意义重大、影响深远。把中小学校舍建成最安全、最牢固、让人民群众最放心的建筑，是各级政府、建设部门和学校义不容辞的责任。我们要从贯彻落实科学发展观的高度，从对党、对人民、对历史负责的高度，认真做好中小学校舍安全工程的各项工作。

第二，要采取一切措施，确保质量安全。确保质量安全是落实中小学校舍安全工程的核心。按照有关文件要求，为保证校舍安全，要严格执行工程建设程序和标准，加强技术指导，强化监督检查，确保中小学校舍安全工程质量和建筑施工安全。

要严格执行法定建设程序和工程建设标准。要坚持先勘察、后设计、再施工的原则，建设、鉴定、检测、勘察、设计、施工、监理等单位都必须严格执行《建筑法》《城乡规划法》《防震减灾法》《建设工程质量管理条例》《建设工程安全生产管理条例》等有关法律法规。要实行项目法人责任制、招投标制、工程监理制和合同管理制。鉴定、监测、勘察、设计、施工、监理等单位以及专业技术人员，应当具备相应的资质或资格。

实施校舍安全工程的建设单位和鉴定、检测、勘察、设计、施工、监理等各方责任主体，要严格遵守工程建设强制性标准，全面落实质量责任。施工图审查单位要严格按照工程建设强制性标准对校舍加固改造或新建施工图设计文件进行审查。

要积极进行技术指导和技术支持。切实加强对本地区校舍排查鉴定、加固改造以及新建工程的技术指导和技术支持。要针对校舍建筑结构类型、当地工程地质条件和房屋加固改造工程的特点，积极开展对本地区工程技术人员和一线管理人员的培训和指导。要分别制定校舍排查鉴定、加固改造和新建工程的技术指导及技术培训的工作方案。特别要做好技术力量不足或边远落后地区的技术培训和技术指导工作。

要强化工程质量安全监督检查。要把校舍安全工程作为本地区工程质量安全监督的重点，加大监督检查力度，督促各方责任主体认真履行职责。要制定具体质量安全工作方案，建立有效工作机制，依法加强对本地区校舍新建和加固工程各个环节建筑活动的监督管理。要切实加强对校舍新建和加固工程的建设、鉴定、检测、勘察、设计、施工、监理等各方主体执行法律法规和工程建设标准行为的监督管理，严肃查处违法违规行为。要督促相关单位认真做好施工安全工作，特别重视校舍加固改造时学校师生的安全，制定详细的教学区与施工区隔离等安全施工方案，确保师生绝对安全。

第三，要加强领导，落实安全责任。做好校舍安全工程，使命光荣，任务艰巨，责任重大。校舍安全工程应该列入政府的重要议事日程。住房和城乡建设系统等相关部门，要与教育、发展改革、财政、国土资源、水利、地震等部门加强沟通和协作，内部要协调配合，精心组织，周密安排，加强人员配备，层层落实责任，把工作做细做实，大家齐心努力，真正让校舍固若金汤，真正把每所学校都建成放心工程、安全工程、百年工程。

特色学校“特”在哪里

* * *

近几年，全国各地都在进行特色学校建设的教育实践。特色学校“特”在哪里呢？大家知道，特色是一个或一种事物区别于其他事物的个性，强调的是它的独特性。特色学校无疑就是具有个性即独特性的学校。特色学校的独特性表现在如下几个方面。

第一，独特的教育理念。

学校的教育理念是教育规律的具体反映，是教育方针的具体体现，同时也是校长办学思想的生动映照。教育理念受教育规律的制约，受教育方针的支配，受校长办学思想的影响。不同的学校有不同的教育理念，如和谐教育理念、成功教育理念、快乐教育理念、幸福教育理念等，都有不同的教育内涵，都是具有个性特征的教育理念，也都是具有独特性的教育探索和实践。

第二，独特的教育目标。

根据学校不同的办学目的、任务，不同的学校有不同的教育目标。教育目标因校而异，因校而立。如基础教育学校的教育目标和职业教育学校的教育目标是有所不同的。教育目标的设立对学校办学有着重大的影响，一方面它决定着学校发展的方向，另一方面它决定着学校办学的目的。特色学校的教育目标则表现在全面发展基础之上学校办学的独特性。比如在特色高中建设方面，部分学校正在尝试确立如下一些教育目标："全面发展，人文教育见长"，"全面发展，环保教育见长"，"全面发展，工程教育见长"，"全面发展，艺术教育见长"，"全面发展，美育教育见长"，"全面发展，综合实践见长"，"全面发展，历史文化教育见长"，"全面发展，通用技术见长"，以及"全面发展，普职结合实践"等。不难看出，如上教育目标有着异于普通高中一般教育目标的独特性。

第三，独特的教育内容。

学校教育实现的主要途径是课程，但人们对于课程的本质有不同的理解。传统教育学派认为学科是课程，实用主义教育学派认为活动是课程，改造主义教育学派认为围绕社会问题组织的学习是课程。大家知道，我国中小学课程总体上可以分为两大类：一是分科课程，即按照一定时间和空间关系将一些教学科目组合起来的课程；二是活动课程，即从儿童的兴趣和需要出发，以儿童的活动为中心为改造儿童的经验而设计的课程。不论是分科课程，还是活动课程，都有其普遍性和独特性。在完成普遍性课程即学习好国家课程和地方课程的前提下，特色学校应该有自己的特色课程设计，如开发一些校本课程。开发校本课程要因地制宜，因时制宜。比如有的学校建在城市，可以开发环保生态课程；有的学校建在农村，可以开发农业生态课程；有的学校依托大型企业建立和发展，则可以利用资源优势，开发工程教育方面的课程。独特的教育内容，可以实现“一校一特色，一生一专长”的目标。

第四，独特的教育方法。

教育方法是教育手段和教育方式的综合，学校的教育方法有多种，不仅涉及教师教育方法，也涉及学生教育方法。比如管理中可以采取思想教育的方法、行政的方法、制度的方法、学术的方法、心理暗示的方法、表扬的方法、批评的方法等。特色学校的教育方法也有其独特性。这主要表现在促进学校、班级和个体的自主发展上。学校、班级和个体的自主发展是在全面发展的基础上寻求适合自己的发展路径、方式和方法。自主发展是自觉式的、主动式的、创新式的、创造式的个性发展，是真正的以校为本、以班为本、以人为本的个性教育。一些地区的学校在教师的指导下，遵循教育教学规律，积极探索自主发展教育模式，不断尝试自主教育方法，积累了丰富的教育教学经验，值得我们学习和研究。

第五，独特的教育效果。

按照美国课程学家泰勒的理论，研究学校教育要关注这样几个问题：一是学校教育应该达到怎样的目标，二是组织哪些经验可以达到这些目标，三是怎么组织这些经验，四是怎么知道这些经验在学生身上发生了变化，这在学界被称为“泰勒原理”。说是原理，是因为我们教育研究再深入，这四个问题是如何也不能绕过或回避的问题。教育发展需要有目标诉求，有内容选择，有方法取舍，有效果评价。评价特色学校的教育效果是要看这个学校在全面发展基础上是否做到了因材施教，在因材施教基础上是否取得了独特的教育发展效果。

第六，独特的教育文化。

学校发展、教师发展、学生发展过程中可以潜移默化地形成教育文化。学校的教育文化以物质文化、精神文化、制度文化为基本形式。有专家撰文指出，学校文化按主体划分有成人文化和非成人文化两大类。成人文化是指教师文化，是主流文化。非成人文化是指学生文化，是非主流文化也称亚文化。在学校教育中，教师文化引导着学生文化。但也不可忽视学生文化。学生文化中有学术文化，有娱乐文化，有违纪文化。也就是说，学生中有相当一批学生是努力学习的，是以学术卓越为目标的；也有一些学生学习并不努力，是以逍遥娱乐为目标的；还有数量极少的学生，学习不努力，娱乐也不参与，专门以捣乱违纪为乐趣。我们认为，学校教育的目的就是要用教师的文化引领学生文化，要在引领中提倡学术文化，引导娱乐文化，抑制违纪文化。特色学校的文化建设应该在这方面做得出类拔萃、不同凡响，做得卓尔不凡、大气磅礴。

总之，特色学校"特"就特在有独特的教育理念，有独特的教育目标，有独特的教育内容，有独特的教育方法，有独特的教育效果，有独特的教育文化。从某种程度上讲，有了这些独特性，特色学校建设才能取得成效。

★参考文献★

[1] 汪潮，吴奋奋．教学双基论的回顾和反思 [J]. 课程·教材·教法，1996（12）.

[2] 董远骞．教学论 [M]. 杭州：浙江教育出版社，1984.

[3] 燕国材．应重视非智力因素的培养 [N]. 光明日报，1983-02-11.

[4] 冷冉．德育过程的阶段说 [J]. 教育研究，1982（10）.

[5] 诸葛亚寒．中国学生发展核心素养出炉 [N]. 中国青年报，2016 年 9 月 .

[6] 林崇德．如何理解核心素养概念的内涵 [M]. 北京：北京师范大学出版社，2016.

[7] 顾明远．教育大辞典（上、下）[M]. 上海：上海教育出版社，1998.

[8] 陈孝彬．学校管理学 [M]. 北京：北京师范大学出版社，1999.

[9] 魏书生．我是这样做教师的 [M]. 南京：南京大学出版社，2015.

[10] 褚宏启．追求卓越：英才教育与国家发展——突破我国

英才教育的认识误区与政策障碍 [J]. 教育研究，2012（11）.

[11] 叶澜 . 新世纪教师专业素养初探 [J]. 教育研究与实验，1998（10）.

[12] 林崇德，申继亮 . 教师素质的构成及其培养途径 [J]. 中国教育学，1996(6）.